Zeyringer · Balance als Führungsstrategie

Balance als Führungsstrategie

Werkzeuge für gutes Management

Mag. Dr. Jörg Zeyringer

Haufe Mediengruppe
Freiburg · Berlin · München

Bibliografische Information der Deutschen Nationalbibliothek

Die Deutsche Nationalbibliothek verzeichnet diese Publikation in der Deutschen Nationalbibliografie; detaillierte bibliografische Daten sind im Internet über http://dnb.d-nb.de abrufbar.

ISBN: 978-3-648-00568-2   Bestell-Nr. 00289-0001

1. Auflage 2010

© 2010, Haufe-Lexware GmbH & Co. KG, 79111 Freiburg
Redaktionsanschrift: Postfach, 82142 Planegg/München
Hausanschrift: Fraunhoferstraße 5, 82152 Planegg/München
Telefon: (089) 895 17-0,
Telefax: (089) 895 17-290
www.haufe.de
online@haufe.de
Lektorat: Sabine Marx
Produktmanagement: Ass. jur. Elvira Plitt

Alle Rechte, auch die des auszugsweisen Nachdrucks, der fotomechanischen Wiedergabe (einschließlich Mikrokopie) sowie die Auswertung durch Datenbanken, vorbehalten.

Desktop-Publishing: Agentur: Satz & Zeichen, Karin Lochmann, 83129 Höslwang
Umschlag: Kienle gestaltet, Stuttgart
Druck: freiburger grafische betriebe Gmbh & Co. KG, 79108 Freiburg

Zur Herstellung dieses Buches wurde alterungsbeständiges Papier verwendet.

Inhalt

1. **Balance oder Disbalance: Kleine Verschiebungen – große Wirkungen** — 9
   - Individuelle Disbalance – von der Golden Gate Bridge in den Tod — 9
   - Globale Disbalancen – vom Börsenwunder zur Weltwirtschaftskrise — 14
   - Die Bedeutung von Balance — 29
   - Frank Right und die Weltwirtschafts- und Finanzkrise: Der gemeinsame Nenner — 34
   - Disbalancen wohin man schaut – zum Beispiel im Fußball bzw. im (Leistungs)-Sport — 40
   - Über die Notwendigkeit einer Balance in Führung und Management – als Schutz gegen psychische Erkrankungen — 47
   - Stress – die Dosis macht die Wirkung — 74

2. **Drei Motivationssysteme – drei verschiedene Richtungen** — 85
   - Motivation in Richtung Leistung — 96
   - Erste Disbalance: Ein Zuviel in Richtung Leistung bewirkt den „Sisyphos-Effekt" — 100
   - Motivation in Richtung Bindung und Anschluss — 106
   - Die faszinierende Geschichte von Roseto — 109
   - Zweite Disbalance: Ein Zuviel in Richtung Bindung und Anschluss bewirkt den „Gutmensch-Effekt" — 113
   - Motivation in Richtung Macht — 116
   - Dritte Disbalance: Ein Zuviel in Richtung Macht bewirkt das „Generaldirektoren-Syndrom" — 120
   - Disbalancen wohin man schaut – Machtdemonstration beim Finanzamt — 131

3. **Durch Balance in Führung – das können Führungskräfte tun**   **139**
- Das „Peter-Prinzip "außer Kraft setzen   144
- **Werkzeuge im Rahmen der fachlichen Kompetenz und des Leistungsmotivs**   **150**
- Für „Kontext-Ziele" sorgen   150
- Effektivität und Effizienz verbinden   157
- Mit Regeln arbeiten und sich daran halten   159
- Selbstkontrolle fordern und fördern   163
- Kreativität und Innovation fördern   166
- **Werkzeuge im Rahmen der sozialen Kompetenz und des Bindungs- bzw. Anschlussmotivs**   **169**
- „Pro-Aktiv" und direkt kommunizieren können   171
- Mitarbeiter einbinden   175
- Ein ausgewogenes Nähe- und Distanzgefühl entwickeln   182
- Vertrauen und Zutrauen entwickeln   184
- Ein stabiles Beziehungsmanagement leben   186
- **Werkzeuge im Rahmen der persönlichen Kompetenz und des Machtmotivs**   **190**
- Motivieren können – sich selbst und andere   191
- Das „Biermodell "– eine ganzheitliche Motivationsmethode   196
- Optimistisch und offen sein   206
- Verlässlich und konsequent sein   210
- Überzeugend sein und sich durchsetzen können   213
- Prozesse und sich selbst reflektieren können   216

4. **Gute Führung**   **223**

Dankeschön...   **226**

Anhang   **227**

Verwendete und zu empfehlende Literatur   **229**

„Jetzt fängt mein Leben erst wirklich an.
Gegen Ungerechtigkeit kämpfen, gegen Rassismus,
Verbrechen, Analphabetismus und Armut,
mit diesem Gesicht, das die Welt so gut kennt."

Muhammad Ali

Dafür, dass Jonathan, Linda, Paul und Nora in Arbeitswelten tätig sein werden, in denen die Ausgewogenheit der Motivationssysteme eine Selbstverständlichkeit darstellt!

1. Balance oder Disbalance: Kleine Verschiebungen – große Wirkungen

- ## Individuelle Disbalance – von der Golden Gate Bridge in den Tod

Es vergehen knapp vier Sekunden, ehe der Körper mit der Wucht von ungefähr 120 Stundenkilometern auf dem Wasser aufschlägt. Dann versinkt er in den Tiefen der San Francisco Bay. Dieser, unter anderen Umständen, so kurze Augenblick, erscheint den Selbstmördern wie eine Ewigkeit. Eine derart knappe Zeitspanne ist in diesem Fall aber lange genug, um den Sprung von der Brücke zu bereuen und zu erkennen, dass diese allerletzte Handlung im Gegensatz zu allen bisherigen tatsächlich unwiderruflich ist. Das zumindest berichten einige jener 26 Menschen, die den Aufprall auf dem Wasser durch unwahrscheinliches Glück überlebt haben.

Die berühmte Brücke als „Tor" in den Freitod

Die Golden Gate Bridge überspannt den Eingang zur San Francisco Bay zwischen Oakland und der Stadt und zählt mittlerweile zu den Wahrzeichen der Hippiemetropole. Seit ihrer Eröffnung am 27. Mai 1937 haben sich ungefähr 1.300 Menschen aus 67 Meter Höhe in die Tiefe gestürzt. Diese Angaben sind freilich inoffiziell, haben doch die Behörden 1995 aufgehört zu zählen, um nicht den eintausendsten Springer protokollieren zu müssen. Freitodkandidaten, die von Brücken springen, werden von Suizidexperten als sogenannte „Impulsselbstmörder" beschrieben. Sie handeln noch impulsiver als andere suizidgefährdete Menschen. Werden sie beim Versuch, sich das Leben zu nehmen, gehindert, unternehmen sie mehrheitlich keine weiteren Versuche. Manche der „Golden-Gate-Bridge-Springer" vollziehen ihre Tat in der Hoffnung, von irgendjemandem auf dem Weg zur Brücke angesprochen und dadurch aufgehalten zu werden. Tad Friend, Journalist beim Magazin „The New Yorker", berichtete vor Jahren über den Fall eines 30-jährigen Mannes. In seinem Abschiedsbrief, den er im Büro hinterließ und in dem er seinen Freitod ankündigte, schrieb er: „Ich werde jetzt zur Brücke gehen. Wenn mich auf dem Weg eine einzige Person anlächelt, werde ich nicht springen." Der Mann wurde nie mehr gesehen.

Der Fall Frank Rhigt

Nur über wenige Selbstmorde sind Informationen an die Öffentlichkeit gelangt. Vor allem seit die amerikanischen Behörden aufgehört haben, diese offiziell zu dokumentieren. Bekannt geworden ist der Sprung von Frank Right, am Sonntag, den 11. Juli 1999, vormittags. An diesem Tag hinterließ der 55-jährige Mann eine kurze Nachricht. Dafür verwendete er ein kleines, fünf Zentimeter langes, quadratisches, selbstklebendes gelbes „Post-it", wie sie in vielen Büros dieser Welt als Merkhilfen verwendet werden. Dieses kleine Stück Papier, auf das er seine allerletzte Nachricht schrieb, klebte er, für die Nachwelt gut sichtbar, auf das Geländer der Brücke exakt an jene Stelle, an der er die niedrige Barriere überstieg und sich in die Tiefe fallen ließ.

Frank Right, der 1944 in San Francisco geboren wurde, erlebte die Zeit des Wirtschaftsaufschwungs nach dem Zweiten Weltkrieg und eine lang anhaltende Phase der Hochkonjunktur. Er lebte bis zu seinem Freitod in San Francisco. Nachdem er sich in verschiedenen Jobs in unterschiedlichen Branchen versucht hatte, begann Frank Right Anfang 1974 für ein großes amerikanisches Dienstleistungsunternehmen im Zentrum der Stadt zu arbeiten. Nach einer mehrmonatigen Einschulungsphase wurde er der Verkaufsabteilung zugeteilt. Schon bald war er gut in ein Team integriert und für den Norden San Franciscos sowie für einige Teile von Marin County zuständig. Er verkaufte Versicherungen aller Art, Kredite und Vermögensveranlagungen. Mehr als 25 Jahre lang. In den ersten Jahren lief es richtig gut. Innerhalb seines nicht unerheblichen Pouvoirs konnte Frank Right selbst Entscheidungen treffen. Seinen Tagesablauf legte er ebenfalls selbst fest.

Frank Right baute sich durch seine umgängliche und ruhige Art schnell Stammkunden auf, die er intensiv betreute. Er nahm sich viel Zeit, hörte sich die Geschichten und Probleme der Menschen an, egal, ob sie seine Kunden waren oder nicht. Er verkaufte seine Produkte aus Überzeugung und erfolgreich. Er zählte zwar nie zu den besten Verkäufern der Firma, es gab andererseits aber selten Anlass zu Kritik. Seine Verkaufsleistungen passten einfach. Lange machte Frank Right die Arbeit tatsächlich Spaß. Zwar schätzte er die administrativen Aufgaben im Büro weniger, aber die Möglichkeit, Kontakt zu verschiedenen Menschen aufbauen zu können, sie in ihren Häusern zu besuchen und herauszuhören, welche Produkte für sie sinnvoll sind, machte ihn zufrieden. Bei seinen Kunden hatte er wegen seiner Geduld und seiner Fähigkeit zuzuhören ein sehr positives Image. Sie schätzten ihn, hörten auf ihn und kauften immer wieder jene Produkte und Dienstleistungen, die Frank Right nach guter Analyse vorschlug. So waren auch seine Vorgesetzten mit seinen Leistungen insgesamt zufrieden. Auf diese Art und Weise lief es viele Jahre gut. Bis Ende der achtziger Jahre die Zeichen auf Veränderung standen.

Die Wende im Leben von Frank Right

Als sich das Unternehmen zu dieser Zeit nämlich vorbereitete, seine Rechtsform in eine börsennotierte Aktiengesellschaft umzuwandeln, veränderte sich die Situation für alle Mitarbeiter, speziell für die Verkaufsmannschaft und somit auch für Frank Right. Der Leistungsdruck, dem die Verkäufer ausgesetzt waren, verstärkte sich zusehends. Immer mehr Produkte mussten an den Mann gebracht werden. Die Zeit, die sich Right für seine Kunden nehmen konnte, wurde immer kürzer. Längere Gespräche mit potentiellen Kunden, die zu keinen Verkaufsabschlüssen führten, waren nicht mehr erwünscht und vorgesehen.

1990 schließlich wurde das Change-Management-Projekt abgeschlossen und die Aktie der Finanzdienstleistungs-Gruppe an der New Yorker Börse in der Wall Street gehandelt. Plötzlich hatte nur noch ein Thema Bestand: der aktuelle Kurs der Unternehmensaktie. Die Prioritäten verschoben sich. Shareholder-Value war das neue Zauberwort im Management. Alles wurde danach ausgerichtet.

Für Frank Right waren manche Vorgänge und Projekte, Prioritäten und Entscheidungen nicht nachvollziehbar, obwohl er sich anfangs sehr darum bemühte. Deutlich jedoch verspürte er, dass sich der Druck speziell auf die Verkäufer immer weiter verstärkte. Es fiel ihm auf, dass in den Verwaltungsabteilungen Mitarbeiter eingestellt wurden, das Verkaufsteam hingegen wurde sukzessive verkleinert. Einige seiner Kollegen, auch länger dienende, wurden gekündigt. Verkaufsziele wurden von einer zentralen Vertriebssteuerung vorgegeben, ohne die Verkäufer in die Planungen einzubeziehen. Es mussten immer mehr Abschlüsse in immer kürzerer Zeit erreicht werden. Das Gehaltssystem wurde radikal umgestellt. Der größte Teil war nun leistungsbezogen. Wer mehr verkaufen konnte, der verdiente mehr. Nur ein kleinerer Teil des Einkommens wurde unabhängig von Verkaufszahlen regelmäßig überwiesen. Wer die Ziele nicht erreichte, der hatte nicht nur in der Firma einen schweren Stand, sondern auch Probleme mit der finanziellen Absicherung des täglichen Lebens. Frank Right fragte sich immer öfter, wie sich die Manager seiner Firma das alles vorstellten und ob sie jemals selbst im Verkauf tätig waren.

Das ehemalige Verkaufsteam aus sich ergänzenden Kollegen zerfiel nach und nach in Einzelkämpfer. Die sozialen Kontakte verkümmerten zunehmend. Schnell konzentrierten sich die Einzelnen in der Hauptsache auf ihre eigenen Zahlen und Abschlüsse sowie auf die damit verbundenen Prämien. Schließlich verloren der Teamgedanke sowie der Kontakt unter den Mitgliedern zusehends an Bedeutung. Im Team wurde nicht mehr miteinander gearbeitet, sondern im besten Fall nebeneinander. Die meisten sahen sich als Konkurrenten.

Gelegentlich versuchte Frank Right, der Anfang der neunziger Jahre schon zu den „alten Hasen" unter den Verkäufern zählte, diese Entwicklung und die damit verbundenen Befürchtungen mit seinem direkten Vorgesetzten, einem Mann Anfang sechzig, zu besprechen. Dieser sah die Geschehnisse und Perspektiven durchaus kritisch und teilte manche Sorgen von Frank. Da der Vorgesetzte jedoch nur noch ein paar Jahre bis zu seiner Pensionierung zu arbeiten hatte, ergaben sich aus diesen Gesprächen keinerlei Konsequenzen. Rights Chef gab deutlich zu erkennen, sich so kurz vor seinem wohlverdienten Ruhestand nicht mehr mit dem Top-Management anlegen zu wollen.

Der Druck wird immer größer

Also hoffte Frank darauf, dass sein neuer Vorgesetzter sich der Probleme annehmen würde. Mit dem neuen Chef aber, einem jungen, dynamisch wirkenden Absolventen einer Eliteuniversität wurde es noch schwieriger. Als dieser im Januar 1995 die Verkaufsabteilung für den Norden San Franciscos und Teile von Marin County übernahm, steigerte sich der Druck auf das Verkaufsteam weiter.

Die „Schlagzahl" musste erhöht werden, um endlich das beste Verkaufsteam in der Unternehmensgruppe zu sein, wie es der neue Boss gerne ausdrückte. Es regierten nackte Zahlen. Alles wurde protokolliert und dokumentiert. Selbst für Kundengespräche wurden Zeitvorgaben geschaffen, die keinesfalls überschritten werden durften. Eine zentrale Abteilung koordinierte alle Teams. Auf gebietsbezogene, marktbedingte Unterschiede wurde keine Rücksicht genommen. Für alle im Verkauf mussten die gleichen Regeln gelten. Gespräche mit Kunden, die zu keinen Abschlüssen führten, wurden aufs schärfste kritisiert. Frank Right und seine Kollegen wurden in regelmäßig stattfindende Verkaufsmeetings beordert. Dort wurden stundenlang Zahlen präsentiert. Es gab einzelne Gewinner und es gab viele Verlierer. Die einen erhielten satte Prämien, für die anderen gab es Drohungen. Zunächst versteckt, je länger die individuelle Durststrecke aber dauerte, umso deutlicher und offener wurden sie. Erklärt und legitimiert wurde dieses Vorgehen von den Managern durch die Behauptung, dass nur die jeweils stärksten in der Branche überleben würden. Dieser Gedanke wurde von Charles Darwin entlehnt, und einseitig interpretiert.

„Survival of the fittest!" wurde zum allgemeingültigen Credo in Frank Rights Unternehmen. Wer sich im Verkauf als nicht stark genug erwies und sich im harten Wettbewerb am Markt nicht behaupten konnte, wurde als schwach angesehen und eliminiert. Mitarbeiter hatten Angst um ihre Zukunft. Viele wurden tatsächlich gekündigt, da sie ihre Ziele nicht erreichten, und standen über Nacht auf der Straße.

Bei anderen jedoch war zu beobachten, dass sie sich stolz fühlten, zu den Starken zu zählen und dass sie sich gerne an noch stärkeren Personen in der Organisation orientierten. In voller Überzeugung handelten sie nach der im Unternehmen immer wieder kommunizierten Maxime, ohne die Situation je einer analytischen Betrachtung zu unterziehen. So konnten sie freilich nicht sehen, welche Konsequenzen all dies letztlich nicht nur für den Einzelnen haben sollte.

Auf dem kleinen, unscheinbaren gelben „Post-it", das der 55-jährige Frank Right am Sonntagvormittag des 11. Juli 1999, dem letzten Tag in seinem Leben, auf das Geländer der Golden Gate Bridge klebte, fand sich nur ein einzelner kurzer Satz, der in seiner Tragweite unendlich war: *„Survival of the fittest. Adios – unfit!"*

• Globale Disbalancen – vom Börsenwunder zur Weltwirtschaftskrise

Milton Friedman, der von vielen Experten als einer der einflussreichsten Wirtschaftswissenschaftler des zwanzigsten Jahrhunderts beschrieben wird, und der 1976 für seine Leistungen auf dem Gebiet der Analyse des Konsums und der Geschichte der Theorie des Geldes den Nobelpreis erhielt, soll auf die Frage, worin die Ethik eines Unternehmens bestehe, geantwortet haben: *„die Ethik eines Unternehmens besteht darin, den Profit zu steigern!"*. Der Nobelpreisträger meinte, einem Manager stehe es nicht zu, in soziale Aktivitäten zu investieren, denn dann würde er ja das Geld fremder Menschen, nämlich jenes der Eigentümer, ausgeben. Wie einseitig sich diese Sichtweise darstellt, wird ebenso oft und gerne übersehen, wie Friedmans spätere ergänzende Einsicht, *„dass soziale Verantwortung für Unternehmen (…) ebenfalls vernünftig sein könne"*.

Der Managertyp der 80er Jahre

In meiner beinahe 20jährigen Tätigkeit als Trainer und Berater gewinne ich immer wieder den Eindruck, dass Friedmans Verständnis von Unternehmensethik für viele Führungskräfte als oberste Maxime ihres täglichen Handelns dient. So werden eine gehörige Portion Egoismus und ein brutales Durchsetzungsvermögen ebenso als Tugend gesehen wie eine punktuelle Charakterlosigkeit. Einer Studie der Bond University in Queensland/Australien zu Folge, wird „tyrannisches Verhalten" der Manager im internationalen Karriererennen eher belohnt, als dass es ein Hindernis für den Aufstieg in die nächste hierarchische Ebene darstellen würde. Im Geschäftsleben und in der Finanzwelt werden Begriffe verwendet, die man eher aus anderen Zusammenhängen kennt. Ed Michael, Direktor der weltweit agierenden amerikanischen Beratungsfirma McKinsey, führte Ende der neunziger Jahre den Begriff des „War of Talent" ein und Mitarbeiter in Verkaufsteams halten Formulierungen wie „Krieger", „Kämpfer an der Front", „Söldnertruppe" für besondere Auszeichnungen. Spitzenmanager und Vorstandsmitglieder schmücken und erfreuen sich an Beinamen wie „der Gnadenlose", „der Großinquisitor" oder „der Vollstrecker". Erklärt und gerechtfertigt werden diese Ansätze mit Aussagen wie

> *„der tägliche Kampf im beinharten Wirtschaftleben ist eben kein Mädchensport".*

Offensichtlich haben es viele Manager nötig, sich ein Image zu verschaffen, das sie knallhart aussehen lässt. Gemäß diesem Image ist man ausschließlich an Gewinnen, Kennzahlen, Bonuszahlungen, zusätzlichen Leistungsfaktoren und an Macht interessiert. Warum sich mit 15% Zuwachs begnügen, wenn 20% auch möglich sind? Warum mit 1.000 Mitarbeitern Gewinne erzielen, wenn es 950 unter Umständen auch schaffen? Diesen Menschen, die sich selbst als eine Elite sehen, geht es nicht mehr darum, solide Produkte herzustellen und gute Dienstleistungen anzubieten. Das Wohlergehen der Organisation und das jener Menschen, die für diese arbeiten, wurde mehr und mehr den eigenen Karriereabsichten geopfert. Karriere wurde zum einzigen gültigen Leistungsnachweis, – koste es, was es wolle. Manager, die diesbezüglich Ausnahmen bilden, sind selten. Sie entsprechen nicht dem aktuellen Typus.

Wer gegen den Strom schwimmt, ist einsam und braucht Mut

Es gibt sie aber, glücklicherweise. Der Finanzvorstand der österreichischen Tochter einer börsennotierten Aktiengesellschaft sollte 2005 die Kündigung von ca. 170 Mitarbeitern vorbereiten, obwohl diese Niederlassung eines internationalen Konzerns im laufenden Geschäftsjahr beträchtliche Gewinne gemacht hatte und der Gesamtkonzern eine sehr positive konsolidierte Bilanz vorlegen konnte. Dennoch entschieden die Manager des Mutterkonzerns, dass die Produktion in Österreich zu teuer sei. Der Standort sollte zwar insgesamt erhalten bleiben, die Produktion jedoch ausgelagert werden. Würde man sie ins billigere Ausland verlegen, könnte man den Gewinn weiter steigern. 170 individuelle Lebensgeschichten, 170 Vergangenheiten und 170 Zukunftsplanungen spielten in diesen Überlegungen offenbar keine Rolle. Dann geschah etwas Außergewöhnliches, wahrscheinlich Einzigartiges. Der verantwortliche Vorstand, dessen Bonuszahlungen wie die seiner Kollegen auch an die Gewinnspanne des Unternehmens gebunden waren, verweigerte die Durchführung der geplanten Maßnahme. Wochenlang verhandelte er mit Vertretern der Konzernspitze darüber, die Produktion in Österreich zu belassen, die 170 Mitarbeiter weiter zu beschäftigen. Er erzählte:

> *„Wenn ich eine betriebswirtschaftliche Notwendigkeit erkenne, dann gehört es zu meinen Aufgaben, Menschen mitzuteilen, dass ich sie kündige. Diese Tätigkeit steht immer wieder auf meiner Agenda. Diese Situation erkannte ich damals aber nicht. Die Leute hatten gut gearbeitet und wir haben Gewinne erzielt. Ich kannte jeden einzelnen der betroffenen Mitarbeiter. Bei den meisten wusste ich über die Familienverhältnisse Bescheid. Die Arbeitslosigkeit in unserer Region ist enorm. Mir stand vor Augen, was für eine Katastrophe auf viele zukam!"*

Die Bemühungen des Finanzvorstandes waren vergeblich. Die Entscheidung war gefallen. 170 Mitarbeiter sollten gekündigt, die Produktion ins billigere Ausland verlegt werden. Da ergriff der steirische Manager eine Maßnahme, die viel Mut von ihm verlangte. Er stellte die Chefs des europäischen Mutterkonzerns vor die Wahl: Sollte die Entscheidung, 170 Mitarbeiter zu kündigen, vom Vorstand nicht zurückgenommen werden, würde er aus Solidarität mit den Arbeitern und aus Protest gegen den Konzern seine Funktion niederlegen und kündigen.

> *„Niemand glaubte mir. Alle hielten meine Drohung für ein Säbelrasseln ohne Substanz. Die konnten sich nicht vorstellen, dass jemand freiwillig wegen 170 Arbeitern so einen Job aufs Spiel setzt."*

Als man die Maßnahme schließlich anordnete, 170 Mitarbeiter kündigte und die Produktion ins Ausland verlegte, verließ der Finanzvorstand ebenfalls das Unternehmen. In einem kleinen Land wie Österreich sprechen sich Veränderungen in Vorstandsetagen sehr schnell herum. Der ehemalige Finanzmanager wurde oft angesprochen. Sein Kommentar:

> *„Alle, denen ich diese Geschichte erzählte, hörten zu, schwiegen, überlegten längere Zeit und fanden meine Entscheidung gut. Sie kamen aber auch alle zu dem Schluss, dass sie dies nicht könnten".*

Er ist allerdings, wie gesagt, nur eine seltene Ausnahme, die meisten Spitzenmanager entsprechen durchaus dem zuvor gezeichneten Bild.

Der Einfluss des Börsenbooms

Zu den dargestellten Veränderungen kam hinzu, dass spätestens der Börsenboom in den neunziger Jahren eine Grundüberzeugung im Denken vieler Menschen verändert hat. Lange Zeit war der Gedanke an Geldverdienen mit der Assoziation „Arbeit" verknüpft. Wer Geld verdienen wollte, musste arbeiten. Dies traf für einen großen Teil der Bevölkerung zu. Beifügungen wie, „hart, konsequent, regelmäßig, fleißig" rundeten dieses Bild ab. Wer arbeitete, verdiente Geld, und diesen Menschen wurden Ansehen und Achtung entgegengebracht.

Durch den Börsenboom verloren aber genau jene Menschen einen Teil ihres Ansehens. Wer arbeiten musste, um an Geld zu kommen oder es zu vermehren, wurde höchstens mitleidig belächelt. Bewundert und verehrt wurden vielmehr jene Menschen, die ihr Geld bestens veranlagen und scheinbar über Nacht vermehren konnten. Jene, die versprachen, Geld mit unglaublichen Renditen zu vermehren, wurden zu den Stars der Neunziger. Das waren die Menschen, zu denen viele in den reichen Ländern aufschauten. Sie waren Idole, ihnen hatte man zu folgen. Wer durch Veranlagungen viel verdient, ist gut, das wurde das neue Selbstverständnis.

Es gab nur wenige, die verstanden und durchschauten, wie die äußerst komplexen Börsengeschäfte tatsächlich funktionierten, aber viele, die so taten, als ob das der Fall wäre. Sie fanden schnell eine immer größer werdende Anhängerschar, denn die meisten wollten vom schier endlosen Geldvermehrungskuchen ein möglichst großes Stück bekommen. Gier wurde salonfähig und sogar ein Werbetrumpf.

Der Büchermarkt reagierte prompt auf diese Veränderung. Geld-, Veranlagungs- und Börsenratgeber verdrängten für kurze Zeit Kochbücher aus den Sachbuchbestsellerlisten. Sogenannte „Moneycoaches" wie z.B. Bodo Schäfer versprachen die erste Million, damals noch in Form der Deutschen Mark, in sieben Jahren. Aus heutiger Sicht erscheint es wie ein Hohn, dass ausgerechnet Bodo Schäfer Anfang des neuen Jahrtausends mit seiner Seminarfirma Konkurs beantragen musste und just einer der am meisten gefeierten, der als Guru verehrte Staranleger, Bernard Madoff, für den größten Betrugsfall in der Wirtschaftsgeschichte verantwortlich gemacht wurde.

Der Fall Bernard Madoff

Der Ex-Broker hatte über Jahrzehnte mit einem Schneeballsystem weltweit tausende Anleger geprellt. Zu seinen Opfern zählen aber nicht nur private Anleger, denen man zumindest zugestehen kann, dass sie möglicherweise nicht über das nötige Know-how verfügen, um zu verstehen, wie sich ihr Geld konkret vermehren sollte. Von Madoff wurden auch professionelle Anleger wie Banken geprellt, die doch die Veranlagung geprüft haben müssten. Warum die Spezialisten der geschädigten Institute dem Betrüger über eine derart lange Zeit ebenso wenig auf die Schliche kamen wie die amerikanische Börsenaufsicht, bleibt ein Rätsel.

Eine wesentliche Rolle in diesen für viele undurchschaubaren Abläufen spielen meiner Meinung nach die internationalen Ratingagenturen. Diese privatwirtschaftlich organisierten Institute agieren im Auftrag der zu bewertenden Unternehmen. Diese Bewertungen wiederum verleihen der Firma einen (fiktiven) Wert, der von internationaler Bedeutung ist. Dabei wird gerne übersehen, dass sie anhand von theoretischen Grundlagen erstellt werden. Der reale Unternehmenswert wird dabei selten ermittelt. Sowohl Auftraggeber als auch Ratingagentur haben großes Interesse daran, das Unternehmen bestmöglich zu präsentieren, ganz nach dem Motto, „darf´s ein wenig mehr sein?".

Über die Schadenssumme, die der ehemalige Star-Investor verursacht haben soll, gibt es unterschiedliche Angaben. Sie bewegen sich zwischen 50 bis 65 Milliarden Dollar. Am 30. Juni 2009 wurde Bernard Madoff von einem New Yorker Gericht zu 150 Jahren Haft und damit zur höchst möglichen Strafe verurteilt. Madoff, der sich im Prozess in allen Anklagepunkten schuldig bekannte, erklärte, dass *„Geld einen unwiderstehlichen Reiz"* auf ihn ausüben würde. Er wird den Rest seines Lebens in der Haftanstalt der Kleinstadt Butner in North Carolina verbringen. Auch Madoffs langjähriger Finanzchef, Frank DiPascali, bekannte sich in zehn Anklagepunkten schuldig. Darunter auch der Bilanzfälschung. Di Pascali gab zu, dass es die behaupteten Aktiengeschäfte gar nicht gegeben habe. Ihm drohen bis zu 125 Jahre Haft.

Manche Anleger, die – getrieben von ihrer eigenen Gier – dem Guru nur allzu leicht ihr Vermögen in der Hoffnung, es in kurzer Zeit zu vervielfachen, anvertraut hatten, verloren alles.

Es gibt aber auch Börsenspekulanten, die nach dem großen Crash wiederauferstehen, als sei nichts gewesen und ihre Geschäfte nach den gleichen Mustern weiter führen – selbstverständlich unter einem neuen Firmennamen. Wie John Costas, der lange Zeit für die Schweizer Bank UBS das Investmentbanking und den hauseigenen Hedgefonds Dillion Read leitete und der aufgrund der durch ihn erzielten Gewinne in der Branche „Goldjunge" genannt wurde. Plötzlich änderte sich alles. „Der Spiegel" berichtet in seiner Dezemberausgabe 2009:

> *„Der UBS-Tochter fehlten plötzlich 350 Millionen Dollar, und sie hinterließ ein hochgiftiges Subprime-Portfolio in der Höhe von 4,5 Milliarden Dollar. Die Schweizer Bank leidet noch heute unter den Folgen. Aus dem Goldjungen war ein Pleitetier geworden."*

Daraufhin verlor der Spekulant seinen Job. Seit einiger Zeit ist er in seiner neuen Firma Prince Ridge mit 70 Angestellten wieder aktiv und meint, es sei fantastisch, wie es laufe. Er sei seit 1981 im Börsengeschäft, aber jetzt laufe es so gut wie nie zuvor.

Die Maxime der Profitgierigen

Unter diesem Gesichtspunkt erscheint es nicht verwunderlich, dass in manchen Unternehmen die jährlichen Zielformulierungen sehr einfach ausfallen: „Steigerung: plus 20%!" Und so sicher, wie das alte Jahr zu Ende geht und das neue Jahr beginnt, wiederholen sich diese Vorgaben. Obwohl es in vielen Branchen und für viele Firmen zunehmend schwieriger wurde, stetes Wachstum zu gewährleisten, stieg die Gier weiter an. Dafür wurde es allerdings notwendig, immer skrupelloser vorzugehen und den Druck nach allen Seiten extrem zu erhöhen. Was in diese Philosophie freilich nicht passt, ist die Tatsache, dass die Leistungen von Menschen aber zusehends teurer werden. Ebenso wenig sah sie vor, dass sich auch die Leistung der arbeitenden Menschen zunehmend lohnen möge – außer jener der Manager. So stehen Rationalisierungsprozesse an der Tagesordnung, Mitarbeiter „verkommen" immer mehr zu Kostenstellen in Controllingberichten und verlieren ihre Gesichter. Immer weniger Menschen sollen immer mehr leisten. Viele Manager vergessen, dass Unternehmen nicht nur Bilanzen schreiben, sondern auch individuelle Lebensgeschichten. Einigen ist diese Erkenntnis schlichtweg egal.

Die „Baumolsche Kostenkrankheit"

Die nach dem Wirtschaftswissenschaftler und Princeton-Professor William Baumol benannte „Baumolsche Kostenkrankheit" schlägt voll zu. Gerade Dienstleistungen, z.B. im Gesundheits- und Bildungsbereich, verlangen den unmittelbaren und direkten sozialen Kontakt. Sie lassen sich nicht so einfach rationalisieren wie manche anderen Dienstleistungen, etwa in der Telekommunikation, und schon gar nicht ohne Qualitätsverlust. Wenige Unternehmen trugen und tragen dieser Erkenntnis Rechnung. Viele setzten und setzen den Rotstift just beim Personal und in der Bildung an. Damit verstärken sie ein System, das einerseits von den einzelnen Mitarbeitern immer mehr verlangt, ihnen andererseits aber immer weniger Ressourcen zur Verfügung stellt.

Hans Leyendecker schreibt in seinem empfehlenswerten Buch „Die große Gier":

> „... die Manager waren zu gierig, zu zynisch, zu selbstgerecht gewesen, und die meisten von ihnen hatten sich unangreifbar gefühlt."

Möglicherweise dachte der deutsche Autor, als er diese Zeilen schrieb, an die österreichische Kommunalkredit. Die Bank musste 2008 notverstaatlicht werden, die Republik Österreich haftet mit 1,2 Milliarden Euro. Der damalige Chef der Bank, Reinhard Platzer, äußerte in einem Interview der österreichischen Tageszeitung „Der Standard":

> „Unser Geschäftsmodell hat 50 Jahre funktioniert, auf diese Liquiditätskrise war es nicht eingestellt. (...) Zu einem gewissen Ausmaß waren wir alle gierig, auch der Eigentümer".

Wie einseitig das Top-Management mancher Unternehmen agiert, geht aus einem Interview mit Ulrich Thielemann, dem Vizedirektor des Instituts für Wirtschaftsethik an der Universität St. Gallen, hervor.

> **Performance Incentive Plan Units für Top-Manager der Credit Suisse**
>
> Den Ausführungen Thielemanns zu Folge hat die Credit Suisse für die wenigen Personen im Top-Management sogenannte „Performance Incentive Plan Units" eingerichtet. Sollte sich der Aktienkurs bis zum Jahr 2011 verdoppeln, so erzählt der Vizedirektor, sollte es eine Prämie von etwa 180 Millionen Schweizer Franken geben, pro Kopf! Haarsträubend liest sich die Erklärung für diese unglaubliche Maßnahme. *„Die Manager bräuchten diese Anreize, um motiviert zu sein!"*

Unterstützt werden derartige Praktiken von betriebswirtschaftlichen Ansätzen wie der Shareholder-Value. Vereinfacht ausgedrückt, wird in diesem Verfahren der Unternehmenswert anhand verschiedener

Kennzahlen definiert. Da sich die dafür notwendigen Werte in der Hauptsache an Geldwerten orientieren, zielt dieser Ansatz in der Praxis doch eher auf eine kurzfristige Steigerung des Unternehmenswertes über den Aktienwert ab. In vielen theoretischen Beschreibungen wird zwar darauf hingewiesen, dass Shareholder-Value nicht nur eine kurzfristige Steigerung des Börsenkurses zum Ziel hat, in der Praxis spielt die behauptete Langfristigkeit jedoch nur eine untergeordnete Rolle. Aus Sicht der verantwortlichen Manager ist das durchaus nachvollziehbar, sind die Bonuszahlungen in aller Regel doch an die Entwicklung der Aktie gekoppelt.

Dementsprechend fällt die Kritik von Fredmund Malik, dem Präsidenten des Verwaltungsrats des Management Zentrums St. Gallen, aus:

> *„Niemand bestreitet, dass Kapitalgeber, also Miteigentümer in einem Unternehmen dafür auch entlohnt werden sollen. Jedoch ist die auf dem Shareholder-Value-Prinzip beruhende Corporate Governance die systematische Irreführung der Unternehmensleitung. Die heutige Krisensituation ist die Folge dieser Irrlehren."*

Dabei sollte die Corporate Governance allgemein gültige Regeln für das gesamte Unternehmen definieren, die eine *„gute, verantwortungsvolle und zielgerichtete Führung und Überwachung des Unternehmens garantieren sollen"*. Oft stehen derartige Regeln nur auf geduldigem Papier.

Ähnlich sieht es der Schweizer Autor Martin Suter, der die Verhaltensmuster und Strategien von Managern in mehr als 700 Kolumnen in der „Weltwoche" und im „Tagesanzeiger" beschrieben hat. Angesprochen auf den Chef der Deutschen Bank, Josef Ackermann meint der Autor:

> *„Er glaubt halt noch immer an Shareholder-Value und das Bonussystem und ist dadurch nicht unschuldig am ganzen Schlamassel."*

Die Credit Suisse stellt im Übrigen keine Ausnahme dar. Die Zahlenverhältnisse in den folgenden Beispielen sprechen für sich.

Ausschüttungen bei der Citygroup und bei Goldman Sachs

So gewährte die amerikanische Citygroup für das Geschäftsjahr 2008 Bonuszahlungen in der Höhe von 5,3 Milliarden Dollar. Und dies, obwohl die Citygroup in diesem Zeitraum zu den größten Verlierern der Finanzkrise zählte, etwa 45 Milliarden Dollar direkte Staatshilfe benötigte und für 2008 einen Verlust von 27,7 Milliarden Dollar aufwies. Beim Finanzdienstleister Goldman Sachs waren die ausgeschütteten Prämien mit etwa 4,8 Milliarden Dollar mehr als doppelt so hoch als der erwirtschaftete Gewinn für den gleichen Zeitraum.

Die Verflechtung von Finanzinstituten und Politik

In die internationalen Schlagzeilen kam Goldman Sachs aber, weil man dem Institut vorwarf, aufgrund guter Kontakte von der amerikanischen Bankenrettung mehr zu profitieren als andere Banken. Sieht man genauer hin, entdeckt man, dass auffallend viele besonders wichtige Funktionen der amerikanischen Finanzwelt mit ehemaligen Mitarbeitern von Goldman Sachs besetzt waren und immer noch besetzt sind. Bill Clintons Finanzminister, Robert Rubin war zuvor 26 Jahre lang für Goldman Sachs tätig. Auch Georg W. Bush engagierte mit Henry Paulson einen Vorstand des Instituts als Finanzminister. Joshua Bolten, früher Direktor bei Goldman Sachs in London war von 2006 bis 2009 Stabschef im Weißen Haus. Auch der Gouverneur von New Jersey, Jon Corzine, kommt aus der Vorstandsetage des Bankhauses. Diesen Managern geht es offensichtlich um mehr als Geld: Es geht um Macht! Kritiker nennen die Investmentbank *„Government Sachs"* und meinen *„wer bei Goldman aussteigt, steigt bei der Regierung ein und umgekehrt."*

Barack Obama wird ebenfalls eine Nähe zu Goldman Sachs vorgeworfen. Im Mittelpunkt stehen dabei die großzügigen Wahlkampfspenden, mit denen die Bank den amtierenden amerikanischen Präsidenten unterstützt hat. Weitere Verflechtungen von Finanzwirtschaft und Politik finden sich schnell. Der Chef der New Yorker Notenbank, Stephen Friedman, war jahrelang Top-Manager bei Goldman Sachs.

Seit der Wandlung des Instituts von einer Investment- in eine Geschäftsbank, ist die New Yorker Notenbank das Kontrollorgan für Goldman Sachs. Überspitzt formuliert könnte man meinen, die Kontrolle blieb im Haus. Erst als bekannt wurde, dass Stephen Friedman in seiner neuen Funktion Goldman-Sachs-Aktien kaufte und damit drei Millionen Dollar verdiente, musste er seinen Hut nehmen. Da sein Nachfolger, William Dudley, ebenfalls von Goldman Sachs kam, wird es immer schwieriger, diese strategischen Personalplatzierungen für Zufälle zu halten. Im Frühherbst 2009, in einer Zeit, in der andere Finanzdienstleister noch damit beschäftigt sind, die Auswirkungen der Krise zu verdauen, scheffelt Goldman Sachs jedenfalls wieder Milliarden Dollar an Gewinnen.

So verwundert es nicht, dass die mächtige Bank den Pro-Kopf-Verdienst im Jahr 2009 für ihre Top-Mitarbeiter im Vergleich zu 2008 verdoppelt hat und durchschnittlich rund 750 000 Dollar bezahlt.

Spekulative Aktionen bleiben ohne Sanktion

Matt Taibbis, Journalist beim Popmagazin „Rolling Stone", veröffentlichte im Sommer 2009 einen umfassenden Artikel über die Praktiken des Finanzriesen. Er sagt:

> *„Die mächtigste Investmentbank der Welt ist ein riesiger Vampirtintenfisch, getarnt mit menschlichem Antlitz, der aber unerbittlich seinen Bluttrichter in alles rammt, das nach Geld riecht."*

Auf zwölf Seiten führt der Journalist aus, wie Goldman Sachs an mehreren Spekulationsblasen in den letzten Jahrzehnten beteiligt gewesen sein soll. Taibbis meint, die Bank würde immer nach dem gleichen Muster vorgehen. Inmitten einer Spekulationsblase bringe sich das Unternehmen in „Stellung" und verkaufe Investments, von denen man wisse, dass sie wertlos seien. Wenn dann alles *„den Bach hinuntergeht"*, trete Goldman Sachs als Retter auf, indem *„sie uns unser eigenes Geld borgen"*. Laut Taibbis arbeitet das Finanzunternehmen seit den zwanziger Jahren so. Auf diesen Bericht hin gab es durchaus kritische

Stimmen. Goldman Sachs dementiert natürlich und unterstellt dem Autor, „Verschwörungstheorien" zu verfolgen.

Richard D. Ellis beschreibt in seinem Buch „The Partnership: The making of Goldman Sachs" einen pragmatischen Grund für den dauernden Erfolg des Finanzunternehmens: *„Goldman ziehe nun mal die besten Köpfe der Branche an."* Es gab aber auch Stimmen, die Matt Taibbis den Rücken stärkten. So kritisierte der Nobelpreisträger Joseph E. Stiglitz ebenfalls die Verflechtungen von Politik und Wirtschaft. Christopher Whalen, Mitbegründer der in Los Angeles ansässigen Institutional Risk Analytics, anerkannter Anbieter von Risiko-Management-Tools für Wirtschaftsprüfer meinte, Goldman sei eine politische Organisation, die sich für eine Investmentbank ausgebe.

Möglicherweise liegt Matt Taibbis mit seinen Vermutungen doch richtig. Im April 2010 verklagte die Börsenaufsicht SEC die Investmentbank. Die Anklage wirft Goldman Sachs vor, die eigenen Kunden betrogen zu haben. Den Investoren soll bei einem Finanzprodukt verheimlicht worden sein, dass ein großer Hedgefonds die Geldanlage dermaßen manipuliert hat, dass sie zwangsläufig wertlos werden musste. Die demokratische US-Senatorin Claire McCaskill warf den Managern der Investmentbank in einer Anhörung vor, gespielt und damit die Wirtschafts- und Finanzkrise ausgelöst zu haben. Die „Salzburger Nachrichten" betitelten im April 2010 einen Bericht über das Verfahren mit: *„Gewinn verdoppelt, Vertrauen verspielt".*

Die Praktiken von Bonuszahlungen sind auch in Europa üblich. Die Österreichische Bundesbahn plante im Frühjahr 2009 die Ausschüttung von Bonuszahlungen für Manager in der Höhe von etwa vier Millionen Euro, obwohl der Verlust für das Geschäftsjahr 2008 rund 900 Millionen Euro betrug. Ähnlich stellt sich die Situation in Deutschland dar. Hier versuchte man zwar im Bundestag strengere Regeln zu schaffen und die Bonuszahlungen im Top-Management zu begrenzen. Gelungen ist dieses Vorhaben jedoch nur insofern, als die Ausschüttung von Vergütungen stärker an langfristige Erfolge des Unternehmens gebunden wird.

Die Vorboten der Immobilienkrise in den USA

Eine sehr deutliche Beschreibung, mit welchem Selbstverständnis im amerikanischen Immobiliensegment Geschäfte gemacht wurden, findet sich in Robert Shillers erstklassigem Buch „Die Subprime Lösung":

> *„Übertrieben aggressive Anbieter von Hypothekardarlehen, willfährige Gutachter und selbstgefällige Kreditnehmer fütterten den Immobilienboom. (...) Manchmal verlocken Kreditgeber naive Menschen mit schlechter Kreditvorgeschichte, in dem wie ein Ballon aufsteigenden Markt der Subprime-Hypotheken ein Darlehen aufzunehmen. Diese Hypotheken wurden dann auf ausgeklügelten, aber geheimnisvollen Wegen verpackt, verkauft und an Investoren auf der ganzen Welt weiterverkauft – und das bereitete die Bühne für eine Krise von wahrhaft globalen Ausmaßen."*

Worauf Robert Shiller hier nicht hinweist, ist die zentrale Rolle der enorm einflussreichen Ratingagenturen. Diese haben viele Bewertungen zu positiv dargestellt, ganz so, als ob Immobilien über Nacht gewaltig an Wert gewinnen könnten: und zwar jede Nacht, egal ob Palast oder Ruine.

Die Krise hatte sich bereits angekündigt: zunächst nur zaghaft und für kritische Geister wahrnehmbar, nach und nach aber immer deutlicher. Ein riesiges Angebot an Immobilien überschwemmte den amerikanischen Markt. Die Preise begannen zu sinken und die Anzahl der uneinbringlichen Kredite schoss in die Höhe.

Wertberichtigung bei Merrill Lynch & Co

So musste Merrill Lynch & Co, eine der weltweit führenden unabhängigen Investmentbanken, im Geschäftsjahr 2007 aufgrund der Immobilienkrise nicht weniger als 23,2 Milliarden Dollar wertberichtigen. Es scheint auf der Hand zu liegen, dass das darauf folgende Ausscheiden des damaligen Chairmans Stanley O´Neal, der 2007 ein Jahresgehalt von etwa 46 Millionen Dollar bezog, mit diesem Desaster in Zusammenhang stand. Offiziell nahm der Konzern dazu keine Stellung. Der Abschied wurde dem scheidenden CEO mit einem Paket aus Aktien, Optionen und Pensionsverpflichtungen von ungefähr 160 Millionen Dollar versüßt.

Trotzdem sahen die verantwortlichen Führungskräfte in vielen Unternehmen die akuten Probleme und die aufkeimende Krise nicht und hielten an den oben beschriebenen Strategien fest. Je enger es allerdings für die Organisationen wurde, desto größer wurde der Druck, der nach allen Seiten weitergegeben wurde.

Bis 2008 endgültig klar wurde, dass die von selbst laufende Geldvermehrung nicht funktionierte. Das wird sichtbar, wenn man das Wachstum von Real- und Geldwirtschaft vergleicht. Während die Realwirtschaft von 1950 bis 2007 um das Achtfache gewachsen ist, legte die Geldwirtschaft im gleichen Zeitraum um das 48-fache zu. Möglich wurde das unter anderem durch undurchschaubare Finanzprodukte, theoretische Bewertungsverfahren in den Unternehmen, unverantwortliche Gewinnbeteiligungen und Bonuszahlungen an Manager, eine falsche Zinspolitik sowie das Versagen der Kontrollorgane. Die professionellen Anleger lockten mit enormen Gewinnaussichten und das „einfache Volk" erlag den Versprechungen der Experten. Wer nicht mitmachte und sein Geld mit herkömmlicher Arbeit verdienen musste, war nicht in. Die Schere öffnete sich immer weiter, bis die große Blase und der in ihr versteckte Traum endgültig zerplatzten. Dieser Knall war dramatisch und erschütterte die ganze Welt. Wieder war es ein Sturz in eine Tiefe, für viele ein Sturz ins Bodenlose. Er erfolgte nicht von einer Brücke, sondern auf den internationalen Finanzmärkten.

Der Absturz von Lehmann Brothers reißt alle anderen mit in die Tiefe

Am 14. September 2008 meldete die Investmentbank Lehman Brothers in New York Konkurs an und löste damit die weltweite Finanz- und Wirtschaftskrise aus. Allein von Januar bis Oktober 2009 teilten weitere 98 amerikanische Banken das Schicksal der Investmentbank und mussten ihre Zahlungsunfähigkeit anmelden. Auch für die meisten privaten Anleger gab es keine Rettung.

Man möchte fast vermuten, dass für Einzelne, die in dieser großen Krise ihr oft hart erspartes Geld verloren, dies möglicherweise der entscheidende Impuls gewesen sein kann, sich auf die Golden Gate Bridge zu begeben.

Die Hauptverursacher der Weltwirtschaftskrise

In der Schuldfrage dieser größten Wirtschafts- und Finanzkrise ist sich die Öffentlichkeit weitgehend einig. Sie sieht zwei Hauptfaktoren. In erster Linie die Praktiken vornehmlich der US-Banken, die von der US-Regierung unter Georg Bush toleriert wurden, sowie das fehlende Kontrollsystem auf dem Finanzmarkt. Dies erhob, zumindest für Österreich, das Institut für Trendanalysen und Krisenforschung im Sommer 2009.

Eine weitere wesentliche Ursache ist meines Erachtens anzufügen: Der Glaube an die Selbstregulierung der Finanzmärkte, der die Praktiken vieler Banken immer wieder legitimiert hat. Hinter allen Ursachen für die große aktuelle Krise stand ein mächtiger Antrieb: die Gier der Menschen.

Eine kurze Zeit sah es so aus, als ob die große Krise eine Veränderung im Denken der Banker bewirken könnte. Die Realität belehrt uns eines Besseren. Beinahe scheint es, als wäre nichts gewesen. Die alte Gier ist wieder da. „Der Spiegel" zitiert Ende 2009 die Worte von Joe Perella, lange Chef der Investmentbank-Abteilung von Morgan Stanley und heute Chef einer New Yorker Investmentbank:

> *„Nie zuvor in der modernen Wirtschaftsgeschichte hatte die Finanzindustrie einen derartig ungehinderten Zugriff auf die Staatsfinanzen. Man muss wirklich kein Genie sein, um sich quasi umsonst Geld vom Staat zu leihen und damit eine Heidenkohle zu verdienen."*

Waren die Hilfsprogramme des Staates – in Amerika oder Europa – zu Beginn der Krise richtig und wichtige Zeichen zur Aufrechterhaltung und Stabilisierung der Wirtschaft, sollten die öffentlichen Gelder jetzt wieder zurückfließen und andere Mechanismen installiert werden.

Dagegen sprechen sich jedoch mächtige Männer aus. Wie etwa Amerikas Finanzminister Timothy Geithner, Notenbankchef Ben Bernanke und vor allem der Nobelpreisträger Paul Krugman. Krugman lehne schon die Frage, ob sich die Gesellschaft die milliardenschwere Verschuldung leisten könne, mit schneidender Stimme ab, so die Autoren des „Spiegel"-Artikels.

Dieser Weg deckt marode und gefährliche Mechanismen im Finanzsystem zu und redet es gesund. Die dargestellten Disbalancen in der internationalen Geldwirtschaft führen meines Erachtens direkt zur nächsten Krise. Umso wichtiger erscheint ein neues Verständnis von Führung und Management.

• Die Bedeutung von Balance

Wer kennt es nicht, das Zitat von Philippus Theophrastus Aureolus Bombast von Hohenheim, besser bekannt als Paracelsus, der schon im 16. Jahrhundert die Bedeutung der Balance erkannte und damit die Medizin revolutionierte. Ob ein Stoff Gift oder Arznei sei, hänge nicht in erster Linie vom Stoff, sondern in der Hauptsache von seiner Dosierung ab, meinte der berühmte Arzt.

Lebende Systeme streben Balance an

Balance und Ausgeglichenheit stellen eine Grundfunktion in lebenden Systemen und Organismen dar und sorgen dafür, dass sich Menschen wohlfühlen. Dafür werden Begriffe wie „Homöostase" oder auch „Selbstregulation" verwendet, die in verschiedenen Zusammenhängen unterschiedliche Bedeutung haben. Dieses Konzept wird in vielen wissenschaftlichen Disziplinen verwendet, deren Gegenstand Systeme sind, wie etwa in der Soziologie und in der Psychologie, in der Biologie und in der Physik wie auch in den Wirtschaftswissenschaften. In der Systemtheorie und Kybernetik bspw. bezeichnen diese Begriffe die Fähigkeit eines Systems, sich durch Rückkoppelung selbst innerhalb gewisser Grenzen in einem stabilen Zustand zu halten. Begründet wurde das Konzept der „Homöostase" in der zweiten Hälfte des 19. Jahrhunderts vom französischen Physiologen Claude Bernard.

„Homöostase" als Regulierungsmechanismus im menschlichen Körper

In komplexen Verhaltenssystemen, wie etwa beim Menschen spielt die „Homöostase" eine wesentliche Rolle unter verschiedenen Möglichkeiten von Regulationsmechanismen. Sie orientiert sich unter anderem an den sogenannten „homöostatischen biogenen Bedürfnissen", z.B. dem Temperaturhaushalt des Körpers. Ist es im Sommer sehr heiß und der Körper muss gekühlt werden, dann beginnt er zu schwitzen. Friert der Körper in der Eiseskälte des Winters, dann beginnt er zu zittern und erwärmt sich dadurch. Zittern oder Schwitzen können aber auch aus einer anderen „homöostatischen" Reaktion erfolgen. Bei Unterzuckerung (Hypoglykämie) wird durch einen Selbstregulationsmechanismus Adrenalin ausgeschüttet, um die Glukosekonzentration aufrecht zu erhalten und einen hypoglykämischen Schock zu verhindern.

Das Prinzip der „Homöostase" ist eine grundlegende Funktion und findet fortlaufend, meist unbemerkt, statt. Wenn die biologischen Systeme in unserem Körper nicht konstant im Gleichgewicht sind, werden wir krank und können nicht überleben, etwa wenn die Balance zwischen erregenden und hemmenden Botenstoffen nicht gegeben ist. Überwiegen die erregenden Botenstoffe und kann die daraus resultierende Aktivität nicht gebremst werden, entsteht ein Handlungschaos und Bewegungen breiten sich unkoordiniert aus. Man spricht von Epilepsie. Überwiegen hingegen die hemmenden Botenstoffe, wird die Aktivität gemindert, es entsteht Antriebslosigkeit und Depression.

Kleine Störungen im Balancesystem des menschlichen Organismus können dazu führen, dass man nicht mehr stehen oder gehen kann. Durch kleinste Verschiebungen kann die gesamte menschliche Handlungsfähigkeit beeinträchtigt werden. Wenige Veränderungen in unserem inneren Gleichgewicht können so zu schwerwiegenden Konsequenzen führen. Wenn das Gleichgewicht zwischen Erneuerung und Zelltod gestört ist, kann es dazu führen, dass eine unkontrollierte Zunahme an Zellvermehrung stattfindet. So entsteht zunächst einmal ein gutartiger Tumor, der aber durch zusätzliche genetische Veränderungen in den Zellen bösartig werden kann. Markus Hengstschläger, einer der weltweit führenden Humangenetiker, formuliert es in seinem lesenswerten Buch „Endlich unendlich" treffend:

> *„Der menschliche Körper verhält sich im Grunde wie zwei Kinder, die zwischen zwei Sandkisten Kübel mit Sand hin und her tragen. So lange das eine Kind genau so schnell läuft, wie das andere, bleibt alles im Gleichgewicht".*

Die „Homöostase" hält als Selbststabilisierung also unsere inneren Abläufe in Balance und sorgt unter normalen Umständen dafür, dass der Mensch auf sich ändernde Umweltbedingungen reagiert und abgesichert ist. In der Evolution haben sich diese Funktionen im Gehirn schon sehr früh entwickelt. Neuronale Strukturen im Hirnstamm und im Rückenmark sorgen dafür, dass es zu einer „homöostatischen" Regulation der Lebensprozesse kommt.

Aber nicht nur physiologisch spielen Selbstregulationen eine gewichtige Rolle im menschlichen System. Auch psychologisch haben „homöostatische" Prozesse eine große Bedeutung. So kann das seelische Gleichgewicht mittels einer „homöostatischen" Regulation wieder hergestellt werden, beispielsweise bei einem Baby, das stark unter Stress steht und weint. Es beruhigt sich, indem es den Daumen in den Mund nimmt und daran zu nuckeln beginnt. Schon nach kurzer Zeit tritt üblicherweise eine sichtbare Beruhigung ein.

Auch in der Glücksforschung, einem Teil der Positiven Psychologie, spielt die Ausgeglichenheit des Systems eine besondere Rolle. Nehmen wir nur die beiden Faktoren „Geld besitzen" und „freie Zeit haben". In der westlichen Welt werden diese von vielen Menschen als „erstrebenswert" und „wichtig" beschrieben. Glücklich macht es auf Dauer nur, wenn sich diese beiden Realitäten in einem ausgeglichenen Mix ergänzen. Besitzt hingegen jemand zwar viel Geld, verfügt aber über keinerlei freie Zeit, wird diese Person auf Dauer genau so wenig glücklich werden, wie jemand, der zwar über viel und ausreichend freie Zeit, aber über keine finanziellen Ressourcen verfügt.

Die Bedeutung der kognitiven Dissonanz

Insofern spielen „homöostatische" Prozesse auch in der Motivation eine bedeutende Rolle und entscheiden mit, welche Handlungen ausgeführt und vor allem, wie sie erklärt werden. Gerät die kognitive Balance in Gefahr, nimmt der Organismus einen als unangenehm empfundenen Gefühlszustand wahr, es kommt zu einer „kognitiven Dissonanz". Dieser, vom amerikanischen Sozialpsychologen Leon Festinger in der Sozialpsychologie erstmals beschriebene Gefühlszustand wird ausgelöst, wenn mehrere Dispositionen nicht oder schlecht miteinander vereinbar sind. Dies wiederum motiviert eine Person zur Auflösung dieser „kognitiven Dissonanz", indem Strategien entwickelt werden, um die zunächst widersprüchlichen Möglichkeiten miteinander verbinden zu können.

Dazu fällt mir ein Beispiel ein, das Michael Schmolke, der während meiner Studienzeit Vorstand am Institut für Kommunikationswissenschaften war, uns erzählt hatte.

Beispiel für die Auflösung einer kognitiven Dissonanz

Ein Student lädt eine Studentin zum Abendessen ein. Freilich handelt es sich um ein besonderes Restaurant, der Student möchte ja imponieren und seine Chancen bei der jungen Frau steigern. Aufgeregt wartet er zum vereinbarten Zeitpunkt auf die Studentin und malt sich dabei aus, wie das Essen verlaufen und wie sich der Abend weiter entwickeln würde. Schöne Gedanken durchfluten Gehirn und Körper des Wartenden. Die Zeit verrinnt und der junge Mann wartet. *„Sie hätte längst da sein müssen",* denkt er sich, als er zum wiederholten Mal auf seine Armbanduhr schaut. Nach einer geschlagenen Stunde muss er sich eingestehen, dass er versetzt wurde. Sie würde nicht mehr kommen, das ist ihm nun klar. Dies löst eine „kognitive Dissonanz" aus. Zum einen hatte er gerade eben noch die vielen wunderschönen Gedanken, als er sich diesen Abend ausmalte. Zum anderen steht er nun alleine auf der Straße und muss erkennen, dass es nicht dazu kommen werde. Nun ist der Student gefordert, dieses Missverhältnis möglichst rasch aufzulösen. Er überlegt hin und her, bis es für ihn klar ist: Sie ist zwar nicht gekommen und das ist nicht günstig. Aber viel ungünstiger wäre noch gewesen, wenn sie gekommen wäre und er eine hohe Rechnung im Restaurant bezahlen hätte müssen. So löst er seine „Kognitive Dissonanz" dadurch auf, in dem er sich klar macht, wie viel Geld er sich an diesem Abend gespart hat.

Im Zusammenhang mit Motivation ergänzen aktuelle neurowissenschaftliche Studien die Funktion der Selbstregulation durch „Homöostase" mit einem Konzept der „neuronalen Hierarchie der Motivation". Es wird davon ausgegangen, dass in unterschiedlichen Hirnarealen verschiedene Aspekte der Motivation hierarchisch kontrolliert werden. Dabei scheint es aber keine klare Top-down- oder Bottom-up-Hierarchie zu geben. Vielmehr deuten Untersuchungen mit bildgebenden Verfahren darauf hin, dass die Hierarchien der Motive eher dynamisch etabliert werden.

Balance und Motivation

Für Balance und Ausgeglichenheit der menschlichen Motivationssysteme spielen auch die sogenannten „nicht homöostatischen biogenen Bedürfnisse" eine wesentliche Rolle. Im Gegensatz zu „homöostatisch" motivierten Handlungen, die durch Ungleichgewichte im Körper ausgelöst werden, resultiert „nicht homöostatische" Motivation aus Veränderungen der Umwelt des Organismus, also von außerhalb. Beide Bereiche beeinflussen und ergänzen sich gegenseitig in einem permanenten, meist unbewussten Prozess. So können bestimmte, externe und nicht beeinflussbare Veränderungen die Umwelt eines Menschen aus der Balance bringen. Dies wiederum kann zur Folge haben, dass die betroffene Person mit einer inneren Unausgeglichenheit auf diese neue Situation reagiert. Ebenso kann eine individuelle Disbalance einer einzelnen Person dermaßen stark sein, dass sie die soziale Umwelt dieser Person beeinflussen und verändern kann. Es handelt sich also nicht um ein Entweder-oder-Prinzip sondern eher um ein Sowohl-als-auch-Prinzip.

So kann erklärt und nachvollzogen werden, was im Laufe der Jahre mit Frank Right, Hauptfigur der ersten Geschichte in diesem Buch, passiert sein muss, welche Veränderungen letztlich den Ausschlag gegeben, ihn also motiviert haben, sein Leben durch einen Sprung von der Golden Gate Bridge zu beenden.

Auch Veränderungen in Unternehmen, egal ob gewinnorientiert oder nicht gewinnorientiert, unterliegen diesen Mechanismen. Organisationen, unabhängig von ihrer Größe und Orientierung, sind ja nicht als autonome Systeme zu sehen, sondern stehen mit ihrer Umwelt in einer permanenten Interaktion. Insofern beeinflussen sowohl interne Faktoren das Geschehen als auch externe. Dabei ist das System „Unternehmen" von sich aus bemüht, ein organisatorisches Gleichgewicht zu erhalten. Besonders interessant dabei ist, dass in dieser Selbststabilisierung das Erreichen des Organisationszieles nur eines unter mehreren wesentlichen Bedürfnissen einer Firma darstellt. Diese grundlegende organisations- und arbeitspsychologische Erkenntnis dürfte Nobelpreisträger Milton Friedman zunächst übersehen haben, als er von der Ethik eines Unternehmens sprach.

• Frank Right und die Weltwirtschafts- und Finanzkrise: Der gemeinsame Nenner

Es ist auffällig, dass Disbalancen, sowohl in individueller, als auch in globaler bzw. kollektiver Hinsicht ähnlich funktionieren. Es sind beinahe die gleichen Mechanismen und Muster, die dazu führen. Vor allem aber sind es immer wieder dieselben Folgen und Reaktionen von Individuen und Systemen, die auf Grund von Instabilitäten bzw. Disbalance zu beobachten sind.

Die individuelle Disbalance im Falle von Frank Right

Zu Beginn seiner Laufbahn im Dienstleistungssektor war Frank Right in ein Team integriert, das tatsächlich als solches funktionierte. Die Verkäufer tauschten sich aus und gingen nach Dienst des Öfteren gemeinsam auf ein Bier. Private Einladungen untereinander waren in dieser Zeit durchaus üblich. So entwickelten sich eine Zusammengehörigkeit und ein damit verbundenes „Wir-Gefühl". Die einzelnen Mitglieder des Verkaufsteams spürten, dass es zwischen ihnen eine Verbindung gab, die soziale Bedürfnisse berücksichtigte und befriedigte. Dadurch, dass in den ersten Jahren ausreichend Zeit für Gespräche mit Kunden zur Verfügung stand, stellte sich eine soziale Verbundenheit zu ihnen her. Die Leistungen betreffend, konnte Frank in den ersten Jahren zufrieden sein. Obwohl er nie zu den Top-Verkäufern zählte, erhielt er positive Rückmeldungen und damit die Zuversicht, seine Verkaufsziele im Großen und Ganzen erreichen zu können. In seinen täglichen Abläufen hatte er ausreichend Gestaltungsspielraum und Kompetenzen. Er konnte immer wieder selbst Entscheidungen treffen. Er selbst entschied lange Zeit, wann er wo arbeiten wollte und welche Produkte für welche Kunden die besten waren. Somit waren auch leistungsbezogene wie machtbezogene Bedürfnisse abgedeckt.

Extremer Stress und zunehmende Überforderung lassen Frank scheitern

Als sich die Situation im Unternehmen durch den Börsengang in den neunziger Jahren änderte, erlebte Frank Right den Alltag im Unternehmen zunehmend einseitiger und belastender. In seiner Wahrnehmung wurden Leistungs-, Geld- und Kostenaspekte dermaßen in den Vordergrund gestellt, dass für eine ausgewogene Befriedigung anderer Motive und Bedürfnisse kein Raum und keine Zeit mehr übrig blieben. Frank fehlten bald die Gespräche mit seinen Kollegen, in denen auch andere Themen als Zielerreichung, Cashflow, Listen über Verkaufsleistungen, Aktienkurse usw. Platz hatten. Nicht nur durch die zeitliche Limitierung von Kundengesprächen fühlte er sich in seiner Eigenständigkeit und Kompetenz eingeschränkt. Sein Handlungsspielraum die Produkte und die Konditionen betreffend wurde ebenfalls stark beschnitten. Da sein Vorgesetzter aufgrund der nahen Pensionierung keinerlei Versuche unternahm, mit dem Top-Management über die Situation zu sprechen, sah sich Frank Right machtlos. Von Kollegen kam vielleicht noch zu Beginn der neuen Ära ein wenig Unterstützung, zumindest informell. Doch nach und nach zog sich jeder zurück. Viele hatten Angst davor, Kritik offen zu äußern. Frank spürte, wie ihm der Alltag durch die Finger glitt, immer weniger greifbar war. Er kam an die Grenze des Verkraftbaren.

Entsetzt stellte er fest, dass es nicht nur ihm so ging, sondern auch vielen seiner Kollegen. Niemand wagte sich jedoch, etwas zu unternehmen. Die Wenigen, die tatsächlich versucht hatten, Kritik zu äußern, mussten das Unternehmen aus unterschiedlichen, manchmal an den Haaren herbeigezogenen Gründen verlassen oder schieden auf eigenen Wunsch aus. Das zeigte Wirkung. Angst machte sich breit und gehörte zum Alltag. Dies hatte negative Auswirkungen auf das Privatleben von Frank Right. Er konnte der großen, permanenten Anspannung im Beruf keine Entspannung mehr entgegensetzen. Lange hatte er die Freizeit dazu genützt, doch nun schaffte Frank das nicht mehr. Über diese Kompetenz verfügte er nicht. So lebte Frank Right unter extremen Stressbedingungen und in einer zunehmenden Überforderung, die nach und nach, in einem schleichenden Prozess, immer stärker wurde.

Schließlich kam der Punkt, an dem in Franks Leben keine anderen Gedanken mehr Platz hatten als Hilfs- und Auswegslosigkeit sowie das bittere Gefühl der Einsamkeit, das zunahm. Und dann machte sich ein weiterer, furchtbarer Gedanke breit in seinem Gehirn. Er dehnte sich aus bis zur kleinsten Nervenzelle, bis sich Frank Right absolut sicher war. Eines Tages wusste er, dass alles keinen Sinn mehr hatte. Alles war vergebens. Es gab keine Hilfe und keinen Ausweg. An diesem Tag war sich Frank Right (1) sicher. Es war sonnig und warm am Vormittag des 11. Juli 1999, einem Sonntag.

Die globale Geschichte – Profitgier und ethische Verarmung

Die in der Geschichte von Frank Right dargestellte einseitige Berücksichtigung von zur Leistungsmotivation gehörenden Motiven und Bedürfnissen und die damit verbundene Zurückdrängung, manchmal sogar Eliminierung, weiterer Motivsysteme finden wir als eine grundsätzliche Ursache für die aktuelle Finanz- und Weltwirtschaftskrise wieder. Globale Systeme reagieren in vielen Bereichen nach den gleichen Mustern und Regeln wie individuelle Organismen. Hier kommt jedoch eine weitere, besondere Komponente hinzu.

Nicht nur das Erfolgs- und Leistungsstreben vieler Manager – unabhängig davon, ob in global agierenden Konzernen oder in kleineren Unternehmen – steht oftmals nicht im Einklang mit betriebswirtschaftlichen Notwendigkeiten und integerem Handeln. Bei vielen Top-Managern ist eine eindeutige Fixierung auf machtmotiviertes Verhalten beobachtbar, wie wir beim „Generaldirektoren-Syndrom" noch sehen werden. Im Fokus vieler Verantwortlicher stehen scheinbar ausschließlich die Entwicklung der wesentlichen Unternehmenskennzahlen und die Befriedigung persönlicher Bedürfnisse. Der Kontakt zu den Mitarbeitern ist in weite Ferne gerückt. Nicht nur zu jenen der Basis. Viele Manager bilden in ihren Organisationen einen Mikrokosmos, der ihnen einen ganzheitlichen Blick unmöglich macht. Die oft einzig zu beobachtende Sichtweise und Verantwortlichkeit von Führungskräften richtet sich auf Faktoren wie maximalen Unternehmensgewinn, den täglichen Aktienkurs, die Kosten und die Möglichkeiten weiterer Einsparungen und die damit verbundenen Bonuszahlungen. Selbst inmitten der großen Krise, verteidigte der stellvertretende Vorsitzende von Goldman Sachs, Lord Griffiths, im Rahmen einer Veranstaltung über Ethik in der Wirtschaft, die in der St. Paul's Cathedral in London stattfand, diese Einstellung. Er meinte,

> *„die Banken haben keinen Grund sich zu schämen und es ist keineswegs unmoralisch, hohe Bonuszahlungen an die ‚Besten der Besten' auszuschütten. Die Gesellschaft muss lernen, Ungleichgewicht zu tolerieren".*

So deutlich hatte sich schon lange niemand zu sagen getraut, dass Gier gut sei. Dass diese Philosophie zu einem einseitigen und kurzfristigen Denken und Handeln führt, sehen die betroffenen Top-Manager natürlich nicht, da sie letztendlich auch unter einer extremen Kurzsichtigkeit leiden.

Die aus der Balance geratene Berücksichtigung und mangelnde Wertschätzung weiterer Motivationssysteme, die im menschlichen Handeln eine Rolle spielen sollten, sowie die exorbitante Ausrichtung auf Leistungs- und monetäre Faktoren zeigt sich unter anderem darin, dass in der komplexen Welt der Börsen nicht nur durch Kurssteigerungen Gewinne zu erzielen sind. Als der DAX von März 2003 bis August 2007 um ca. 350% und der ATX im gleichen Zeitraum sogar um unglaubliche 500% gestiegen waren, setzten professionelle Anleger auf einen Kursverfall. Wer bei diesem Spiel zu den schnellsten gehörte, der machte damit enorme Gewinne.

Die Faszination des schnellen Geldes

Den Verlockungen des schnellen Geldes unterliegen natürlich nicht nur Top-Manager. Diese dienen zwar als medial in Szene gesetzte Vorbilder, müssen sich diesen fragwürdigen Anspruch aber mit dem „gemeinen Volk" teilen. Für den „kleinen Mann von der Straße" stellt das meist staatliche Glücksspiel die Möglichkeit für den großen Bonus dar. Gerade in Zeiten der Krise, hören sich die Millionengewinne in den Lotterien buchstäblich phantastisch an. Ein Jackpot jagt den anderen und in den Medien, im Hörfunk genauso wie im Fernsehen, gibt es beinahe täglich die Chance, Geld zu gewinnen. Im August 2009, just zu der Zeit, als ich diese Zeilen schreibe, beträgt der Jackpot in der staatlichen Lotterie in Italien über 130 Millionen Euro. Eine ganze Nation sowie einige Nachbarländer stehen im Lottofieber.

Manche Banken taten zur großen Gier das ihre dazu und förderten sie mit sogenannten Börse- oder Anlageseminaren. Der renommierte österreichische Wirtschaftsforscher Stephan Schulmeister berichtet in einem Gastkommentar in „Die Presse", dass selbst im Sommer 2007, als die ersten Vorboten der Krise in Form von Kurseinbrüchen an den Börsen bereits zu beobachten waren, einzelne Bankinstitute ihren Kunden nach wie vor, *„die Illusion vom arbeitenden Geld"* verkauften. Der führende Mitarbeiter des österreichischen Wirtschaftsforschungsinstituts schreibt über ein „Spekulations-Seminar", zu dem eine große österreichische Bank geladen hatte:

> *„Ich fand mich im vollen Saal des Austria Center mit 1.700 Amateuren wieder, welche andächtig einem US-Trader lauschten. Dieser zeigte am Beispiel vergangener Trends, wie leicht jeder hätte Profit machen können, wenn er am Beginn ein- und am Ende wieder ausgestiegen wäre – ich habe noch selten einen größeren Schwachsinn gehört, denn im Vorhinein weiß man ja nicht, ob sich ein Trend entwickeln wird".*

Allein, die Rechnung ging nicht auf und die Banken werden von vielen als Hauptschuldige der Krise gesehen.

Gunter Tichy, Mitglied der Österreichischen Akademie der Wissenschaften, erklärt die Ursachen der Finanz- und Wirtschaftkrise im Österreichischen Rundfunk ebenso mit *„unverantwortlicher Kreditvergabe"*, *„Kredithaien"*, *„unbedarften Bürgern"* und *„der Gier in den Chefetagen"*. Er ergänzt jedoch um die Frage, ob ein *„anständiges Verhalten der Banken"* die gesamte Krise hätte verhindern können.

Natürlich gibt es neben der Aktienblase in den Neunzigern und der Immobilienblase im ersten Jahrzehnt des neuen Jahrtausends weitere Erklärungen für die aktuelle Krise, in der sich die gesamte Welt- und Finanzwirtschaft befindet.

Manfred Holztrattner, viele Jahre Generaldirektor des Raiffeisenverbandes Salzburg, sieht einen *„Größenwahn in der Wirtschaft"* als Grund für viele Fehlentwicklungen.

Die zunehmende Missachtung der Balance ist gesellschaftlich „anerkannt"

Die zu starke Betonung des Leistungs- und Machtaspekts und die damit verbundene grobe Missachtung der Balance aller Motivationsquellen finden wir aber nicht nur im System der freien Marktwirtschaft. Vielmehr stellt es sich aus meiner Sicht als gesellschaftspolitisches Dilemma dar, das sich durch alle Ebenen und Bereiche zieht. So verkünden Manager voller Stolz, dass sie nur vier Stunden Schlaf benötigten, quasi das Schlafbedürfnis optimiert haben, und die restlichen 20 Stunden höchst konzentriert für ihr Unternehmen im Einsatz sind. Ein in Österreich sehr bekannter Wiener Konzernchef erklärte seinem knapp dreißigjährigen Sohn, in seinem Alter könne er ohne weiteres 20 Stunden am Tag arbeiten.

Die Bereitschaftsformel „7x24"

Selbst im mittleren Management muss man, um „in" zu sein und mithalten zu können, permanent erreichbar sein. Wer mächtig sein möchte, der muss in der Hierarchie was gelten. Und wer in der Hierarchie was gelten will, muss zumindest behaupten können, sich an den letzten längeren Urlaub gar nicht mehr erinnern zu können. Wer wirklich wichtig ist, geht doch nicht so „mir nichts, dir nichts" auf

Urlaub. Wer abwesend ist, der verliert Macht. Des Öfteren wurde ich schon Ohrenzeuge davon, dass Handytelefonie selbst vor Toiletten nicht Halt macht. Der Druck, sich einzubringen oder entsprechen zu müssen, ist für viele Führungskräfte und Mitarbeiter offensichtlich ebenso enorm wie der Druck in ihrer Harnblase. „Sieben mal vierundzwanzig" lautet die Bereitschaftsformel, von der in erster Linie die Unternehmen profitieren. Sie hilft aber zumindest jenen, die mit ihrer ständigen Erreichbarkeit ihre Wichtigkeit demonstrieren müssen.

• Disbalancen wohin man schaut – zum Beispiel im Fußball bzw. im (Leistungs)-Sport

Disbalancen lassen sich nicht nur im Wirtschaftsleben und Management beobachten. Selbst im Kinder- und Nachwuchssport sind sie bereits weit verbreitet. In vielen Vereinen zählen vor allem die Leistung und der Sieg. An beinahe jedem Wochenende kann man sich davon überzeugen, wenn man sich ein Fußballspiel beim Nachwuchs ansieht und dabei weniger die Spieler als vielmehr die Trainer der Teams sowie die Eltern der Akteure beobachtet. Nach kurzer Zeit fällt auf, dass es auf vielen Sportplätzen nicht um spielen oder Spaß haben geht, sondern man könnte den Eindruck gewinnen, einem wichtigen Finalspiel beizuwohnen. Trainer und Eltern brüllen Anweisungen an die Sprösslinge und traben die Outlinie auf und ab wie wilde Tiger in Käfigen.

Kinder- und Jugendsport als Leistungsschmiede

2008 organisierte ich mit Christopher Willis, renommierter österreichischer Sportpsychologe, einen Workshop für einen Salzburger Fußballklub zum Thema „Kinder- und Jugendarbeit". Engagiert hatte uns der Vorstand, da es immer wieder zu Problemen mit Trainern und Eltern gekommen war. Daher waren sämtliche Coaches des Klubs, alle Spieler sowie Eltern der Nachwuchskicker eingeladen. Unser Anliegen war es darzustellen, dass neben dem Leistungsaspekt, der unbestritten wichtig ist, auch andere wesentliche Faktoren in einer professionellen Kinder- und Jugendarbeit berücksichtigt werden sollten. So könnten phasenweise spielerische Elemente das Training kindgerechter und abwechslungsreicher machen, individuelle Freiheiten den Kids das Gefühl der Mitgestaltung geben. Das Forcieren des Teamgedankens könnte das soziale Lernen und den Integrationsgedanken fördern, das Einbauen von Übungen aus anderen Sportarten für Spaß und Lachen sorgen. Diese Faktoren könnten zumindest ebenso zählen wie Schweiß und Überwindung, Leistung und Gewinnen. Wir wollten die Zuhörer überzeugen, dass das Selbstwertgefühl der Kinder und Jugendlichen nicht nur einseitig auf der „Leistungsschiene" aufgebaut werden darf, sondern eine breitere, ausgewogene Basis braucht. Es war kaum möglich, diese Einsicht bei mehr als einer Minderheit unserer Zuhörer zu erzeugen. Die meisten Wortmeldungen zeigten, dass die Mehrzahl der Anwesenden perfekt nach dem Muster „an erster Stelle steht die Leistung und sie rechtfertigt so ziemlich alles" sozialisiert worden war. Als gegen Ende der Veranstaltung der Cheftrainer der Kampfmannschaft (3. Österreichische Liga) meinte, *„wir in Österreich sollten uns in Sachen Kinder- und Jugendarbeit ein Beispiel an China nehmen"*, war zumindest meine Frustration groß.

In der Volksrepublik China wird auf das einzelne Kind wenig bis keine Rücksicht genommen, um es gelinde auszudrücken. Dort sind die Trainingseinheiten extrem hart und verlangen den jungen Athleten alles ab. Die wenigen, die den enormen Anforderungen entsprechen und in die nächste Leistungsklasse aufsteigen (nach sportwissenschaftlichen Erkenntnissen etwa 0–6%) werden gefördert. Danach verlangt man ihnen noch mehr Leistung ab, und die Anforderungen werden sukzessive nach oben geschraubt. Für den „Rest" der Kinder, also jene, die es nicht schaffen (immerhin 94%), und für deren Zukunft interessiert sich im Verein oder Verband niemand mehr. Sie bleiben sich selbst überlassen.

Nur die Leistung zählt

Wer sich öfters Fußballspiele von Nachwuchsmannschaften ansieht, dem wird auffallen, dass der absolute Leistungsgedanke in vielen Vereinen und Verbänden schon im Kindesalter transportiert und gelernt wird. Ich habe eine konkrete Szene eines Meisterschaftsspieles der

"Unter-13"-Mannschaft, bei der mein Sohn Paul spielte, in Erinnerung.

> **Beispiel für den Umgang mit „Niederlagen"**
>
> Das Team unseres Ortes führte mit 14 oder 15 zu null. Knapp vor Ende der Partie hatte einer „unserer" Stürmer, der schon etliche Tore in diesem Spiel geschossen hatte, eine große Torchance. Er vergab sie. Daraufhin waren drei Reaktionen zu beobachten: Erstens brüllte der Trainer auf das Feld und beschimpfte den Spieler. Genauso der Vater des Buben, der bei jedem Spiel die Aktionen seines Sprösslings lautstark kommentierte: Vor allen anderen spottete er über seinen Sohn. Die dritte Reaktion war die des Spielers und machte mich fassungslos. Er schmiss sich auf den Boden, brüllte und weinte und schlug mit den Fäusten auf den Rasen. Zufälligerweise saß neben mir ein ehemaliger Fußballprofi, der oftmals für das Österreichische Nationalteam angetreten war. Ich wandte mich an ihn und drückte mein Unverständnis für die Aktion des noch nicht 13-Jährigen aus. Daraufhin erwiderte der frühere Profi: *„Der Junge macht das völlig richtig. Das muss so sein, wenn er es schaffen will."*

Vor diesem Hintergrund verwundert es nicht, wenn schon jugendliche Sportler verschiedene leistungsfördernde Mittel einnehmen, um besser zu sein. Dieser Trend setzt sich im Erwachsenen- und Profisport mit der Einnahme verbotener Substanzen fort. Die gesundheitliche Beeinträchtigung des Körpers wird dabei ebenso in Kauf genommen wie drohende Strafen nach erwiesenem Doping. Dies alles geschieht im Namen der Leistung. So wird also im Kindesalter die Basis dafür gelegt, spätere „echte Profis" zu schaffen, die den Leistungsaspekt in den Mittelpunkt ihres Handelns stellen. Schon bei vielen kleinen Spielern definiert sich deren Wert durch ihre Erfolge. Sie müssen kämpfen und gewinnen, sie müssen funktionieren. Es sieht beinahe so aus, als ob ein Sieg am Wochenende in so mancher Familie die ganze Woche rettet. Stimmt die Leistung jedoch nicht und kann nicht gewonnen werden, werden die kleinen Spieler bisweilen heftig beschimpft. Mitunter wird ihnen von Trainern, Zusehern und Eltern gedroht. Stimmt die Leistung nicht, erfahren die jungen Sportler ohne Vorwarnung und mit voller Härte, dass sie in diesem Moment wenig wert sind. Es ist gut zu verstehen, dass unter derartigen Bedingungen viele Jugendliche „das Handtuch werfen" und mit dem Fußballspielen aufhören. Ob es immer die Besten sind, die durchhalten, darf bezweifelt werden.

Der Druck der Öffentlichkeit im Profisport

Je älter die Sportler werden, desto „härter" wird – speziell im Profifußball, wo viel Geld auf dem Spiel steht – die Welt, in der sie leben. Das Verhalten vieler Trainer im Profigeschäft entspricht jenem des macht- und leistungsmotivierten Managers in der Wirtschaft. Das ist nicht verwunderlich, werden die Trainer doch noch stärker als die Spieler an unmittelbaren Erfolgen oder Niederlagen gemessen. Läuft es in einem Verein nicht nach Wunsch, werden die Trainer ausgetauscht. Das geht manchmal schnell und meist ohne Rücksicht. Chefcoaches werden noch schneller und noch öfter auf die Transferliste gesetzt, als dies bei Spielern der Fall ist. So verkommen Spieler wie Trainer zu einer beliebigen Ware, die öffentlich gehandelt wird. Oft wird damit argumentiert, dass Profis sehr gut verdienen und diese Härte *„eben zum Geschäft gehört"*. Es ist unbestritten, dass Spieler und Trainer in den europäischen Profiligen ausgezeichnet verdienen. Was dabei oft vergessen wird: Mit der Höhe des Einkommens steigt der psychische Druck, gewinnen zu müssen und sein Geld wert zu sein.

Dabei wird selten darüber geredet, dass es ebenso viele Verlierer wie Sieger gibt. Der Erfolg des einen Teams besiegelt die Niederlage der anderen Mannschaft. Im Profigeschäft ist das Thema „verlieren" tabuisiert. Für unsere Gesellschaft ist es bezeichnend, wie mit Verlierern umgegangen wird.

Vor diesem Hintergrund ist gut zu verstehen, dass die Methoden, Spieler zu Spitzenleistungen anzutreiben, bei so manchen Trainern pädagogisch wie psychologisch höchst fragwürdig sind. Der deutsche Fußballtrainer Mirko Slomka, der in der Saison 2007/08 Schalke 04 bis in das Viertelfinale der Champions League geführt hat, sagt dazu:

> *„Als Trainer wird man am Erfolg gemessen. Dabei spielt man schon mal mit Psychotricks. Die Frage ist, wie weit man geht."*

Die Mannschaft muss gewinnen. Das geht nur, wenn die Spieler von Spiel zu Spiel Top-Leistungen erbringen. Das wird von der Öffentlichkeit einfach erwartet. Diesen Druck geben viele Trainer bewusst oder unbewusst an ihre Schützlinge weiter. Vervollständigt wird dieses Dilemma durch eine permanente Berichterstattung der Medien. Profifußball ist in Europa längst eine öffentliche Angelegenheit. Nicht nur die Leistung der Spieler wird dabei beobachtet, diskutiert und bewertet, sondern deren gesamtes, alltägliches Verhalten. Dabei sind Journalisten mit Superlativen ebenso schnell zu Stelle wie mit überharten Kritiken. Es fehlt an Augenmaß und an Stabilität in der Beurteilung von Leistungen. Die Spieler erleben emotionale Zustände, die zwischen „himmelhoch jauchzend" und „zu Tode betrübt" hin und her wogen. Hinzu kommt, dass manche Spieler süchtig danach sind, möglichst jeden Tag über sich selbst etwas in der Zeitung zu lesen und sie diesen Platz der öffentlichen Anerkennung brauchen.

Allerdings kann sich innerhalb einer Woche das Blatt wenden und der Sportler vom Helden zum Buhmann werden. Nur wer es schafft, den Anforderungen gerecht zu werden, kann in diesem System bestehen. Dabei wird oft vergessen, dass Spieler wie Trainer Menschen sind und eben nicht unbesiegbare Helden, die in jeder Lage stark sind, keine Schwächen zeigen und alles fest im Griff haben. Sie sind nicht unfehlbar und schon gar nicht unbesiegbar. Dieses Gesicht dürfen die Profis aber nicht zeigen – zumindest nicht in der Öffentlichkeit. Daran haben die meisten Vereine und Sponsoren, die Medien und die meisten Fans kein Interesse. Zeigt man Sensibilität oder Schwächen, schlägt das System zurück. Wie beim ehemaligen Profi Sebastian Deisler.

Beispiel für das Ende einer Karriere im Profifußball

Deisler wurde als „Jahrhunderttalent" und als „Retter des deutschen Fußballs" in eine Rolle gedrängt, die er nicht ausfüllen konnte. Viele Experten meinen, der Fußball habe Deisler „kaputt gemacht". Als der Spieler 2006 öffentlich über seine Depression sprach und einen neuen Versuch beim FC Bayern München unternahm, wurde er von den anderen Spielern nicht mehr ernst genommen. Sensible Spieler gelten als „Weicheier". Sebastian Deisler: *„In der Bayern-Kabine kannst du es nur schaffen, wenn Du Dir sagst, ‚Du bist der Größte' und alle*

Gefühle unterdrückst!" Kurz danach, im Januar 2007, erklärte der talentierte und sympathische Spieler das Ende seiner Karriere.

Gemeinsamkeiten zwischen Spitzensportlern und Managern

Das öffentliche Bild, dem Profis im Fußball entsprechen müssen, gleicht jenem, das sich so mancher Top-Manager gerne selbst verschreibt: Leistung und Leistung und nochmals Leistung, knallhart und immer alles im Griff. Gefühle werden nur als Sieger gezeigt.

Eine weitere Gemeinsamkeit verbindet die Welt des Profifußballs und jene der Wirtschaft. Es fällt auf, dass sowohl im Top-Business als auch im Fußballgeschäft beinahe ausschließlich Männer das Sagen haben. Dies ist eine von mehreren Erklärungen, warum Wirtschaftsbosse ebenso wie Profifußballer und –trainer sich gerne auf den Mythos des Starken, des von Erfolg und Leistung getragenen Helden stützen. Auf das besondere „männliche" Verhalten aufgrund hormoneller Besonderheiten kommen wir beim „Generaldirektoren-Syndrom" noch zu sprechen.

Ein ganzheitliches Konzept am Beispiel einer Fußball-Nachwuchsakademie

Wie schwierig es ist, im Profifußball ganzheitliche Konzepte zu etablieren, habe ich 2008 erlebt. Der damalige Leiter der „Red Bull Nachwuchsakademie" Lars Söndergaard beauftragte mich, ein Konzept zur entwicklungs-, motivations- und sportpsychologischen Betreuung für die Mannschaften U-15, U-17 und U-19 zu erstellen. In der Einleitung meines Vorschlages stand:

Auszug aus „Meisterschaft des Lebens", einem Konzept für die Verbindung von Sporterziehung und Persönlichkeitsentwicklung

„I. Unser Fach und unser Focus

Unsere Disziplin ist Fußball. Wir bilden Jugendliche zu Fußballern aus. Dabei orientieren wir uns am ‚Prinzip der Besten'. Unser übergeordnetes Ziel: Die Absolventen der Red Bull Akademie gehören zu den Besten!

In das Zentrum unseres Handelns stellen wir die Persönlichkeit der Jugendlichen. Die Entwicklung zu einer reifen und stabilen Persönlichkeit ist notwendig, um im Profifußball bestehen zu können, und absolute Voraussetzung, um Führungsspieler zu sein!

Das bedeutet, in der Red Bull Nachwuchsakademie geht es nicht nur um den ‚Fußballer', das ist für Spitzenleistungen zu wenig. Der ‚Fußballer' ist bei Jugendlichen und Profis immer auch nur eine Rolle. Eine gewichtige zwar, aber eben eine Rolle. Unser Ansatz wird durch die moderne Sportpsychologie bestätigt. Die Persönlichkeit des Spielers und seine fußballerischen Fähigkeiten müssen sich ergänzend entwickeln. Das Selbstwertgefühl des Spielers darf sich nicht nur auf den Fußball beziehen. In der Red Bull Nachwuchsakademie geht es daher um den Menschen und seine Persönlichkeit als Ganzes!

Die Idee dieses Konzeptes ist auch deshalb wichtig, weil es nur die wenigsten unserer Jahrgänge schaffen werden, sich den Traum vom Fußballprofi zu erfüllen. ... Alle Absolventen der Red Bull Nachwuchsakademie sollen es aber schaffen, als eine reife Persönlichkeit die ‚Meisterschaft des Lebens' zu bestehen."

Ich habe mich in diesem Konzept für die Nachwuchskicker des Salzburger Klubs auf die gleichen wissenschaftlichen Erkenntnisse und Modelle gestützt wie in diesem Buch. Die meiner Ansicht nach neuen und besonderen Inhalte, auf welchen Grundpfeilern Nachwuchsarbeit stehen soll, habe ich mit einem der führenden Motivationswissenschaftler im deutschsprachigem Raum, der selbst ein ausgezeichneter Fußballer war, mit Hans-Jörg Herber von der Universität Salzburg, besprochen und abgestimmt. Obwohl Lars Söndergaard und auch die meisten seiner Mitarbeiter in der Nachwuchsakademie die neuen Ansätze begrüßt und sich eine Umsetzung gewünscht hatten, konnte sich der sympathische Däne bei den damaligen Entscheidungsträgern von Red Bull nicht durchsetzen. Trotzdem versuchte Söndergaard nach den Grundsätzen dieses Konzeptes zu arbeiten. Ein halbes Jahr später musste er Salzburg verlassen.

- # Über die Notwendigkeit einer Balance in Führung und Management – als Schutz gegen psychische Erkrankungen

> *"Müssen wir kranke Menschen produzieren, um eine gesunde Wirtschaft zu haben?" (Erich Fromm)*

Der menschliche Organismus ist von Natur aus mit einem hochsensiblen System ausgestattet, das für eine grundsätzliche Balance sorgen soll. Es schlägt Alarm, wenn die Ausgewogenheit zu wanken beginnt oder verloren geht. Dann werden Signale gesendet, die uns darauf aufmerksam machen sollen, dass das physische oder psychische Gleichgewicht gestört ist. So gelten psychische Einflüsse als Ursache von psychosomatischen Erkrankungen, die sich durch konkrete körperliche Symptome äußern. Leider haben es viele Menschen verlernt, diese zunächst feinen Signale zu fühlen und richtig zu deuten. Diejenigen, die diese Zeichen noch spüren können, stehen oft vor dem Dilemma, dass ihr Arbeits- und ihr Freizeitleben dermaßen einseitig von Leistungs- und Erfolgsgedanken dominiert sind, dass eine adäquate Reaktion schwer fällt. Viele Menschen können und manche wollen es sich ganz einfach nicht leisten, auf ihre inneren Alarmsignale zu reagieren. In einigen Fällen lassen das die Unternehmen gar nicht zu. Der Grundsatz der Unternehmensberatung McKinsey verdeutlicht das sehr eindrucksvoll: „*Client first, firm second, self third.*" Ich bin mir ziemlich sicher, dass „auf sich selbst schauen" aus Sicht der Mitarbeiter in der Welt von McKinsey tatsächlich erst an dritter und letzter Stelle steht. Bei den beiden erstgenannten Faktoren kann ich mir durchaus vorstellen, dass diese eher flexibel gehandhabt werden. Je nachdem, ob es sich um eine interne oder externe, also zum Kunden hin gerichtete Information handelt.

Arbeitsbedingungen, die krank machen

Es wird uns schmerzlich bewusst, dass wir mittlerweile in einer Welt leben, in der Arbeit unter bestimmten Umständen krank macht. Um es konkreter zu formulieren: ein Zuviel an Arbeit. Eine falsche Arbeit.

Das macht uns krank. Ebenso wie Arbeitslosigkeit. Diese Erkenntnis wird noch bedeutender, wenn wir uns vor Augen führen, dass in unserer ökonomisch orientierten Gesellschaft Arbeit ja nicht nur eine Existenzgrundlage ist, sondern für den Arbeitenden einen wesentlichen Faktor der individuellen Identität bildet. Außerdem stellt ein stabiles Arbeitsverhältnis eine Basis für eine soziale Integration dar. Letztlich gehört Arbeit zu jenem Gesamtbild, das wir Lebenssinn nennen.

Diese, in wissenschaftlichen Studien erzielten Erkenntnisse, beziehen sich nicht auf eine bestimmte Branche, zeigen sich nicht in einer exakt zu definierenden Funktion oder Hierarchiestufe und lassen sich nicht auf ein Geschlecht reduzieren.

Im Winter 2008 veröffentlichte die Europäische Agentur für Sicherheit und Gesundheit am Arbeitsplatz eine Untersuchung, aus der hervorgeht, dass bereits 22% der europäischen Arbeitnehmer von arbeitsbedingtem Stress betroffen sind. Die Experten gehen davon aus, dass diese Gruppe weiter wachsen wird. Die Forscher schätzen, dass bis zu 60% aller Krankenstände darauf zurückzuführen sind. Als Erklärungen dafür werden viele Ursachen genannt. Hoher Termindruck und ein rasantes Tempo, die Unvereinbarkeit von Arbeit und Familie sowie Mobbing gelten als klassische Stressfaktoren. Das alles führt im Laufe der Zeit zu einer Überforderung, der viele Menschen ausgesetzt sind. Dazu kommen Kündigungswellen und die damit verbundene Angst um den Arbeitsplatz, Kurzarbeit und Firmenpleiten sowie Werkschließungen. Diese Bedrohungen schweben wie ein Damoklesschwert über vielen Arbeitnehmern.

Wir müssen wohl oder übel zur Kenntnis nehmen, dass es zu einem weiteren Ansteigen von Krankenständen infolge psychischer Erkrankungen kommen wird, obwohl die sogenannten „allgemeinen" Krankenstände – zumindest in der EU – rückläufig sind. Dabei könnte aber auch eine Rolle spielen, dass viele Menschen schlichtweg Angst haben, zu Hause zu bleiben. Vielen meinen, sie würden ihren Arbeitsplatz verlieren, wenn sie krank seien.

Steigende Fehlzeiten aufgrund psychischer Erkrankungen

In Deutschland und Österreich haben sich die Krankenstandtage aufgrund von psychischen Erkrankungen, die überdurchschnittlich lange Fehlzeiten zur Folge haben, seit den neunziger Jahren mehr als verdoppelt. Im Falle einer Depression fällt der Betroffene im Durchschnitt für zwei Monate aus. Lautet die Diagnose chronische Erschöpfung, sind solche Patienten in der Regel einen Monat krank geschrieben. Einig sind sich die Experten darin, dass die aktuelle Wirtschaftskrise eine verstärkende Wirkung hat und als zusätzliche Ursache für den Anstieg von psychischen Erkrankungen zu sehen ist. Bei der internationalen Konferenz zum Thema „Psychische Gesundheit am Arbeitsplatz" im März 2009 in Berlin wurde diese These bestätigt. Der Gesundheitsexperte Michael Hübel erklärte, dass der Zusammenhang zwischen der Wirtschaftskrise und dem Ansteigen psychischer Erkrankungen statistisch nachweisbar sei. Die EU-weiten Kosten, die durch psychische Krankheiten bedingte Arbeitsausfälle jährlich verursacht werden, schätzte der Experte auf 136 Milliarden Euro. Allein für Österreich betragen diese Kosten – einer Studie des Wirtschaftsforschungsinstituts zufolge – rund 2,8 Milliarden Euro pro Jahr. Das entspricht in etwa 1,3% des Bruttoinlandsproduktes.

Bestätigt werden diese Feststellungen auch von offizieller Seite. Im alle fünf Jahre erscheinenden Bericht über Arbeitsbedingungen in der Europäischen Union „European Working Conditions Surveys" wurde 2005 der Trend beschrieben, dass sich die Flexibilisierung der Arbeitsverhältnisse sowie die Intensivierung der Arbeit im Zusammenhang mit neuen Formen der Arbeitsorganisation negativ auf die Gesundheit der Arbeitnehmer auswirken. Die Daten dieser Erhebung repräsentieren beinahe 200 Millionen Erwerbstätige in der EU, den Beitrittskandidaten Kroatien und Türkei sowie den EFTA-Ländern Schweiz und Norwegen.

Länderbezogene Unterschiede

Durchschnittlich glauben 35% der Erwerbstätigen, dass sich ihre Arbeit negativ auf ihre Gesundheit auswirkt. Dabei sind die länderbezogenen Unterschiede enorm. So liegen die Werte für Griechenland,

Polen, Lettland und Slowenien bei ungefähr 66%. In den Niederlanden, Deutschland, Irland und Frankreich glauben durchschnittlich 25%, dass ihre Arbeit negative Auswirkungen auf ihre Gesundheit habe. Der geringste Wert wurde bei der letzten Erhebung mit ungefähr 20% in Großbritannien ermittelt. Selbst dieser Wert beinhaltet, dass jeder fünfte Arbeitnehmer der Überzeugung ist, gesundheitlichen Schaden durch seine Arbeit zu erleiden.

Differenziert man zwischen physischen und psychischen Beeinträchtigungen, dann berichten die Erwerbstätigen in Griechenland sowohl über hohe physische, als auch über hohe psychische Beeinträchtigungen auf Grund ihrer Arbeit. In Polen, Slowenien und der Slowakei wird zwar von hohen physischen, aber von niedrigen psychischen Risiken berichtet. Das Gegenteil gilt für Schweden, wo im EU-Vergleich relativ hohe psychische Beeinträchtigungen zu bemerken sind. In Österreich und Deutschland liegen wie auch in den Niederlanden, Irland und Großbritannien die Werte für beide Faktoren unter dem durchschnittlich ermittelten Risiko. Natürlich spielen dabei kulturelle und mentale Unterschiede eine Rolle, genauere Hinweise, worin nun tatsächlich die Erklärungen für die teilweise großen Differenzen liegen, gehen aus der EU-Studie aber nicht hervor.

Selbstständige sind stärker gefährdet

Große Unterschiede ergeben sich auch, wenn man die Daten nach dem Beschäftigungsstatus differenziert. So berichtet beinahe jeder zweite selbstständig Tätige innerhalb der EU (45%), der alleine arbeitet, über arbeitsbedingte gesundheitliche Probleme. Beschäftigen Selbstständige in ihren meist kleinen Firmen Mitarbeiter, sinkt die Quote auf 36%. Der niedrigste Wert findet sich bei angestellten Mitarbeitern, die zu einem Drittel angeben, dass ihre Arbeit negative Auswirkungen auf ihre Gesundheit habe. Im Ranking der Krankheitssymptome nimmt hoher Stress den dritten Platz ein. An erster Stelle werden Muskel-Skelett-Erkrankungen geführt, gefolgt von Müdigkeit aufgrund von Überlastung. An vierter Stelle dieser Reihung stehen Kopfschmerzen.

Erhoben werden alle fünf Jahre auch jene Branchen, in denen stärkere negative Auswirkungen entweder auf die physische oder die psychische Gesundheit nachzuweisen sind. So ergibt sich zum wiederholten Mal, dass Beschäftigte in der Landwirtschaft über eine hohe körperliche aber eine niedrige psychische Belastung berichten. Das Gegenteil gilt im Gesundheits- und Bildungswesen sowie in der öffentlichen Verwaltung. Die körperlichen Beeinträchtigungen der in diesen Bereichen tätigen Menschen liegen unter dem gesamten EU-Durchschnittswert, die psychischen Beeinträchtigungen sind jedoch höher als in allen anderen Branchen. Über hohe negative Beeinträchtigungen, sowohl die Physis, als auch die Psyche betreffend, berichten zum wiederholten Male die Selbstständigen. Sie stellen eine besonders gefährdete Gruppe dar. Diese Erkenntnis wird umso bedeutender, wenn man berücksichtigt, dass die Zahl der selbstständig Erwerbstätigen kontinuierlich im Steigen begriffen ist. Denken Sie dabei nicht nur an klassische selbstständige Berufe wie Architekt, Arzt, Rechtsanwalt oder Berater. Zu dieser Gruppe zählen ebenso die vielen Handwerker, die oft in kleinen Familienbetrieben tätig sind, wie auch jene Menschen, die ihre Waren auf sogenannten Tupper-Partys anbieten. Es ist wenig überraschend, dass jene Erwerbstätigen in der Europäischen Union, die über höhere negative Einflüsse auf ihre Gesundheit berichten, signifikant unzufriedener mit ihrer Arbeit sind.

Trends in der Arbeitswelt

Insgesamt bestätigt die vierte EU-weite Erhebung über Arbeitsbedingungen einige wesentliche Trends, die eines gemeinsam haben: Sie können sich negativ auf die Gesundheit auswirken. Sie alle liefern ausreichend Gründe dafür, sich um mehr Balance in unserem Wirtschaftssystem, insbesondere in Führung und Management zu kümmern.

Trends in der Arbeitswelt

1. Trend: Zunahme flexibler Arbeitszeiten
Zwar haben die meisten Arbeitnehmer noch feste Arbeitszeiten, der Anteil derer, mit flexiblen Dienstzeiten nimmt aber seit 15 Jahren stetig zu.

2. Trend: Erhöhung des Arbeitstempos
Die Experten machen dafür die „Dominanz des Dienstleistungssektors" verantwortlich. Dahinter stecken das Bestreben und die Forderung, dass Arbeit, die von Menschen gemacht wird, immer schneller und noch schneller erledigt werden müsse. Dies hat zur Folge, dass der Termindruck, unter dem Arbeitnehmer stehen, unaufhörlich steigt. Eine weitere Begründung dafür liegt in der immer stärkeren Nutzung verschiedener Informationstechnologien. So benötigen mittlerweile knapp 50% aller europäischen Arbeitnehmer zumindest in einem Viertel ihrer Arbeitszeit einen Computer. Die Programme und Technologien haben Geschwindigkeiten erreicht, die für „normale" Arbeitnehmer kaum mehr zu bewältigen sind. Das Tempo ist enorm und scheint weiter zuzunehmen.

3. Trend: Erhöhung der Arbeitsintensität
Daraus ergibt sich der dritte Trend. Da in vielen Bereichen immer schneller gearbeitet wird bzw. werden muss, steigt die Arbeitsintensität. Es wird immer mehr in die zur Verfügung stehende Arbeitszeit „hineingepackt". Obwohl die allgemeine, durchschnittliche Arbeitszeit in den letzten Jahren mit durchschnittlich 38,6 Stunden pro Woche konstant blieb, steigt in vielen Bereichen die Arbeitsmenge deutlich an.

Beispiel für die Arbeitszeiten bei einem Tiefkühlkostanbieter

Bei einem international agierenden Tiefkühlkostanbieter, der seine Fahrer von Haus zu Haus schickt, stellt sich die Frage nach einer Arbeitszeitbegrenzung erst gar nicht. Viele der Fahrer arbeiten auf selbstständiger Basis. Sie müssen laut Vorgabe des Konzerns jedoch einen Tagesumsatz von durchschnittlich eintausend Euro pro Tag erwirtschaften. Das wiederum bedeutet, dass die Arbeit erst dann beendet werden kann, wenn der vorgeschriebene Umsatz erreicht ist. Zwölf- bis Vierzehnstunden-Tage sind keine Seltenheit.

Das Beispiel zeigt, wie die Ausübung des Berufes zwangsläufig zum absoluten Schwerpunkt des Lebens werden kann. Bereiche, die nicht zur ökonomischen Wertschöpfung beitragen, werden bzw. müssen also vernachlässigt werden.

Das österreichische Nachrichtenmagazin „Profil" veröffentlichte im Sommer 2009 eine Statistik über die durchschnittliche tägliche Arbeitszeit in der EU. Dort finden sich am Ende der Liste Arbeiter mit 7,3 und Angestellte und Beamte mit 7,6 Stunden pro Tag. Die „Arbeitstiere" in der EU sind, wenig überraschend, die Selbstständigen. Beschäftigen sie keine Mitarbeiter, dann arbeiten sie pro Tag um ca. 2 Stunden mehr als Arbeiter, Angestellte und Beamte. Führen Selbstständige bis zu vier Mitarbeiter, dann steigt diese Differenz auf drei Stunden! Diese Gruppe der Selbstständigen arbeitet 10,4 Stunden pro Tag, und das durchschnittlich! Dazu kommt, dass diese Menschen nicht regelmäßig freie Wochenenden zur Regeneration nutzen können. Gearbeitet werden muss nicht nur am Samstag, sondern immer mehr auch an Sonntagen. Die längste Arbeitszeit gibt es in der Landwirtschaft, wo täglich im Schnitt knapp 12 Stunden gearbeitet wird! Gerade bei den beiden letzten Berufsgruppen wird sehr deutlich, dass sich hier Geben und Nehmen völlig unausgeglichen darstellen.

Diese Disbalance birgt nach neuesten Erkenntnissen der Stressforschung erhöhte gesundheitliche Risiken in sich. Untersuchungen des Instituts für Sozialwissenschaftliche Studien in München belegen, dass Schlafstörungen, psychische Erschöpfung, Magen- Darm- und Herzkreislaufprobleme bei Wochenarbeitszeiten über 45 Stunden signifikant höher sind als bei einer Wochenverpflichtung von 40 Stunden.

Bestätigt werden diese Erkenntnisse durch eine Studie, die im Frühjahr 2010 präsentiert wurde. Der amerikanische Psychologe Richard M. Ryan erforscht seit Jahren an der University of Rochester die Auswirkungen von sozialen Kontexten auf Motivation, Persönlichkeitsentwicklung und Gesundheit. In einer Studie ging er der Frage nach, ob sich das Wohlbefinden an freien Wochenenden von jenem der Arbeitswoche unterscheidet. Das Ergebnis: an freien Wochenenden sind die Menschen glücklicher. Alle Studienteilnehmer – Männer und Frauen zwischen 18 und 62 Jahren – erklärten, sich am Wochenende mental und physisch besser zu fühlen. Selbst jene Personen, die angaben, in erfüllenden Berufen tätig zu sein, fühlten sich am Wochenende besser. Als wesentliche Begründung für dieses eindeutige Ergebnis nennt Ryan die Freiheit, selbst über die Nutzung der Zeit entscheiden zu können. Seiner Ansicht nach stützen diese Resultate die Selbstbestimmungstheorie. Sie geht davon aus, dass Wohlbefinden weitgehend davon abhängt, ob sich wesentliche Bedürfnisse wie jenes nach Autonomie, Stärke und Verbundenheit verwirklichen lassen.

Die wachsende Zentralisierung als Ursache für Disbalance

Auf einen vierten – aus meiner Sicht vernachlässigten – Trend möchte ich an dieser Stelle ebenfalls hinweisen. Die Autonomie der Menschen in der Arbeit sinkt kontinuierlich. Das bestätigt der EU-Bericht von 2005. 43% der europäischen Arbeitnehmer sind der Ansicht, dass ihre Arbeit durch monotone Aufgaben charakterisiert ist. Die Einschränkung der Handlungsspielräume von Mitarbeitern, gerade in den unteren hierarchischen Ebenen, beobachte ich seit vielen Jahren. In Vorträgen und Seminaren mache ich auf diese Entwicklung aufmerksam. Sie stellt eine unterschätzte Bedrohung für die psychosoziale Gesundheit dar, führt sie doch letztlich zu ständiger Unterforderung. Damit löst sie die gleichen Mechanismen aus, wie es bei einer längeren bzw. andauernden Überforderung der Fall ist. Für mich spielen bei der Entwicklung dieses Trends verschiedene Praktiken eine entscheidende Rolle. Etwa die Tendenz einer Zentralisierungswelle, die dermaßen stark ist, dass sich auch bezüglich der Thematik „zentral-dezentral" eine Disbalance gebildet hat. Viele Organisationen sind in den letzten Jahren dazu übergegangen, dezentrale Strukturen zu zerschlagen und mächtige Hauptquartiere zu installieren, aus denen die Aufträge wie Befehle in alle Richtungen gehen. In den meisten Fällen stehen entweder Kostenoptimierungsprogramme oder Machtmotive der Manager im Hintergrund dieser Entscheidungen.

Hier sieht man sehr deutlich, wie „kurzsichtig" und einseitig die verantwortlichen Manager handeln. Einseitig deshalb, weil es sich eindeutig nur um Geldwerte, den Unternehmenserfolg sowie um machtmotivierte Überlegungen handelt, die darauf abzielen, alles in einer Hand bzw. an einem Ort zu wissen. Kurzfristig, weil übersehen wird, dass zu zentrale Strukturen einen negativen Einfluss auf Selbstorganisation und Eigenverantwortung, sowie auf Kommunikation und Kooperation unter den Mitarbeitern haben. Dieser Trend erinnert an die feudalen Strukturen längst vergessener Zeiten. Klaus Zeyringer zitiert in seinem empfehlenswerten Buch „Ehrenrunden im Salon", in dem er den Kulturbetrieb und den akademischen Betrieb als Kreuzung von feudaler Tafelrunde und Salon beschreibt, den österreichischen Schriftsteller und Arbeitsrechtler Wilhelm Hengstler:

> *„Das Netzwerk von politischen und wirtschaftlichen Eliten sei feudalen Treuebeziehungen ähnlich. An Stelle von Grundbesitz seien Finanzvermögen – und symbolische Pfründe, lässt sich hinzufügen – getreten, an Stelle von Feudalherren Manager globaler Unternehmen."*

Beobachtet man, wie die Beziehungen zwischen „Hauptquartier" oder „Generaldirektion" zu den dezentralen Organisationseinheiten verlaufen, dann ist der Vergleich mit dem Feudalismus, einer zahlenmäßig kleinen „Oberschicht", die mit besonderen Vorrechten und Befugnissen ausgestattet ist, und dem „gemeinen Volk" gar nicht soweit hergeholt.

Aktuelle wissenschaftliche Arbeiten belegen: Zentralisierungen tragen nicht zu einer psychosozialen Stabilität bei und können Mitarbeiter krank machen. Wie kurzfristig die Sichtweise bei derartigen Change-Management-Projekten sein kann, zeigt folgende Geschichte.

Beispiel für eine Zentralisierung und ihre „Blüten"

Eine österreichische Bank, sie gehört zu den größten des Landes, engagierte ein international tätiges Beratungsunternehmen mit dem Auftrag, die betrieblichen Abläufe zu analysieren und zu vereinfachen. Nach einiger Arbeit, für die erhebliche Honorare in Rechnung gestellt wurden, schlugen die Berater vor, Kredite nur noch in der Bundeshauptstadt Wien zu entscheiden. Dadurch sollten 18 Arbeitsplätze österreichweit eingespart werden. Der Vorstand der Bank war mit diesem Ergebnis sehr zufrieden und schloss sich dieser Sichtweise an. Die gesamte Kreditabwicklung von der Entscheidung bis zur Ausfertigung wurde tatsächlich nach Wien verlegt. Die entsprechenden Abteilungen in den Bundesländern löste man auf. Als dieses neue Modell einige Zeit lief, erkannte man in der Bank, dass sich die Prozesse deutlich verlangsamt hatten. Die Qualität im Kreditbereich war insgesamt gesunken, Entscheidungen dauerten wesentlich länger und Kunden mussten erhebliche Wartezeiten in Kauf nehmen. Um die neuen Prozesse, die durch das bestimmt nicht billige Change-Management-Projekt entstanden waren, wieder an den Status von zuvor anzugleichen, musste die Bank 20 neue Stellen schaffen.

Standardisierung auf Kosten der Mitarbeiter und Kunden

Eine weitere Praktik, die meiner Überzeugung nach einen negativen Einfluss auf die Autonomie im Arbeitsprozess ausübt, ist eine Standardisierungswelle. Dabei ist es mir einsichtig, dass viele Arbeitsschritte als einheitliche „Prozesse" definiert werden und damit dokumentiert und nachvollziehbar sind. In gewissen Branchen sind Standards als Qualitätsmerkmale notwendig und hilfreich. Etwa in Bereichen mit hohem Geräteanteil sowie höchstem technischen Anspruch oder in der Medizin. So ist die Salzburger Kinderkrebsstation „Sonnenschein" ständig mit mehreren anderen vergleichbaren Instituten in Europa in Verbindung. Alle Patienten werden nach nationalen oder internationalen Therapierichtlinien behandelt, berichten Regina und Neil Jones, Leiter der Salzburger Kinderonkologie. Sowohl bezüglich der Diagnose als auch bezüglich der Therapien stimmen sich Spezialisten aus verschiedenen Ländern ab. So werden anhand „multizentrischer Studien" internationale Standards entwickelt, die entscheidenden Einfluss auf die Heilung der Patienten haben.

Die Frage ist einmal mehr, wo sich die Grenze befindet und Standardisierungen tatsächlich Sinn ergeben? Dort, wo Individualität, Kreativität, Phantasie und Spontaneität für eine Zielerreichung entscheidend sind, können Standards einschränkend erlebt werden und Leistungen wie Entwicklungen behindern. Wenn Kundengespräche im Dienstleistungsbereich dermaßen standardisiert werden, dass alle Mitarbeiter nach dem gleichen Schema agieren, dann ist das der Fall. Für die Verantwortlichen in der Ausbildung ist es natürlich viel einfacher, sich auf eine allgemeingültige Verkaufsformel zu konzentrieren, statt auf die individuellen Besonderheiten und Möglichkeiten der Auszubildenden und die Bedürfnisse der Kunden.

Beispiel für negative Auswirkungen von Standardisierungen zum Schaden der Kunden

Die Auswirkungen derartiger Praktiken bekommt der Finanzdienstleister AWD möglicherweise zurzeit in Österreich zu spüren. Das Handelsgericht Wien hat eine entsprechende Sammelklage des Vereins für Konsumentenschutz zugelassen. 2500 mutmaßlich geprellte Anleger werfen der Firma „systematische Fehlberatung" mit einem geschätzten Gesamtschaden in der Höhe von 30 Millionen Euro vor. Ein ehemaliger AWD-Mitarbeiter, der den „Salzburger Nachrichten" für ein Interview zur Verfügung stand, sprach von „Gehirnwäsche" bei den wöchentlichen Zusammenkünften und Schulungen: *„Als meine Frau einmal mit war, war sie völlig entsetzt, wie viel Gehirnwäsche es da gibt."*

Einen wesentlichen Anteil an der enorm hohen Standardisierung haben diverse Zertifizierungen. In derartigen Prozessen werden Abläufe beschrieben, festgelegt und definiert. Für beinahe jede Tätigkeit ist eine Checkliste erstellt. Die Ressource „Mensch" verliert zusehends an Bedeutung und Handlungsspielräume verkommen immer mehr zu Handlungsanleitungen. In vielen Fällen dienen derartige Prozesse ausschließlich dazu, Rationalisierungen vorzunehmen und so die Kosten weiter zu senken. In Veranstaltungen erzählen mir Teilnehmer immer wieder, dass ihre Unternehmen gerade zertifiziert würden. Dabei betonen diese Menschen, dass der Prozess und die Audits dermaßen viel Zeit in Anspruch nehmen würden, dass sie nicht mehr wüssten, wann sie die tägliche Arbeit erledigen sollten. Ein Mitglied des mittleren Managements eines großen Krankenhauses in Wien berichtete über die 2009 beendete Zertifizierung nach ISO 9001:

„Die administrativen Arbeiten haben dermaßen überhand genommen, dass ich in den starken Phasen der Zertifizierung pro Woche 20 Überstunden gemacht habe. Das war für die meisten Führungskräfte normal. Zu unserer eigentlichen Arbeit sind wir in dieser Zeit nicht gekommen. Der einzige Vorteil liegt darin, dass ich weiß, wen ich verantwortlich machen kann. Nur das nutzt mir nichts, denn ‚die da oben', putzen sich sowieso immer ab. Das sehen viele Kollegen so."

Eine Pointe zum Thema Rationalisierung

Wozu eine einseitig motivierte Rationalisierung führen kann, hat Helmut Stahl, von 1996 bis 1998 Staatssekretär im deutschen Ministerium für Bildung und Forschung, in seiner Rede anlässlich eines Jubiläums des Boeringer-Werkes in Mannheim pointiert ausgedrückt:

Eine kleine Satire zum Thema Rationalisierung

„Der Vorstand eines großen Unternehmens überlässt seinem Controller die Einladung zu einem Konzert. Aufgeführt werden soll Schuberts ‚Unvollendete'. Als der Vorstandschef dem Controller am Tag nach dem Konzert die Frage stellte, wie ihm die Veranstaltung gefallen habe, sagte der Controller einen schriftlichen Bericht zu. Der Bericht landete wiederum einen Tag später auf dem Schreibtisch des Vorstandes. Sein Inhalt:

1. Die vier Oboisten hatten über einen längeren Zeitraum nichts zu tun. Ihre Anzahl sollte deshalb gekürzt, ihre Aufgaben auf das gesamte Orchester verteilt und so Arbeitsspitzen vermieden werden.

2. Die 12 Geiger spielten alle die gleichen Noten. Die Anzahl der Mitarbeiter in diesem Bereich sollte daher drastisch gekürzt werden. Sollte bei den Geigern tatsächlich eine große Lautstärke erforderlich sein, kann das mit einem elektronischen Verstärker erreicht werden.

3. Das Spielen von Viertelnoten erfordert einen hohen Aufwand. Dies erscheint mir eine übertriebene Verfeinerung. Ich empfehle daher, alle Noten auf die nächstliegende Halbe aufzurunden. Dann könnten dafür Studenten oder Mitarbeiter mit geringeren Qualitäten eingesetzt werden.

4. Wenig sinnvoll ist es, dass die Hornisten Passagen wiederholen, die die Streicher bereits gespielt haben. Würden derlei überflüssige Passagen gestrichen, könnte das Konzert von zwei Stunden auf zwanzig Minuten gekürzt werden.
5. Hätte Schubert dies alles bedacht, dann hätte er ohne Zweifel seine Symphonie beenden können."

Zertifizierungen sollten nicht aus reinem Selbstzweck durchgeführt werden, sonst können sie ebenso zu Selbstläufern werden, wie Projekte aus dem Qualitätsmanagement. Wie bei Standardisierungen auch, ist mit Maß und Ziel vorzugehen. Fehlen diese, besteht die Gefahr, dass sich Organisationen „zu Tode administrieren".

Das besonders Bittere an dieser Entwicklung ist, dass in Zeiten der Krise nicht nur Unternehmen rationalisieren und den Sparstift ansetzen, sondern auch die meisten Staaten in speziellen Bereichen extrem sparen. Leider werden genau dort Einsparungen erwogen, wo die allgemeinen Überlegungen zu Rationalisierungen nur Nachteile mit sich bringen, nämlich im Gesundheitswesen und in der Bildung. Diesen Zusammenhang habe ich anhand der „Baumolschen Kostenkrankheit" bereits dargestellt.

Einsparungen am falschen Platz – das Gesundheitswesen

Da ich seit vielen Jahren für den Wiener Krankenanstaltenverbund, in dem ca. 30.000 Menschen beschäftigt sind, als Trainer und Berater tätig bin, erlebe ich die Auswirkungen von enormen Einsparungen auf den vielen Stationen und Abteilungen hautnah mit. Manch angeordnete Sparmaßnahmen sind gut zu verstehen und nachvollziehbar. Bei anderen hingegen dürften eher nur nackte Zahlen im Sinne einer einseitigen, optimalen Kostenreduktion im Vordergrund stehen.

Erwähnenswert erscheint mir, dass die Gruppe der „Verordner" durch die Zentralisierungstendenz immer größer, jene der „Umsetzer" immer kleiner wird. In jedem Fall haben diese Kosteneinsparungsprogramme mehrere Konsequenzen zur Folge: Erstens müssen dadurch die Mitarbeiter in den Spitälern und Geriatriezentren immer mehr leisten, und zweitens muss diese Mehrarbeit in einem Rahmen erbracht werden, in dem zu wenig Ressourcen zur Verfügung gestellt werden. Das bedingt, dass der Druck am Arbeitsplatz steigt und von vielen Beschäftigten als belastend empfunden wird. So produziert das System immer mehr psychisch kranke Arbeitnehmer. Es verwundert nicht, dass die im Gesundheitswesen tätigen Menschen zu einer besonders gefährdeten Gruppe bezüglich psychischer Erkrankungen zählen. Wie sich diese auf die Erfüllung der täglichen Aufgaben auswirken, hat eine Studie gezeigt, die ich 2007 durchgeführt habe. Dabei wurden mehr als 1.000 Menschen befragt. Demnach sind die täglichen Jobs umso leichter zu erfüllen, je geringer die psychischen Belastungen erlebt werden. So gaben jene Arbeitnehmer, die sich psychisch „gar nicht" belastet fühlten zu 94% an, ihre Aufgaben „sehr leicht" bzw. „eher leicht" zu erfüllen. Auch der Umkehrschluss ist zulässig. Je höher die psychische Belastung erlebt wird, desto anstrengender werden die täglichen Arbeiten wahrgenommen.

Ein Blick nach Japan

Dabei handelt es sich nicht nur um ein europäisches Phänomen. Die Problematik besteht weltweit. So sterben in Japan jedes Jahr tausende Menschen durch „Karoshi", oder durch „Karojisatsu". Übersetzt bedeutet „Karoshi" Tod durch Überarbeiten. In Japan wird mit diesem Begriff ein plötzlicher, berufsbezogener Tod bezeichnet. Extrem hohe Arbeitszeiten und eine sehr hohe Arbeitsintensität führen bei den Arbeitnehmern zu Übermüdung und Erschöpfung, die im Laufe der Zeit chronisch wird. Die Betroffenen können sich nicht mehr erholen. Als häufigste Todesursache werden durch Stress verursachte Herzinfarkte oder Schlaganfälle angeführt. Experten schätzen, dass jährlich ungefähr 10.000 „Karoshi"-Opfer zu beklagen sind. „Karojisatsu" hingegen bezeichnet den Freitod aufgrund von Arbeitsstress oder extrem langen Arbeitszeiten. In den meisten Fällen erleiden die Betroffenen in der ersten Phase des Verlaufes eine Depression, der häufig ein Suizidversuch folgt. Laut offiziellen Polizeiangaben nahmen sich allein 2007 mehr als 2000 Japaner – durchschnittlich also fünf pro Tag – aufgrund der Belastungen in ihrer Arbeit das Leben. In beiden Prozessen spielt mangelnde soziale Unterstützung von Kollegen und vor allem von Führungskräften eine entscheidende Rolle.

Japanische Arbeitnehmer arbeiten im Schnitt immer noch mehr als viele ihrer europäischen Kollegen. Mehr als 11 Arbeitsstunden am Tag sind selbst heute in japanischen Unternehmen noch durchaus üblich. Nach Dienstschluss sitzen die Mitarbeiter regelmäßig weitere Stunden zusammen. Aber nicht um sich über ihre Hobbies oder über private Angelegenheiten zu unterhalten. Dominierendes Thema ist die Firma. Durch sehr intensive Arbeitsphasen bezeugen Beschäftigte ihre Verbundenheit mit ihrem Unternehmen. Arbeit hat in Japan eine noch höhere gesellschaftliche Bedeutung als z.B. in den USA oder in Europa, sie ist in Japan eine Frage der Ehre. Bestätigt wird dies auch dadurch, dass viele Mitarbeiter nur einen Teil des ihnen zustehenden Jahresurlaubs tatsächlich konsumieren. In vielen Unternehmen gilt es nach wie vor als unverschämt, sich auf Kosten der Kollegen frei zu nehmen. Die hohe Loyalität von Mitarbeitern zu ihren Firmen zeigt sich daran, dass die Menschen sehr lange für ihre Organisationen tätig sind, es sehr wenige Jobwechsel gibt.

„Karoshi" oder „Karojisatsu", beide Todesarten sind seit einigen Jahren offiziell als Folge einer berufsbedingten Erkrankung anerkannt. Mittlerweile gibt es 40 Kliniken, die sich auf derartige Fälle spezialisiert haben. Zurzeit wird in Japan eine gesetzliche Beschränkung der Arbeitszeit diskutiert.

Die Situation in Frankreich

Ein derartig bedrohliches Ausmaß haben die Auswirkungen von Überforderung und Stress am Arbeitsplatz in Europa zwar noch nicht erreicht, Fälle von „Karojisatsu" waren dennoch bereits zu vermelden. Vor allem Unternehmen in Frankreich kommen diesbezüglich immer wieder in die Schlagzeilen. So wurde 2006 und 2007 von mehreren Fällen in der Automobilindustrie berichtet, die das ganze Land erschütterten. Selbstmorde im Technologiezentrum von Renault in Guyancourt, ebenso bei Peugeot in Mulhouse. Aber auch aus anderen großen Firmen werden immer wieder Selbstmorde vermeldet. Aus den Inhalten der Abschiedsbriefe geht eindeutig hervor, dass die Suizide im direkten Zusammenhang mit den Situationen an den Arbeitsplätzen zu sehen sind. Überforderung, eine zunehmende Leistungskontrolle sowie eine Arbeitsintensivierung verbunden mit sehr langen Arbeitszeiten sind die häufig genannten Motive.

Besonders dramatisch entwickelt sich die Situation bei France Telecom. Allein vom Frühjahr 2008 bis September 2009 nahmen sich 23 Mitarbeiter das Leben. Das mag statistisch gesehen zwar eine geringe Größe sein, erregte jedoch großes öffentliches Aufsehen. Im September 2009 wurde France-Telekom-Generaldirektor Didier Lombard von Arbeitsminister Xavier Darcos ins Ministerium zitiert. Die Unternehmensleitung machte die *„persönliche Labilität"* der Mitarbeiter für die *„Vorfälle"* verantwortlich. So kann sich das Unternehmen sehr einfach aus seiner Verantwortung stehlen.

Von Mitarbeitern und Gewerkschaftsvertretern wird die aktuelle Situation bei France Telekom als *„Management der Angst"* bezeichnet. In einem Artikel der österreichischen Tageszeitung „Kurier" wird die Situation folgendermaßen beschrieben:

> *„(...) zuletzt wurden Tausende, eigentlich unkündbare Beamte zur freiwilligen Selbstkündigung getrieben. Dabei kam es zu Mobbing durch Vorgesetzte, laufende Versetzungen, ständige Neuorganisationen und Standortwechsel."*

Aufgrund der Vorfälle hat der Vorstand von France Telekom vorerst alle Umstrukturierungen ausgesetzt. Für einen Monat! Als sich während dieser Zeit, im Oktober 2009, ein weiterer Selbstmord ereignete, sprach Generaldirektor Lombard davon, dass diese Serie aufhören müsse, denn sie schade dem Unternehmen.

Gesellschaftliche Veränderungen bewirken zunehmende Instabilität

Die reale Zunahme psychischer Erkrankungen, die vor allem durch die Veränderungen in der Arbeitswelt und die damit verbundenen massiven Veränderungen in der Gesellschaft ausgelöst werden, ist trauriges Faktum. Experten sehen vor allem zwei entscheidende Faktoren, die sowohl unser Arbeits- als auch unser Privatleben stark beeinflussen. Andreas Weber, Facharzt für Arbeits-, Sozial- und Umweltmedizin, der an mehreren Universitäten und Hochschulen lehrt, drückt es vortrefflich aus:

> *„Als zwei wesentliche, gleichsam übergeordnete Bedingungen, die derzeit Gesellschaft und Arbeitswelt maßgeblich bestimmen, wären hier das Primat der Ökonomie (McKinsey-Gesellschaft) und die Instabilität in nahezu allen Lebenswelten anzuführen. McKinsey-Gesellschaft beinhaltet, dass jeder Lebensbereich nach ökonomischen Prinzipien ausgerichtet wird, wobei Effizienz die oberste Maxime darstellt. Die gesamte Gesellschaft ist gewissermaßen ein Unternehmen, Managerverhalten wird zum Rollenideal. Der Wunsch nach Stabilität zählt nach psychoanalytischer Lehrmeinung zu den ureigensten des Menschen, was nicht gleichzusetzen ist, dass Veränderungen a priori abgelehnt werden. Menschen wünschen sich vor allem Klarheit, Zielorientierung und Sicherheit, dies gilt für Beruf genauso wie für das Privatleben."*

Wenn wir uns die aktuelle Alltagsrealität eines durchschnittlichen Erwerbstätigen vor Augen führen, erhalten wir jedoch ein völlig anderes Bild. Erstens stellen die enorm hohe Intensität an Daten und Fakten im Arbeitsleben und der, zumindest im privaten Bereich, zeitlich uneingeschränkte Zugang zum Internet immer mehr Informationen in immer schnellerer Geschwindigkeit zur Verfügung. Dies erzeugt aber keinesfalls jene Klarheit, von der Andreas Weber sprach. Im Gegenteil: Für den Einzelnen wird es immer schwieriger, sich in der Informationsflut zurecht zu finden, im Berufsleben ebenso, wie in der Freizeit. Dies erzeugt Unklarheit und wirft immer neue Fragen auf, die oft unbeantwortet bleiben.

Zweitens steigt der Druck auf die Menschen durch einen permanenten Verdrängungswettbewerb, eine enorme Konkurrenz sowie eine zunehmende Arbeitsplatzunsicherheit. Drittens verlangt die aktuelle Situation am Arbeitsmarkt immer mehr Flexibilität und Mobilität. In vielen Branchen ist eine 24-Stunden-Erreichbarkeit bereits üblich. Eine „Hire-and-fire"-Mentalität sowie ein allgemein zu beobachtender Verlust von Solidarität in Arbeitsgruppen tragen das Ihre zu immer kurzfristigeren Abläufen und Denkprozessen und unsicheren Zukunftsaussichten bei.

Der höher werdende Anteil an Leihpersonal bzw. Leiharbeitern in vielen Branchen, die nach Belieben ausgetauscht werden können, passt gut in dieses Bild. Für Aspekte, die nicht in die Kategorie Gewinn- und Leistungsoptimierung gehören, bleibt in den allermeisten Konzernspitzen offenbar kein Platz. Dies lässt sich aber nicht nur in Konzernen beobachten, sondern auch in den Chefetagen von Mittel- und Kleinunternehmen. Es ist eine Haltung, die längst zu einer generellen Überzeugung geworden ist.

Burnout – die „Epidemie des 21. Jahrhunderts"?

Natürlich gibt es weitere Gründe, mit denen der Anstieg von psychischen Krankheiten erklärt werden kann. So werden diese zunächst wenig sichtbaren Krankheiten heute wesentlich früher erkannt und sind mit weniger Vorurteilen behaftet als noch vor einigen Jahren. Die Berichterstattung über psychische Krankheiten ist für die Medien mittlerweile ein dankbares Thema geworden. Der Anstieg dieser Erkrankungen ist derart massiv, dass in Expertenkreisen psychisches Leid als „Epidemie des 21. Jahrhunderts" gilt. Allein 2006 wurden um 7% mehr Antidepressiva verkauft als im Jahr zuvor. Heutzutage erleidet etwa jeder vierte EU-Bürger innerhalb eines Jahres eine psychische Erkrankung. Im Verlaufe eines durchschnittlichen EU-Bürger-Lebens steigt das individuelle Risiko auf ca. 50%. Aus einer Studie der Bundesversicherungsanstalt für Angestellte geht hervor, dass mittlerweile jede dritte Frühpensionierung in der Bundesrepublik Deutschland durch psychische Störungen begründet wird. Schätzungen gehen davon aus, dass psychische Erkrankungen bis 2020 die zweihäufigste Ursache für verminderte Arbeitsfähigkeit und für Arbeitsunfähigkeit sein werden.

Die aktuelle Situation am Wirtschafts- und Arbeitsmarkt ist einer der möglichen Auslöser für verschiedene psychische Erkrankungen. Auffallend dabei ist, dass sich gerade zu Beginn bei den, in der Fachliteratur am häufigsten erwähnten psychischen Erkrankungen, die in einem signifikanten Zusammenhang mit dem Arbeitsleben der Betroffenen stehen, ein gemeinsamer Faktor findet: eine erhöhte Stressbelastung über einen längeren Zeitraum. So etwa beim Burnout-Syndrom, der wohl bekanntesten Erkrankung dieser Kategorie. Obwohl es viele unterschiedliche Erklärungen und Darstellungsformen gibt, und obwohl Burnout (2) als komplexe Wechselwirkung zwischen sozialen und individuellen Verhältnissen zu sehen ist, besteht Einigkeit darüber, dass *„unbewältigter, chronischer, negativer Stress ein Schlüsselphänomen darstellt"*. Weitere Risiken, die zu Burnout führen können, lesen sich wie eine aktuelle Beschreibung eines beliebigen Arbeitsplatzes: Arbeitsüberlastung und sehr lange Arbeitszeiten, Zeitdruck und schwache Führungsarbeit, fehlende Kommunikation, mangelnde Wertschätzung und geringe Handlungsspielräume. Die Folge sind emotionale, mental-kognitive, neuroendokrine sowie weitere Verhaltensänderungen und Reaktionen. Typische Symptome dafür sind verminderte Schlafqualität verbunden mit chronischer Müdigkeit, ständiges Erschöpfungsgefühl, auffallende Konzentrations- und Gedächtnisstörungen sowie häufig auftretende Kopfschmerzen und Magen-Darmbeschwerden. Nach einiger Zeit stellt sich das Gefühl mangelnder Kompetenz ein, das zu einem verminderten Selbstwertgefühl bis hin zu Angstzuständen führt.

Burnout durchläuft meist mehrere Phasen und endet in einer Hoffnungslosigkeit und existentiellen Verzweiflung. Die aktuellen Zahlen über die momentane Burnout-Rate in der EU bewegen sich zwischen 20 und 50%.

Gerade Lehrkräfte, die in Österreich im Zuge der Bildungsdiskussion, die ebenso wie die Debatte zum Gesundheitswesen täglich Beweise für die unglaubliche Unfähigkeit der Spitzenpolitiker liefert, von der Boulevard-Presse häufig und heftig kritisiert werden, gehören aufgrund ihres Arbeitsinhalts und –umfelds zu einer besonders gefährdeten Gruppe.

Ein kritischer Blick auf die Diagnostik des Burnout-Syndroms

Im Zusammenhang mit dem Burnout-Syndrom ist ein kritischer Blick durchaus erlaubt. Das Syndrom stellt mittlerweile so etwas Ähnliches wie eine „Modeerscheinung" oder eine „Modekrankheit" dar. Es ist gesellschaftlich „in" und gehört zum sozial-hierarchischen Ansehen, ein wenig unter Burnout zu leiden. Wer Burnout hat, der muss schon wichtig sein: *„Diese unglaubliche Arbeitsfülle ..."* und *„... nein, ohne meine persönliche Anwesenheit funktioniert das nicht"*, so und ähnlich lauten viele Erklärungen. Dabei möchte ich drei Gruppen von Betroffen auseinanderhalten:

> ### Drei Gruppen von Betroffenen
> 1. Personen, die tatsächlich unter Burnout leiden.
> 2. Personen, bei denen zunächst keine typische Ursache für die Krankheit ersichtlich ist: Es sind dies Personen, die akut unterfordert sind und einfache immer gleiche Routinearbeiten machen müssen. Zunächst äußert sich das kaum. Vielleicht verspürt man eine gewisse Langeweile, nach und nach aber kommt es zu einem Abstumpfungsprozess, bis der Organismus das Notalarmsystem aktiviert. Dann wird der aktuelle Zustand subjektiv ganz ähnlich erlebt wie eine Überforderung. Man weiß selbst nicht, wie man diese Situation, diese Belastungen überstehen soll. Die Stressproduktion wird angekurbelt. Schließlich steht am Ende dieser kausalen Kette ein handfestes Burnout.
> 3. Jene Gruppe, die durch die Äußerung, unter Burnout zu leiden, ihr Image etwas aufpolieren und sich wichtiger machen wollen, als sie tatsächlich sind. Manche möchten dadurch jene Aufmerksamkeit erlangen, die sie sonst in ihrem Alltag nicht erleben. Sie sorgen dafür, dass Burnout zum Modetrend wird. Dies hat wiederum zur Folge, dass in manchen Fällen die nötige Aufmerksamkeit und Ernsthaftigkeit schlichtweg fehlen.

Es gibt auch Unternehmen, die möglicherweise unbewusst den Trend zum Burnout fördern. So finden sich in beinahe jedem öffentlichen Wiener Spital auffallend viele farbige Plakate, in denen in großen Lettern auf die Gefahren von Burnout hingewiesen wird. Diese Informationen sind mit Sicherheit gut gemeint, finden sich doch verschiedene Kontakte für Hilfen ebenfalls darauf. Übersehen wird offensichtlich, dass diese omnipräsente Information, dieser permanente Kontakt mit dem Thema auch zum Modephänomen Burnout beiträgt. Mit den Worten eines Zynikers könnte die implizite Aufforderung durch die Inhalte der Plakate in etwa lauten:

> *„Hallo Sie, der Sie da gerade durch die Gänge dieses Hauses wandern. Ja, Sie meine ich. Wenn Sie offenbar nichts Besseres zu tun haben, dann könnten Sie sich ja überlegen, ob Sie nicht in irgendeiner Art und Weise unter Burnout leiden. Das wär´ doch was. Viele die Sie kennen, haben das ja auch!"*

Die Auswirkungen von Mobbing

Andauerndes hohes Stressempfinden spielt auch bei der psychosozialen Belastung des Mobbings eine wesentliche Rolle. Der Ursprung des Begriffs Mobbing liegt in der biologischen Verhaltensforschung. Konrad Lorenz beschrieb damit den Angriff einer Gruppe unterlegener Tiere mit dem Ziel, einen überlegenen Gegner einzuschüchtern oder zu verscheuchen. Zwar existiert noch immer keine einheitliche Definition von Mobbing, im Allgemeinen wird damit aber ein Schikanieren und Intrigieren, ein Sabotieren und Hinausekeln verstanden. Die deutsche Gesellschaft gegen psychosozialen Stress und Mobbing sieht darin

> *„eine konfliktbelastete Kommunikation am Arbeitsplatz unter Kollegen oder zwischen Vorgesetzten und Untergebenen, bei der die angegriffene Person unterlegen ist, und von einer oder mehreren anderen Personen systematisch, oft und während längerer Zeit, mit dem Ziel oder dem Effekt des Ausstoßes aus dem Arbeitsverhältnis, direkt oder indirekt angegriffen wird und dies als Diskriminierung empfindet".*

Da die Zahl an Mobbingvorwürfen in den letzten Jahren stetig gestiegen ist, verwundert es nicht, dass es bereits juristische Definitionen gibt. Für die Bundesrepublik Deutschland liegt ein richterliches Höchstgutachten vom Bundesarbeitsgericht aus dem Jahr 1997 vor, in dem es heißt:

> *„Mobbing ist das systematische Anfeinden, Schikanieren oder Diskriminieren von Arbeitnehmern untereinander oder durch Vorgesetzte. Es wird durch Stress am Arbeitsplatz begünstigt, dessen Ursachen unter anderem in einer Über-/Unterforderung einzelner Arbeitnehmer, in der Arbeitsorganisation oder im Verhalten von Vorgesetzten liegen können."*

In meinem Arbeitsalltag wird Mobbing sowohl in Trainings und Workshops als auch in Beratungen und Coachings immer wieder besprochen. Das Interessante daran ist, dass ich diese Thematik sowohl aus Sicht der – vermeintlich – gemobbten, als auch der – vermeintlichen – Mobber hören und teilweise sogar nachvollziehen kann. Diesbezüglich erlebe ich ein ähnliches Phänomen, wie schon beim Burnout-Syndrom beschrieben. Auch Mobbing unterliegt dem Einfluss von Modetrends. „Gemobbt" zu werden, ist ein Alptraum für den oder die Betroffenen und „Mobben" ist eine strafbare Handlung. Nicht alles jedoch, was auf den ersten Blick nach Mobbing aussieht, ist es tatsächlich, und nicht alles, was im zwischenmenschlichen Bereich konfliktbehaftet ist, ist bereits Mobbing. Ebenso wichtig erscheint mir die Feststellung, dass die, in der Praxis oft verwendeten Rechtfertigungs- und Erklärungsversuche in Richtung „Recht des Stärkeren" völlig fehl am Platz sind und in keiner Weise eine Entschuldigung darstellen können. Ist es ja gerade diese „survival of the fittest"-Mentalität, die zu den geschilderten Disbalancen und den damit verbundenen Konsequenzen führt.

Fest steht, dass Mobbing sowohl anhand des Verhaltens der betroffenen Personen, als auch anhand der Umstände bzw. Verhältnisse in der Organisation erklärt werden muss. Größere Disbalancen, die in vielen Unternehmen herrschen, können Mobbing fördern. Ist diese psychische Belastung ernsthaftes Thema in einem Unternehmen, steigt die Wahrscheinlichkeit der Entstehung von Gewalt am Arbeitsplatz. Durch ungelöste Konflikte, Ausgrenzung, Hilflosigkeit, Ablehnung oder Angst entwickeln sich Emotionen wie Aggression und Wut, mit dem Ziel, anderen Personen zu schaden oder Sachmittel zu beschädigen.

Studie zum Einfluss einer belastenden sozialen Umgebung

Eine aktuelle Studie, die im Sommer 2009 in Amerika präsentiert wurde, geht sogar noch einen Schritt weiter. Die Forscher fanden heraus, dass eine belastende soziale Umgebung das Wachstum von Tumoren beschleunigen kann. An Mäusen hat sich gezeigt, dass Karzinome schneller wuchsen, wenn die Tiere in sozialer Isolation gehalten wurden. Bei ihnen entdeckten die Wissenschaftler auch eine wesentlich höhere Konzentration von Stresshormonen als bei Tieren, die in einer positiv gestalteten sozialen Umgebung lebten. Die Forscher gehen davon aus, dass das erhöhte Stressniveau möglicherweise die Genaktivität im Tumorgewebe ungünstig beeinflusst.

Aus Sicht der Opfer verläuft Mobbing wie Burnout in mehreren Phasen. Durch massive Angriffe, Schuldzuweisungen und soziale Ausgrenzung wird das Selbstwertgefühl systematisch angegriffen. Die Opfer geraten unter Druck und sind von Angst geplagt, so dass ihnen dann tatsächlich jene Fehler passieren, die die „Abwärtsspirale" beschleunigen. Am Ende steht meist der Verlust des Arbeitsplatzes sowie bei vielen Betroffenen eine schwere, psychische Erkrankung, deren Symptome jenen des Burnout-Syndroms sehr ähnlich sind.

Das Burnout-Syndrom und Mobbing vollziehen sich also in unterschiedlichen Phasen und haben mehrere gemeinsame Symptome. Gleich ist beiden Prozessen nicht nur, dass die Betroffenen über längere Zeiträume einem hohen, belastenden Stressniveau verbunden mit Angstzuständen ausgesetzt sind. Gleich ist ihnen auch, dass sie, bei entsprechendem Verlauf, Mitverursacher für eine depressive Episode, eine depressive Störung oder eine Depression sein können, die laut einer Studie der Universität Münster in etwa 80% aller psychischen Krankheiten ausmachen. Depressionen entstehen übrigens durch eine Disbalance von erregenden und hemmenden Botenstoffen. In manchen Expertenkreisen wird – im Zusammenhang mit den bereits dargestellten Veränderungen der privaten wie beruflichen Welt – bereits vom „Age of Depression" gesprochen.

Arbeitssucht

Zu einer weiteren psychosozialen Belastung möchte ich noch einige Gedanken anführen. „Arbeitssucht" und „Erholungsunfähigkeit" sind genau so wenig ein ausschließliches Merkmal unserer Zeit. Diese Phänomene gibt es, seit es Arbeit gibt. Wie eben Depressionen keine Erfindung unserer Zeit sind, hat es früher ebenfalls Menschen gegeben, die sich in ihrer Arbeit verausgabt und ausgebrannt gefühlt haben. Ebenso gab es immer schon Konflikte und Probleme in sozialen Arbeitsgruppen. Dennoch gilt auch für die Arbeitssucht, dass ihre Zunahme nicht mehr verleugnet werden kann und dass sie im Zusammenhang mit den Veränderungen in unserer Arbeits- und Freizeitwelt steht. Dies belegen nicht nur eine Unzahl an Work-Life-Balance-Trainings, die heute angeboten werden, sondern auch neuere wissenschaftliche Studien.

Zu viele Führungskräfte in zu vielen Unternehmen gehen immer noch davon aus, dass Mitarbeiter, die lange anwesend sind, automatisch gute Mitarbeiter sind. Viele wissenschaftliche Untersuchungen haben eindrucksvoll gezeigt, dass es keinen signifikanten Zusammenhang von Arbeitszeit und Arbeitsergebnis gibt. Dass Menschen, die Angst um ihren Arbeitsplatz haben und von Managern geführt werden, die sich als Feldherren begreifen, bereit sind, viel länger zu arbeiten als vereinbart, kann ich im Alltag immer wieder beobachten. Dabei dokumentieren die meisten ihre Mehrarbeit gar nicht. Mit sogenannten „Überstundenpauschalen", die alle Mehrleistungen finanziell abdecken, ist das Problem aus Sicht des Arbeitgebers zumindest administrativ gelöst.

> **Ein Beispiel für erzwungene Arbeitssucht**
>
> In einer österreichischen Bank, die seit Jahren erfolgreich am Markt tätig ist und ein ums andere Jahr großartige Betriebsergebnisse erzielt, erwartet und verlangt der oberste Boss von seinen Managern eine tägliche Mindestarbeitszeit von 10 Stunden. *„Wer weniger als 10 Stunden anwesend ist, zeigt, dass er sich nicht mit unserer Bank identifiziert!"* Derartige Statements werden natürlich nicht öffentlich, sondern nur in Besprechungen von Führungskräften gegeben. Die elektronische Zeitaufzeichnung in dieser Bank ist so manipuliert,

dass man eine überhöhte – und damit gesetzeswidrige – Arbeitszeit nicht nachweisen kann. Da die Bank seit Jahren sehr erfolgreich ist, zumindest was das Betriebsergebnis und die Bilanzsummenentwicklung betrifft, werden derartige Maßnahmen von vielen Mitarbeitern verstanden und sogar gut geheißen. Frei nach dem verbreiteten Motto, „Leistung und Erfolg rechtfertigen alle Maßnahmen". Besonders belastend ist die Forderung des Bankvorstands für die vielen Führungskräfte, die ihren Arbeitstag sehr früh beginnen. Wer schon um sieben Uhr früh in die Bank kommt, der geht nach einem 10-Stundentag um 18 Uhr nach Hause, wenn man eine einstündige Mittagspause annimmt. Der mir bekannte Bankchef fängt eher spät an und arbeitet dafür oft bis in die Nacht hinein. Daraus ergibt sich ein erhebliches Problem. Für den Top-Manager sind alle Führungskräfte, die nach 18 Uhr nicht mehr zu erreichen sind, nicht lange genug in der Bank. Das sind jene, die sich aus seiner Sicht nicht ausreichend mit dem Institut identifizieren. Sie geraten folglich stark unter Druck. Dass in dieser Bank besonders viele Mitarbeiter Antidepressiva nehmen, verwundert nicht. Die Mehrarbeit dieser Menschen beruht demnach nicht auf „Arbeitssucht" oder „Erholungsunfähigkeit". Sie arbeiten nicht aus eigenem Antrieb mehr als 50 bis 60 Stunden in der Woche, sondern weil eine autoritäre Führung es von ihnen verlangt und sie möglicherweise mit Repressalien rechnen müssen.

Bezüglich der „Arbeitssucht" gibt es keine objektiv definierbare Stundenzahl. Es kommt nicht nur darauf an, wie viel jemand arbeitet, sondern warum jemand besonders viel arbeitet. Arbeitssüchtige und erholungsunfähige Menschen fokussieren ihr gesamtes Denken und Handeln auf ihre Arbeit. Häufig ist ein zwanghaft-perfektionistisches Grundmuster zu beobachten. Das bedeutet, dass Arbeitssüchtige ihre Arbeit nach sehr strengen, fixen Regeln organisieren, die keinen Spielraum für Flexibilität und Veränderungen lassen. Der Anspruch an die eigene wie an die fremde Arbeit ist enorm und weit über einem normal verträglichen Maße, unabhängig davon worauf sich diese beziehen. Jedes Werk kommt einem Jahrhundertauftrag gleich. Wichtige Aufgaben können nicht mehr von unwichtigen unterschieden werden, die Fähigkeit, Arbeiten delegieren zu können, ist verkümmert.

Bei „Arbeitssucht" und „Erholungsunfähigkeit" treffen wir wiederum auf ein Phasenmodell, das vier verschiedene Stadien aufweist.

> ***Phasenmodell bei Arbeitssucht bzw. Erholungsunfähigkeit***
>
> Phase 1
> In der „Einleitungsphase" verspürt der Betroffene Erschöpfungsgefühle, leichte Depressionen und Konzentrationsstörungen, die von Herz-Kreislaufbeschwerden, Kopfschmerzen oder auch Magen-Darmbeschwerden begleitet werden.
>
> Phase 2
> In der zweiten, der „kritischen Phase", vollzieht sich ein zunehmender Kontrollverlust in Bezug auf die Arbeit. Mit verschiedenen Hilfen, wie Instrumenten für Zeitmanagement, wird versucht, die Arbeitsorganisation zu optimieren. In dieser Phase sind Symptome wie Bluthochdruck, Magengeschwüre und Depressionen häufige Begleiter.
>
> Phase 3
> In der dritten, der „chronischen Phase", übernehmen Arbeitssüchtige freiwillig zusätzliche Ämter und Funktionen. Gearbeitet wird nun regelmäßig auch am Wochenende. Die Süchtigen werden dabei gegenüber ihrer Umwelt immer rücksichtsloser und setzen den Prozess der Selbstzerstörung konsequent fort, selbst wenn sie schon einen Herzinfarkt hatten.
>
> Phase 4
> In der vierten, der sogenannten „Endphase" erreichen die Betroffenen schließlich das Stadium des Ausgebranntseins und leiden unter Angstzuständen. Beträchtliche physische wie psychische Schäden können zu dauernder Berufsunfähigkeit, zur Depression oder sogar zum vorzeitigen Tod führen.

Ich habe mich bei der Beschreibung von psychischen Belastungen sowie Krankheiten im Zusammenhang mit einseitigen Veränderungen in der Arbeits- und Freizeitwelt kurz gehalten. Ich wollte zeigen, dass sich diese Risiken in ihren phasenartigen Abläufen sehr ähnlich sind und zumindest zwei gemeinsame Elemente identifiziert werden können, die auch bei anderen psychosozialen Beanspruchungen – wie z.B. Gewalt und Alkoholmissbrauch am Arbeitsplatz oder sexuellen Übergriffen – zu beobachten sind: Zum einen leiden die Betroffenen längere Zeit unter einem sehr hohen Stressniveau und zum anderen stellen sich durch dauerndes, sorgenvolles Nachdenken über die belastende Situation Angstgefühle und Angststörungen ein.

Fazit: Die neue Aufgabe für Führung und Management

Mit dieser einfachen Darstellung ausgewählter psychischer Krankheiten wollte ich zudem untermauern, wie dringend wir im Wirtschaftsleben, speziell in Führung und Management, eine Veränderung hin zu einer ausgewogenen Berücksichtigung der menschlichen Motivationssysteme brauchen. Nur wenn es tatsächlich gelingt, eine annähernde Balance herzustellen, werden Menschen in Organisationen langfristig gesund und zufrieden leben und arbeiten können. Dazu ist es notwendig, sich dem Phänomen „Stress" zu stellen und Ideen sowie Konzepte zu entwickeln, die zu einer Entstressung, neudeutsch „Entschleunigung", des durchschnittlichen Arbeitsalltags führen.

Ein letzter Aspekt: die Unterforderung

Bislang habe ich das Augenmerk in der Hauptsache auf Disbalancen gerichtet, die durch eine einseitige Präferenz des Leistungs- und Erfolgsgedankens oder des Machtmotivs verursacht werden. Diese stellen gewiss das größte Ungleichgewicht dar. Es gibt sie jedoch auch gegenteilig. In manchen Organisationen ist es möglich, den Leistungsanspruch auf dermaßen niedrigem Niveau zu halten, dass die Mitarbeiter in diesen Betrieben in der Tat unterfordert sind. Ebenso stellt es sich dar, wenn Arbeitnehmer über lange Zeiträume mit denselben Routinen konfrontiert sind. Eine Weile lässt sich mit Unterforderung auch ganz gut leben. Nach einer bestimmten Zeit jedoch müssen Kompensationshandlungen gesetzt werden. So kann etwa der Sozialaspekt stärker berücksichtigt werden oder es entstehen Möglichkeiten für das Ausleben individueller Bedürfnisse, die mit dem Arbeitsauftrag und dem -ziel nichts zu tun haben. Aufgefallen sind mir derartige vermeintliche „Stressoasen" hauptsächlich in öffentlichen Einrichtungen und in Zentralen sehr großer Unternehmen und Organisationen. Speziell in administrativen Bereichen, die gegenüber anderen Organisationseinheiten Abhängigkeiten erzeugen, scheint diese Möglichkeit zu bestehen. Mit großer Verwunderung erlebe ich dann, wie lange man für einen bestimmten Arbeitsablauf benötigt und wie lange die Antwort auf eine Anfrage auf sich waren lassen kann. In solchen Abteilungen gewöhnen sich die Mitarbeiter schnell an ihre „Standards" und werden erstklassig im Wenig- bis Nichtstun. Bald übersehen sie, dass sie kaum Produktives leisten. Also reden sich diese Mitarbeiter ein und bestärken sich gegenseitig darin, dass gerade sie den schwierigsten Job im Unternehmen haben und dementsprechend dem größten Stress ausgesetzt sind. Ist man selbst Teil eines solchen Systems, glaubt man dies nach einer Weile wirklich. Man erlebt und spürt tatsächlich den Druck, den man sich zunächst nur einredet. Nach einer gewissen Zeit sind Druck und Stress reale Alltagsbegleiter und man gerät in eine gefährliche Stressspirale.

Sowohl Über- wie Unterforderung, sowohl ein Zuviel als auch ein Zuwenig an Arbeit schaffen eine gehörige Disbalance. Dies gilt ebenso für falsche Arbeit wie für Tätigkeiten, die unter schlechten Bedingungen ausgeführt werden müssen, wobei der gesellschaftliche Kontext zu bedenken ist. Damit meine ich z.B. das Image einer Tätigkeit (Abteilungsleiter oder Hausmeister) oder das Verhältnis von „Geben" und „Nehmen". Hält eine Disbalance über einen längeren Zeitraum an, wird die Stressproduktion nachhaltig angekurbelt und verändert den menschlichen Organismus. Zunächst, um Energie zur Verfügung zu stellen. Nach einer gewissen Zeit aber wird der Organismus krank.

• Stress – die Dosis macht die Wirkung

Erinnern wir uns an die letzten Ergebnisse des 2005 vorgelegten Berichts über die Arbeitsbedingungen in der Europäischen Union. Stress belegt demnach im Ranking der Symptome der psychischen Belastungen am Arbeitsplatz bereits den dritten Platz. Studien und Befragungen bestätigen, dass Stress aus Sicht der Arbeitnehmer weiter zunimmt.

„Ich bin voll im Stress", diese Aussage gehört wohl in die Kategorie „Dauerbrenner", sowohl im Berufs- wie auch im Privatleben. Dass sehr viele Menschen unter großem Stress stehen, ist nicht nur eine aktuelle Realität, sondern, wie Mobbing und Burnout, leider auch in Mode. In manchen Bereichen und bei manchen Menschen ist hoher Stress mittlerweile zum Dauerzustand geworden.

Wie Stress entsteht

Verschiedene wissenschaftliche Disziplinen interessieren sich schon seit langer Zeit für das Phänomen „Stress". Dementsprechend viele unterschiedliche Zugänge und Definitionen stehen zur Verfügung. Allgemeiner Konsens besteht heute darin, dass nicht nur die Beschaffenheit des spezifischen Stressreizes von Bedeutung ist, sondern dass Stress als Ergebnis der Auseinandersetzung des Menschen mit seiner Umwelt zu sehen ist. Begründet wurde diese Überzeugung in den siebziger und achtziger Jahren des vorigen Jahrhunderts von einer Forschergruppe rund um Richard Lazarus. Der 2002 verstorbene amerikanische Psychologe publizierte 1984 das „transaktionale Stressmodell". Diesem Modell nach entsteht Stress weniger durch die Ereignisse selbst, als vielmehr durch die individuellen Bewertungen, die von der betroffenen Person vorgenommen werden. Diese miteinander in Verbindung stehenden Vorgänge können sowohl auf einer bewussten, als auch auf einer unbewussten Ebene vor sich gehen und vollziehen sich in drei Schritten.

> *Das transaktionale Stressmodell*
>
> 1. Zunächst bewertet die Person die Situation, die entweder als positiv oder als nicht bedeutend oder aber als stressend wahrgenommen werden kann. Wird die Situation als stressend empfunden, wird wiederum eine Unterscheidung getroffen. Im günstigen Fall wird sie als eine Herausforderung, im ungünstigen als eine Bedrohung gesehen.
>
> 2. Der zweite Bewertungsschritt prüft, ob die analysierte Situation mit den eigenen Möglichkeiten bewältigt werden kann. Nur wenn die vorhandenen, persönlichen Ressourcen nicht als ausreichend betrachtet werden, wird eine typische Stressreaktion wie die Tendenz zur Flucht oder zum Kampf ausgelöst.
>
> 3. Im dritten Schritt des „transaktionalen Stressmodels" werden die Erfahrungen der vorangegangenen Schritte bewertet. Rückmeldungen über Erfolge bzw. über Misserfolge spielen hierbei eine wichtige Rolle. Hat eine Person erfolgreich erlebt, wie sie mit einer vermeintlichen Bedrohung umzugehen vermag, kann sie diese künftig als eine Herausforderung begreifen.

Entscheidend dabei ist die Erkenntnis, dass sämtliche Bewertungen keine objektive Grundlage besitzen, sondern subjektive Interpretationen darstellen, die im Wesentlichen von den jeweils spezifischen Erfahrungen und der Lerngeschichte der Person beeinflusst werden. In beiden Bewertungen geht es also um gedankliche Konstruktionen. So finden Menschen mit positiv stabilem Selbstwertgefühl mehr Ressourcen, auf die sie zurückgreifen können, als unsichere, labile Menschen in derselben Situation. Letztere fühlen sich schneller überfordert und gestresst, weil sie gedanklich eher Bedrohungen konstruieren als Herausforderungen.

Stressoren

Das „transaktionale Stressmodell" findet auch Berücksichtigung in der offiziellen Stress-Definition, die eine Expertenkommission im Auftrag der EU Mitte der neunziger Jahre formuliert hat.

> ### Definition von arbeitsbedingtem Stress
> Demnach lässt sich „arbeitsbedingter Stress" definieren als „Gesamtheit emotionaler, kognitiver, verhaltensmäßiger und physiologischer Reaktionen auf widrige und schädliche Aspekte des Arbeitsinhalts, der Arbeitsorganisation und der Arbeitsumgebung".

Als wesentliches, beobachtbares Merkmal von Stress führen die Experten eine „starke Erregung", ein „starkes Unbehagen" und das Gefühl „des Überfordert-Seins" an. Diese Definition macht gut sichtbar, dass die Bewertung des sozialen Umfeldes eine Besonderheit beinhaltet. Solange die Situation gleichbleibend und gewohnt erlebt wird, zeigen die homöostatischen Sensoren keine Auffälligkeiten an und der Organismus muss nicht reagieren. Erst wenn Veränderungen in einem gewissen Ausmaß auftreten und erlebt werden, schlagen die „homöostatischen Wächter" Alarm und es erfolgt eine Reaktion. Dabei werden diese Veränderungen in der Regel entweder als besondere Herausforderungen oder als Bedrohungen interpretiert. Vom Ergebnis der individuellen Interpretation hängt ab, in welchem Hirnareal welches Stresshormon in welchem Ausmaß produziert wird. So kann der bevorstehende Besuch beim Zahnarzt als genauso bedrohlich interpretiert werden wie die entscheidende Prüfung am Ende des Schuljahres oder die angekündigte Steuerprüfung oder aber das Change-Management-Projekt in der Firma, das die ganze Abteilung neu erfinden soll. Es hängt von den individuellen Möglichkeiten, den Erfahrungen und der Geschichte der jeweiligen Person ab, welche Bedeutung den unterschiedlichen Ereignissen zugeschrieben wird.

Jene Einflüsse, die einen Menschen unter Stress setzen können, weil sie die innere Balance bzw. die Norm unterbrechen, nennt man „Stressoren". In der Arbeitswelt können diese entweder durch die Aufgaben, die zu erledigen sind, oder durch die organisatorischen Rahmenbedingungen entstehen. Unter letzteren versteht man zum einen die Art und Weise, wie die Aufgaben zu erfüllen sind, und zum anderen das soziale Umfeld, in dem die Aufgaben zu leisten sind. Im Alltag vermischen sich die Ursprünge der Stressoren oft und ergänzen sich. Dieser Prozess kann zum einen bewusst ablaufen und wahrgenommen werden, zum anderen geht die aktuelle Stressforschung aber davon aus, dass auch bei unbewusst wirkenden Stressoren gesundheitsschädliche Risiken auftreten können.

Stressfaktoren in der Arbeitswelt

So verwundert es nicht, dass so viele Menschen in Unternehmen über erhöhten Stress klagen, wenn die Aufgabenmenge immer größer und die zur Verfügung stehenden Ressourcen immer weniger werden. Hinzu kommt oftmals, dass standardisierte Vorgaben die Handlungsspielräume der Mitarbeiter zusehends einengen. So müssen immer mehr Menschen Aufgaben oft so erledigen, wie es von zentraler Stelle vorgegeben wird, also wie andere das wollen. Dabei spielt das, was die Ausführenden dabei denken immer weniger eine Rolle. Mangelnde Kommunikation, fehlende Wertschätzung und fehlende soziale Unterstützung begleiten dieses Szenario. Viele Führungskräfte flüchten regelrecht in operative Tätigkeiten, um so wenig Zeit wie möglich mit den eigenen Mitarbeitern verbringen zu müssen. Solche Arbeiten lassen sich natürlich immer finden. Bei manchen Vorgesetzten ist Überforderung mit ihrer Führungsaufgabe das Motiv für ihren Rückzug, bei anderen ist es einfach Interesselosigkeit. Bei vielen ist es aber Frustration über die eigenen, eingeschränkten Handlungsmöglichkeiten.

Anhand meiner Beobachtungen kann ich feststellen, dass viele Firmen zwar von den Vorgesetzten der unteren hierarchischen Ebenen Führungsarbeit erwarten, ihnen jedoch kaum Ressourcen dafür zur Verfügung stellen. Einige Organisationen treiben dieses Spiel offensichtlich weiter. Immer wieder erzählen Menschen, dass sie von ihren Vorgesetzten *„im Regen stehen gelassen werden und von ‚denen' keinerlei Hilfe zu erwarten sei"*.

Gerade diese hohe psychische Anforderung, eine Arbeitsgruppe bei gleichzeitiger Einschränkung der Handlungsspielräume zu führen, birgt ein erhöhtes Gesundheitsrisiko in sich. In verschiedenen Untersuchungen konnte dieser Zusammenhang insbesondere für Herz-Kreislauferkrankungen nachgewiesen werden. An der Universität Birmingham, einer der größten in England, konnte gezeigt werden, dass gerade Aufgaben, die unter starkem Zeitdruck und enger, kritischer Kontrolle durchgeführt werden müssen, das Blut dicker machen und sich dadurch rascher und vermehrt Blutklumpen bilden. Dies erhöht die Wahrscheinlichkeit, einen Herzinfarkt oder einen Schlaganfall zu erleiden.

Aus wissenschaftlichen Untersuchungen geht hervor, dass die Reaktion auf eine hohe psychische Anforderung wesentlich vom Entscheidungsspielraum abhängt. Ist auch er hoch, wird die psychische Anforderung als deutlich weniger belastend empfunden. Trotz dieser so wesentlichen Erkenntnis werden Führungskräfte in den unteren und mittleren Ebenen mit immer weniger Entscheidungsspielraum ausgestattet. Die Erwartungen steigen aber an.

Wie nun eine Person auf das Auftreten eines oder mehrerer Stressoren reagiert, ist eine individuelle Lerngeschichte und hängt von der Zeitspanne ab, über die ein Stressor wahrgenommen wird bzw. unterbewusst beeinflusst. Taucht ein Stressor akut auf und wirkt kurzfristig, dann mobilisiert der Organismus Energie und stellt sicher, dass unvorhergesehene und bedrohliche Ereignisse bewältigt werden können. Auf diese Weise kann der impulsive, hohe und weite Sprung über eine Schlange, die auf einem Weg liegt, ausgelöst werden, noch bevor eine kognitive Auseinandersetzung erfolgt. Die Evolution hat es so eingerichtet, dass erst nach dem Sprung die Erkenntnis folgen könnte, dass es sich nicht um eine gefährliche Schlange, sondern lediglich um einen längeren, dünnen Ast gehandelt hat. Es wird danach zwar noch etwas dauern, bis sich Pulsschlag und der gesamte Organismus wieder normalisieren, die Episode gilt jedoch als abgeschlossen.

Anders stellt es sich hingegen dar, wenn Stressoren über einen längeren Zeitraum wirken. Dann handelt es sich nicht mehr um einen schnellen Impuls, der die Aufmerksamkeit kurzfristig auf eine Veränderung oder Herausforderung lenkt, sondern um einen längerfristigen Prozess, der sich auf mehreren Ebenen auswirkt.

Dabei wird die kognitive Wahrnehmung dermaßen auf den Stressor gelenkt, dass andere kognitive Funktionen in den Hintergrund treten oder aber ganz ausgeblendet werden. Steht man während einer Prüfung unter hohem Stress, kann man die richtigen Antworten unter Umständen nicht abrufen, weil die Gedächtnisleistungen abnehmen. Ebenso führen Entscheidungen, die unter hohem Stresseinfluss getroffen werden, auffällig oft zu schlechten bzw. falschen Ergebnissen und erhöhen damit das Unfallrisiko. Hinzu kommen emotionale Veränderungen. Vielleicht wird zunächst nur eine leichte Unruhe wahrgenommen, wenn man erkennt, ein Projekt nicht in der zur Verfügung stehenden Zeit realisieren zu können, zumindest nicht in der gewünschten oder vorgeschriebenen Qualität. Mit der Zeit wird aus der Unruhe aber Niedergeschlagenheit und schließlich Angst. Das wiederum wirkt sich auf das Verhalten aus. Der amerikanische Psychologe Walter Cannon, der zu den Pionieren in der Stressforschung zählt, formulierte als erster das „Fight-or-flight-Syndrom", das die Reaktion von Tieren auf Bedrohungen beschreibt.

Das „Fight-or-Flight"-Syndrom

Wirkt ein Stressor über einen längeren Zeitraum, dann stehen drei Verhaltensweisen als Reaktionen darauf zur Verfügung: Kämpfen, Flüchten oder Aufgeben. Je nachdem, welchen Stellenwert der Stressor einnimmt, entscheidet sich der Organismus für eine der drei Varianten. Solange die handelnde Person überzeugt ist, die Situation zu meistern, wird Testosteron produziert und stellt sowohl Antriebskraft als auch Durchhaltevermögen sicher. Bleibt das Problem wider Erwarten bestehen, wird als zusätzliche Unterstützung das Kampfhormon Noradrenalin produziert. Ist immer noch keine Besserung in Sicht oder verschlimmert sich die Situation, dann werden sowohl die Testosteron-Produktion als auch jene des Bindungshormons Oxitozin reduziert. Das bedeutet, dass die handelnde Person den Antrieb, an der Sache dran zu bleiben, verliert und sich sozial zurückzieht. Werden die Bedenken, den Stressor „in den Griff zu bekommen", immer größer, steigert sich die Adrenalin-Produktion und führt zu ersten Fluchttendenzen und Angstzuständen. Nützen selbst die letzten Energiereserven des Körpers nichts, dann steigt die Cortisol-Produktion an. Dieses Hormon baut, unterstützt von Adrenalin, die noch vorhandenen Energiereserven des Organismus sukzessive ab und führt schließlich zu einem Gefühl der Hilflosigkeit, zu depressiven Phasen und in eine psychische Erkrankung. Aussagen wie *„ich kann einfach nicht mehr"* oder *„es hat alles keinen Sinn mehr"* sind oft die alltagssprachliche Übersetzung und die Hilfeschreie der Betroffenen.

So oder zumindest in sehr ähnlicher Art und Weise, könnten sich die Ereignisse, die letztlich zum Freitod von Frank Right geführt haben, zugetragen haben. Ein dramatisches Detail in derartigen Verläufen besteht darin, dass die betroffenen Menschen sich sozial dermaßen zurückgezogen haben und kaum jemanden an sich heranlassen, so dass ihre Hilferufe von niemandem mehr gehört werden können. Vielleicht erklärt das, warum Frank Right am 11. Juli 1999 seine letzte Nachricht nur auf ein kleines, gelbes „Post-it" geschrieben hat.

Vor diesem Hintergrund kann ich die vielen Menschen verstehen, die aufgrund ihrer aktuellen Situation, wenn schon nicht physisch, so zumindest psychisch von ihrem Arbeitsplatz flüchten. Die deutsche Managementtrainerin Vera F. Birkenbihl hat dafür vor Jahren den Begriff „PEB" verwendet, den „Pensions-Erwartungs-Bunker".

Die Disbalance von Geben und Nehmen

Ein Stressmodell, das noch um eine inhaltliche Dimension erweitert ist und in den letzten Jahren internationale Anerkennung erhalten hat, ist das Modell „Beruflicher Gratifikationskrisen". Der deutsche Psychologe Johannes Siegrists geht davon aus, dass zwischen dem, was der Erwerbstätige durch seine Arbeit leistet, und dem, was er dafür erhält, ein Gleichgewicht herrschen muss (wir finden also auch diesbezüglich die Forderung nach Balance). Ich verwende dafür die Begriffe „Geben" und „Nehmen". Was der Arbeitnehmer gibt, ist sein Einsatz, seine Leistung. Sowohl in qualitativer, als auch in quantitativer Hinsicht. Was er dafür bekommen (nehmen) soll, meint mehr als nur ein entsprechendes Einkommen. Es meint ebenso ausreichende soziale Anerkennung sowie eine Berufsperspektive, zu der eine gewisse Arbeitsplatzsicherheit gehört. Wird diese Balance über einen längeren Zeitraum gestört, erhöht sich die Gefahr der Gesundheitsschädigung durch eine übermäßige Aktivierung des autonomen Nervensystems.

Unter diesem Gesichtspunkt wird deutlich, warum Landwirte und Selbstständige in den EU-Befragungen als besonders gefährdete Gruppen hervorgehen. Alleine die seit Jahren anhaltende Diskussion um den Milchpreis macht deutlich, dass hier zwischen „Geben" und „Nehmen" keine Ausgewogenheit besteht. Die großen Lebensmittelkonzerne drücken im Namen ihrer Kunden die Preise auf das extreme Minimum, da gibt es keinen Spielraum. Zu leicht vergisst man dabei jedoch die schlichte Tatsache, dass beinahe überall dort, wo etwas besonders billig angeboten wird, irgendjemand draufzahlt. Meist sind das die Hersteller der Produkte. Dass Bauern und Selbstständige statistisch gesehen jeden Tag durchschnittlich drei Stunden länger arbeiten als Angestellte und Beamte und einem erhöhten gesundheitlichen Risiko ausgesetzt sind, habe ich bereits erwähnt. Für diese beiden Berufsgruppen kommt ein weiteres Risiko hinzu, die fehlende Absicherung im Krankheitsfall. Nicht nur, dass bei entsprechender Rechtsform mit dem privaten Vermögen gehaftet wird, es besteht zudem auch kein einheitliches soziales Sicherheitsnetz wie bei Arbeitern, Angestellten oder Beamten. So gibt es in Österreich zwar seit 2008 eine Versicherung gegen Arbeitslosigkeit, allerdings keine Absicherung im Krankheitsfall. Dafür muss privat vorgesorgt werden. So gerät man schnell in einen Teufelskreis. Man wird krank und sollte sich eigentlich Ruhe gönnen und erholen. Gleichzeitig weiß man aber, dass durch die Krankheit und den damit verbundenen Arbeitsausfall eine finanzielle, vielleicht existenzielle Bedrohung über einem schwebt. Je länger man ausfällt, desto schwieriger wird die Situation und der Druck nimmt wieder zu. Für einen Genesungsprozess ist das keine günstige Voraussetzung.

Trotzdem wächst diese Gruppe weiter stark an. Allein in Österreich stieg die Quote der Selbstständigen von 6,9% im Jahr 2000 auf 8,1% im Jahr 2008 an. Wenn Sie jetzt vielleicht denken, *„zwingt sie ja keiner, die haben sich das ja selbst ausgesucht"*, dann irren Sie sich in einer Vielzahl der Fälle. Für manche Menschen ist die Selbstständigkeit keine Wahl, sondern die einzige Chance, im Arbeitsprozess zu bleiben. Selbst wenn die Entscheidung freiwillig getroffen wird, ist diese Tatsache keinesfalls die Legitimation für eine Disbalance zwischen „Geben" und „Nehmen". Denn dieses Ungleichgewicht quetscht die Menschen dieser Berufsgruppe aus und macht sie krank.

Die Auswirkung fehlender Erholungsphasen

Eine weitere Erkenntnis, die im Zusammenhang mit Arbeit und Stress erwähnt werden soll, ist die Forderung, dass Erwerbstätige regelmäßige Erholungsphasen brauchen. Nicht umsonst schreiben Gesetze maximale Arbeitszeiten und entsprechende Urlaubsansprüche vor. Für Freiberufler, Selbstständige und besonders für Bauern bleibt der erholende Urlaub, manchmal selbst das freie Wochenende oft ein Wunsch. Gerade in kleinen Betrieben, in denen Familienmitglieder mitarbeiten müssen, sind freie Tage eher die Seltenheit als die Norm. Regeneration findet schlichtweg nicht mehr statt, die Belastung wird zum Dauerdruck. Aber auch in anderen Berufsgruppen sehe ich diese Problematik ansteigen.

Rückzugs- und Regenerationsphasen werden immer weniger und sind immer schwieriger zu bekommen. Dieser Trend wurde auch beim „2. Forum Zukunft der Arbeit", das Ende 2007 in Wien stattfand, beschrieben. Hilmar Schneider, Direktor und Experte für Arbeitsmarktpolitik am Institut zur Zukunft für Arbeit in Bonn, erklärte, dass Arbeitnehmer in Zukunft eine *„neue Form von Verantwortung"* übernehmen müssen. Er meinte damit, dass Mitarbeiter ihren Job beim Verlassen des Unternehmens nicht im Büro vergessen sollten. Vielmehr sollten sie ihn gedanklich mit nach Hause tragen. Passend dazu berichtet Susanne Hernsberger, Sprecherin des Mobilfunkkonzerns T-Mobile:

> *„Wir haben schon die Hälfte unserer Mitarbeiter mit Blackberries ausgestattet. Viele Mitarbeiter erledigen auch in ihrer Freizeit dienstliche Aufträge von daheim aus".*

Dieses Statement liest sich, als wäre Frau Hernsberger auf diese Entwicklung auch noch stolz. Es handelt sich hier allerdings nicht um einen Einzelfall. So berichtet der Vertriebsvorstand der Victoria-Volksbanken-Versicherung, Erwin Pichler, im Firmenmagazin „Newsline compact":

> *„Jeder Mitarbeiter im Vertrieb hat einen Blackberry erhalten und kann jetzt damit jederzeit auf sämtliche Datenbanken zugreifen, Termine verwalten, E-Mails schreiben usw.".*

Was auf der einen Seite Unterstützung darstellen kann, ist auf der anderen die große Verlockung, „stets bereit zu sein".

Ich halte es für falsch und äußerst bedenklich, dass Mitarbeiter in ihrer Freizeit dienstliche Aufträge erledigen. Zwischen Arbeit und Freizeit sollte eine möglichst klare Trennlinie verlaufen. Ich meine hier ausdrücklich nicht Situationen wie Bereitschaftsdienste, in denen Beschäftige selbstverständlich erreichbar sein müssen. Mir ist natürlich bewusst, dass es auch mehrere Berufe gibt, in denen diese Forderung nur schwer umzusetzen ist, gehöre ich doch als freiberuflicher Trainer und Berater selbst einer derartigen Gruppe an. Keinesfalls darf diese Vermischung von Beruf und Privatleben als genereller Trend akzeptiert und propagiert werden, so als hätten wir keine Alternativen. Dies bestätigt eine 2009 publizierte Studie an der Universität Toronto. Die Wissenschaftler untersuchten 1.800 amerikanische Führungskräfte nach ihrem körperlichen und psychischen Befinden. Wird Arbeit regelmäßig von der Firma mit nach Hause genommen, kommt es zu einer „Unterwanderung des Privatlebens" durch Berufsaufgaben. Werden diese in den eigenen vier Wänden erledigt, wirkt der Berufsstress weiter, was zu psychologischer Bedrängnis, Ärger und schlechter Gesundheit führt. Besonders gefährdet sind – den Wissenschaftlern aus Kanada zur Folge – Führungskräfte aus dem mittleren und oberen Management. Beobachtet wurden in dieser Risikogruppe vermehrt Migräne, Magengeschwüre, Magen-Darm-Erkrankungen und Herz-Kreislauf-Probleme.

Eine ausgewogene Berücksichtigung der grundsätzlichen Motivationssysteme ist mit Sicherheit kein Allheilmittel und nicht der Stein der Weisen. Sie stellt aber eine brauchbare Möglichkeit dar, die Faktoren „Erfolg", „Lust an Leistung", „Gesundheit" und „Freude", „Arbeit im Alter" usw. in sinnvoller Weise zu verbinden.

2. Drei Motivationssysteme – drei verschiedene Richtungen

Hinter allem, was Menschen tun, oder unterlassen, stecken Motive. Dabei spielt es keine Rolle, wo und wann Menschen handeln, ob die Antriebe dazu bewusst wahrgenommen werden oder im Unbewussten agieren. Motive bewegen und beeinflussen. In vielen Fällen konzentrieren sie unser gesamtes Verhaltensrepertoire in eine bestimmte Richtung und geben uns die Kraft, Ziele zu verfolgen. Diese können wiederum bewusst und konkret sein oder unbewusst und versteckt in unserem Kopf herumgeistern.

Der Begriff Motivation beschreibt ein äußerst komplexes Phänomen, an dem zumindest drei verschiedene innere Prozesse beteiligt sind. Zum einen sind das kognitive Prozesse, wie das Bilden von Erwartungen, von Gewinn- bzw. Verlustaussichten oder das Erstellen von konkreten Handlungsplänen. Zum anderen handelt es sich um affektive Einflüsse wie die emotionale „Färbung" eines inneren Zustandes, also die Frage, welches Gefühl diesen begleitet. Drittens schließlich stellen physiologische Prozesse verschiedene Hormone – Erregungs- und Hemmungssubstanzen – zur Verfügung. Neben den inneren Einflüssen, die sehr von der Persönlichkeit abhängen, spielen die Erziehung und diverse Umweltfaktoren ebenfalls eine bedeutende Rolle.

Was ist Motivation?

Was genau ist nun Motivation? Motivation kann als ein innerer Spannungszustand verstanden werden, der sich aus der Differenz einer aktuellen IST-Situation und einer angestrebten, positiv bewerteten SOLL-Situation erklärt. So kann Motivation durch folgende drei Phasen beschrieben werden:

> *Die drei Phasen der Motivation*
>
> 1. Phase
> Eine Person wird von einem unbewussten Motiv oder Ziel geleitet oder setzt sich ein konkretes Ziel.
>
> 2. Phase
> Der Handelnde hat dieses Ziel vor Augen und strengt sich an, es zu erreichen.
>
> 3. Phase
> Die Realisierung des Zieles wird möglichst ablenkungsfrei und konsequent verfolgt. Das ausgewählte Ziel wird dabei von der handelnden Person als attraktiv wahrgenommen und mit einem bestimmten Nutzen in Verbindung gesetzt.

Die Frage, „was habe ich davon" wird bewusst oder unbewusst beantwortet. Dabei kann der Nutzen sowohl materieller als auch ideeller Art sein. Dies wiederum hängt von der Persönlichkeit des Handelnden ab. Neue Erkenntnisse aus der Gehirnforschung lassen darauf schließen, dass es einen, sozusagen, übergeordneten Nutzen geben könnte, nachdem der Mensch strebt: Soziale Anerkennung.

Außerdem müssen gesteckte Ziele mit einer günstigen Erfolgswahrscheinlichkeit bewertet werden. Es ist wichtig, dass der Handelnde überzeugt ist, es schaffen zu können. Diese Perspektive bieten vor allem Ziele, die sich in einem mittleren Schwierigkeitsgrad oder knapp darüber befinden und die durch persönlichen Einsatz erreicht werden können. Zu einfache oder extrem hohe Vorhaben motivieren nicht, sondern bewirken eher das Gegenteil. Nur extrem ängstliche Menschen setzen sich niedrige, leicht erreichbare Ziele.

Im Motivationsprozess sind Motive jene Antriebe, Absichten und Möglichkeiten, denen Bedürfnisse zu Grunde liegen und die eine Person in Bewegung setzen. Sollte durch diese initiierte Aktivität das Ziel erreicht werden, wird die innere Spannung aufgelöst. Vorausgesetzt, es besteht die Aussicht auf Regeneration. Erst mit diesem Wissen kann diese Anspannung tatsächlich aufgelöst werden. Wartet jedoch sogleich die nächste Herausforderung, und dann die nächste, und wieder die nächste, sinkt die Produktion des Antriebshormons Testosteron. Dann wird zunächst Adrenalin in höherem Ausmaß zur Verfügung gestellt, damit die Anstrengungen verstärkt werden können. Die Energiereserven werden mobilisiert. Das Verhalten geht nach und nach in ein Kampfverhalten über. Man kämpft mit seinen Aufgaben und Herausforderungen. Ist immer noch kein Ende der Aufgabenflut in Aussicht, wird die Produktion von Cortisol angekurbelt. Sowohl Adrenalin als auch Cortisol sind katabole Hormone. Das bedeutet, sie rauben dem Organismus Energie und bauen die Reserven ab. Das wiederum hält der Körper – je nach individueller Konstitution – nicht lange aus und es stellen sich Hoffnungslosigkeit, depressive Verstimmungen und depressive Phasen ein.

Mehrere Motive zur gleichen Zeit

Im menschlichen Organismus können zeitgleich mehrere Motive arbeiten. Oft stehen sie in Konkurrenz zueinander: *„Soll ich zuerst meinen Kunden anrufen, den Bericht vom gestrigen Meeting verfassen oder doch in der Kantine vorbeischauen?"* Welches Motiv sich letztlich durchsetzt, hängt von inneren und äußeren Faktoren ab. Innere Faktoren sind z.B. die Attraktivität und der Nutzen, die der Handlung beigemessen werden. Äußere Einflussgrößen liegen z.B. in der Erfolgsaussicht und dem Kontext, der einer Handlung zugrunde liegt.

Wenn Sie jetzt an „Multitasking" denken, muss ich Sie enttäuschen. Aktuelle Ergebnisse aus der Gehirnforschung zeigen, dass zu einem definierten Zeitpunkt jeweils nur ein konkreter Bewusstseinsinhalt aktuell sein kann. Betrachtet man eine Zeiteinheit über die aktuelle Gegenwart hinaus, die wesentlich länger dauert als einige Sekunden, so können durchaus mehrere Handlungen erfolgen – aber eben eine nach der anderen. Damit in dieser Abfolge Vorhaben nicht in Vergessenheit geraten, werden Intentionen im Sinne von Handlungsabsichten gebildet. Dabei werden bewusst oder unbewusst verschiedene Mechanismen zur Handlungskontrolle eingesetzt. Die Aufmerksamkeit wird auf besonders relevante Reize gelenkt, um die emotionale Färbung einer Absicht und die Handlungsumgebung günstig zu verändern. So gelingt es, geplante Aktivitäten gegenüber dominanten Motiven zu schützen und sie zu einem späteren Zeitpunkt zu realisieren.

Eigenschaften von Motiven

Bezüglich unserer Motive, die uns antreiben, ist eine weitere Präzisierung vorzunehmen. Sie können entweder explizit, d.h. eher bewusst (sprachlich), oder implizit, d.h. eher unbewusst (bildhaft), wirken. Die aktuelle Motivationsforschung gewinnt immer mehr Erkenntnisse darüber, dass die Mehrzahl der menschlichen Motive im impliziten Bereich liegt. Dies hat eine bedeutende Konsequenz zur Folge. Wenn die meisten Motive unbewusst sind, dann wird es sehr schwierig bis unmöglich, als betroffene Person selbst darüber Auskunft zu geben. Motive sind im menschlichen Gehirn allem Anschein nach vorwiegend bildhaft-episodisch gespeichert. Deshalb lassen sie sich nur schwer mit Worten beschreiben. Dies bedeutet, dass die Motive, die jemand für seine Handlungen verantwortlich macht, nicht unbedingt mit den tatsächlich dahinter wirkenden Motiven identisch sein müssen. Es ist schwer, über sich selbst Auskunft zu geben. Was einen Menschen im Innersten bewegt, ist nicht immer das, was er zu wollen glaubt. Schon Anfang der neunziger Jahre wurde von William D. Spangler, Professor für Management an der Binghamton University in New York, nachgewiesen, dass implizite und explizite Motive kaum miteinander zusammenhängen.

Da die grundsätzlichen Motive noch vor dem Spracherwerb im Gehirn in einem Bereich gebildet werden, in dem auch Gefühle gesteuert werden, spielen im äußerst komplexen Prozess der Motivation Emotionen eine bedeutende Rolle. Dies haben wir bereits bei der Auswirkung von Stress auf den Organismus gesehen. So können die begleitenden Gefühle vor einer Handlung je nach individueller Bewertung sehr unterschiedlich sein. Im Sinne einer Herausforderung könnten Freude und Neugier die vorherrschenden Gefühle sein, im Falle einer Bedrohung etwa Unsicherheit und Angst. Während des Tuns verstärken sich die Emotionen, je nach dem, wie die Realisierung des Zieles vorangeht. Bestätigt sich eine Befürchtung während des Tuns, werden Unsicherheit und Ängstlichkeit steigen. Sieht man andererseits bereits die Zielflagge am Horizont, wird sich ein Hochgefühl einstellen, das als zusätzliche Motivation wirken kann.

Da es viele Motive in unterschiedlicher Ausprägung gibt, wurden im Laufe der Zeit mehrere Modelle mit dem Anspruch entwickelt, Motive in verschiedenen Kategorien zusammen zu fassen. Viele Wissenschaftler haben sich darin versucht. Je präziser die Forschung wurde, desto kleiner wurde die Anzahl der verwendeten Kategorien. Am bekanntesten ist wohl die vom amerikanischen Psychologen Abraham Maslow 1943 veröffentlichte „Bedürfnis-Pyramide". Sie stellt die Bedürfnisse des Menschen in fünf Stufen dar: ausgehend von den physiologischen Existenzbedürfnissen bis hin zur Selbstverwirklichung an der Spitze. Dieses Modell wird heute wegen seiner inhaltlichen Unstimmigkeiten von Experten kritisiert.

Das Modell „The Big Three": Leistungs-, Macht- und Bindungsmotivation

In den letzten Jahren hat sich in der Motivationspsychologie das Modell der „Big Three" durchgesetzt. Da es zwischen der Motivations- und der Persönlichkeitspsychologie viele Verbindungen gibt, verwundert es nicht, dass dieses Modell an den, in der Persönlichkeitspsychologie verwendeten Ansatz der „Big Five" erinnert. Dieser beschreibt die fünf Hauptmerkmale einer „normalen und gesunden" Persönlichkeit: Extraversion, Offenheit für Erfahrungen, emotionale Stabilität, Verträglichkeit und Gewissenhaftigkeit.

Das Konzept der „Big Three" wurde in der Hauptsache von den beiden, bereits verstorbenen, amerikanischen Motivationsforschern John Atkinson und David McClelland beeinflusst. Beide Psychologen gelten als Wegbereiter der modernen Motivationsforschung und beschrieben drei grundsätzliche und verschiedene Motivationssysteme, die uns angeboren sind und evolutionsbiologisch erklärt werden. So sind wir von Natur aus mit einer Leistungs-, einer Macht- und einer Bindungs- bzw. Anschlussmotivation ausgestattet. Sämtliches menschliches Handeln entstammt einer dieser drei Motivationsquellen und kann diesbezüglich verstanden und erklärt werden. Dabei ist zu berücksichtigen, dass jedes dieser drei Hauptmotive wiederum in mehrere Differenzierungen unterteilt werden kann.

Verbindung der Hauptmotive mit Kernkompetenzen

Ich verbinde die „Big Three" außerdem mit den drei grundsätzlichen Kompetenzen, die einen Menschen auszeichnen können. So ergibt sich ein Zusammenhang zwischen dem Leistungsmotiv und einer fachlichen Kompetenz, zwischen dem Bindungsmotiv und einer sozialen Kompetenz, zwischen dem Machtmotiv und einer persönlichen Kompetenz.

Diese drei Motivationssysteme mit ihren dazugehörenden Kompetenzen sollen nun eine Führungskraft auszeichnen. Es ist unbestritten, dass jemand, der andere führt, über eine „sozialisierte" Machtmotivation, eine positiv besetzte Bindungsmotivation sowie eine ausgeprägte Leistungsmotivation verfügen sollte. Im Gegensatz zu einigen Ansätzen glaube ich aber nicht, dass die Motivationssysteme unterschiedlich ausgeprägt sein sollten. Entsprechende bekannte Untersuchungen – etwa jene von David McClelland – aus den neunziger Jahren des vorigen Jahrhunderts beschreiben ein „Leadership"-Modell, in dessen Mittelpunkt der Manager der Nachkriegs- und Aufbaugeneration steht.

Motivationsbalance für Führungskräfte

Meine Überzeugung bezieht sich auf Beobachtungen aus verschiedenen Branchen und aus unterschiedlichen hierarchischen Ebenen, die ich in den letzten Jahren als Berater, Trainer und als Coach gemacht habe. Daher denke ich keineswegs, dass bei einer Führungskraft, egal in welcher hierarchischen Ebene, das Machtmotiv am stärksten, das Leistungsmotiv etwas weniger und das Bindungsmotiv schwach ausgeprägt sein sollte. Genau diese Konstellation, die Macht an die erste und Bindung an die letzte Stelle stellt, hat viele sogenannte Top-Manager vergessen lassen, dass sie nicht allmächtig sind und dass sie die Verantwortung für viele Menschen und deren Familien tragen. Diese Konstellation ist, was das persönliche Verhalten betrifft, der Hauptgrund dafür, dass sich so viele Führungskräfte nur für sich, ihre Vorteile und Boni interessieren.

Es ist höchste Zeit, grundsätzlich umzudenken und eine andere, grundlegende Bedingung zu formulieren. Diese besteht darin, die drei

Motivationssysteme samt ihren korrelierenden Kompetenzen in einer Balance zu halten. Nur wenn es gelingt, die drei verschiedenen Motivbereiche in etwa gleichermaßen zu „bedienen", ist es möglich, eine ausgeglichene Persönlichkeit mit einem stabilen und positiven Selbstwertgefühl zu sein. Das wiederum ist aus meiner Sicht eine unabdingbare Voraussetzung, um Menschen führen zu können. Wird nur eine Motivationsquelle bewusst oder unbewusst stärker bevorzugt bzw. forciert, gerät der Organismus in eine Disbalance. Zunächst versucht das menschliche System über homöostatische Regulierungen das Gleichgewicht wieder zu erlangen. Gelingt das nicht, gerät der Organismus immer mehr in Schieflage, bis das System schließlich kippt. Die möglichen, bedrohlichen Folgen habe ich bereits dargestellt.

Diese, meine neue These über die Verteilung der grundlegenden Motivationen bei Managern und Führungskräften wird in letzter Zeit durch Erkenntnisse der Neurobiologie zunehmend bekräftigt und bestätigt. So schreibt Joachim Bauer, Internist, Psychiater und Psychotherapeut an der Uniklinik Freiburg, in seinem beeindruckenden Buch „Prinzip Menschlichkeit", dass der tiefste biologische Antrieb des Menschen eben nicht in der Konkurrenz und im Kampf ums Überleben liegt. Der Mensch scheint vielmehr ein Wesen zu sein, das in der Hauptsache auf soziale Zuwendung und positive zwischenmenschliche Beziehungen aus ist.

Erkenntnisse der Neurobiologie

Diese Erkenntnis wurde durch die Entdeckung der Motivations- und Belohnungssysteme im Gehirn möglich. Durch seine enge Verbindung mit den Emotionszentren schüttet es den Botenstoff „Dopamin" aus. Dadurch wird der Körper in einen Zustand des Wohlbefindens und in Handlungsbereitschaft versetzt. „Dopamin" sorgt also dafür, dass sich der Mensch auf ein Ziel, das zuvor als interessant wahrgenommen wurde, zubewegt. Das Erstaunliche neuerer Forschungsergebnisse liegt aber in der Entdeckung dessen, was für das menschliche Motivationssystem im Gehirn lohnenswert ist. Joachim Bauer schreibt:

> *„Das Ergebnis verblüffte selbst die Fachwelt: Kern aller Motivation ist, zwischenmenschliche Anerkennung, Wertschätzung, Zuwendung oder Zuneigung zu finden und zu geben. Wir sind – aus neurobiologischer Sicht – auf soziale Resonanz und Kooperation konstruierte Wesen".*

Vor diesem Hintergrund ist gut nachvollziehbar, dass sich mangelnde soziale Kontakte, etwa durch Führungskräfte, die glauben, sich nicht um ihre Mitarbeiter kümmern zu müssen, negativ auf die Motivationssysteme im Gehirn auswirken. Bemerkenswert erscheint mir auch die Tatsache, dass Verlustereignisse sozialer Art als typische Auslöser von Depressionen und anderen psychischen Krisen gelten.

Diese Erkenntnisse der Neurobiologie gehen noch ein Stück weiter und sind auch für das „daily business" interessant. Damit stabile Beziehungen gelingen, braucht es neben Dopamin einen weiteren Botenstoff: Oxitozin wird u.a. dann ausgeschüttet, wenn stabile Beziehungen gelingen, die auf Vertrauen basieren. Oxitozin verursacht aber auch den umgekehrten Effekt. Es erhöht nämlich die Bereitschaft, sich vertrauensvoll zu verhalten. Dies wurde in einem Experiment an der ETH Zürich eindrucksvoll bestätigt.

Beispiel für den Einfluss der Botenstoffe im Gehirn

Einer Arbeitsgruppe um den Österreicher Otto Fehr, der 2008 den hochdotierten Marcel-Benoist-Preis erhielt, gelang der Nachweis, das Oxitozin die Bereitschaft, anderen zu vertrauen, erhöht. Fehr untersuchte in einem experimentellen Setting das Verhalten von Menschen, die sich entscheiden mussten, wie viel Geld sie einem Treuhänder anvertrauen wollten. *„Teilnehmer, denen zuvor Oxitozin verabreicht worden war, vertrauten ihrem Verhandlungspartner signifikant mehr Geld an."*

In Anbetracht dieser Erkenntnisse wird sehr deutlich, wie notwendig eine neue Orientierung bezüglich der Verteilung der „Big three" in Führung und Management ist. Eine neue Kultur und ein neues Verständnis können nur dann entstehen, wenn uns klar wird, dass es auch im „harten" Wirtschaftsleben eine Balance der Motivationssysteme braucht.

Veranschaulichung im Modell

Um den Teilnehmern meiner Veranstaltungen dieses Prinzip wirklich deutlich vor Augen zu führen, verwende ich als Hilfsmittel ein gleichseitiges Dreieck aus Holz. Jede Ecke entspricht einem Motivationssystem samt dazugehörigem Kompetenzbereich. Es balanciert auf einem Holzstab, der an seinem Fuß mit einer Platte verbunden ist, die Stabilität verleiht. Dieser längliche Teil trägt das Dreieck exakt am Schwerpunkt. Das etwas eigenartige Gebilde stellt in sich ein System dar. Es kann sowohl als ein individuelles System gesehen werden und die Persönlichkeit eines Menschen darstellen, als auch für ein Unternehmen mit vielen Mitarbeitern stehen. Die Säule aus Holz symbolisiert das Selbstwertgefühl, das ein wesentliches Element der Identität des Systems darstellt. Die Ausgangslage ist jeweils dieselbe. Solange das System in Balance ist, ergibt sich eine gewisse Stabilität und Sicherheit. Das Dreieck ruht in sich. Schaut man von oben auf das Gebilde, sieht man nur das Dreieck, nicht jedoch den Stab, auf dem es balanciert. Dies kann als Metapher verstanden werden. Auch im Umgang mit Menschen sieht man oft nur äußerliche Verhaltensweisen. Erst wenn man Personen besser kennt, kann man einschätzen, welche Beweggründe und Geschichten hinter deren Verhalten stehen und wie stabil sie tatsächlich sind.

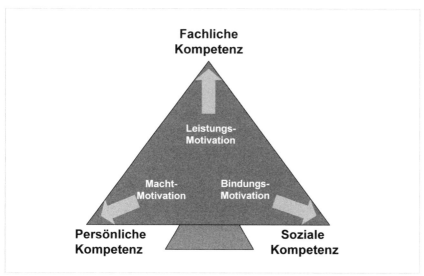

Abbildung 1

Kleinere Schräglagen erkennt man im Alltag kaum. Ähnlich stellt es sich bei Organisationen dar. Auf den ersten Blick mag ein Unternehmen erfolgreich und interessant aussehen. Erst wenn man die internen Abläufe, die Prozesse und die dahinter stehenden Werte genauer kennt, kann man diese Firma umfassend beurteilen. Für beide Fälle gilt, dass man sehr genau auf Emotionalitäten und Zwischentöne achten muss, um etwas Konkretes zu erfahren.

Selbstreflexion im Rahmen des Modells

Die Wirkung, die viele Menschen betroffen macht, erreicht mein Modell dann, wenn ich einzelne Teilnehmer auffordere zu erzählen, was sie in den letzten Wochen alles gemacht haben. Für jede Aktion wählt der Kandidat einen Holzklotz, der je nach Bedeutung der Handlung verschieden groß und unterschiedlich schwer ist. Sehr bedeutsame Handlungen werden durch größere und schwerere, weniger wichtige Aktionen durch kleinere und leichtere Holzklötze dargestellt. Ist diese Bewertung abgeschlossen, muss das Holzstück einem Motivationssystem zugeordnet werden. Dazu verwickle ich den Kandidaten in ein Gespräch und stelle viele Fragen, um das Motiv zu erkennen. Danach wird jedes einzelne Holzteilchen in die entsprechende Ecke gelegt. Solange in der Geschichte der betroffenen Person Handlungen aus allen drei Motivationssystemen und Kompetenzbereichen vorkommen, bleibt das Dreieck stabil und in Balance. Das funktioniert jedoch nur dann, wenn dahinter eine Sowohl-als-auch-Mentalität steckt. Handelt eine Person jedoch im Sinne einer Entweder-oder-Mentalität, dann überwiegt zwangsläufig ein Motivationssystem oder eine Kompetenz. In diesem Fall neigt sich das Dreieck bedenklich. Kommen noch weitere Holzstücke in die gleiche Ecke, dann kippt das System. Bei der betroffenen Person und bei den Zusehern löst diese Simulation tatsächlich öfters Staunen aus. Da ich die Person, die ihre Geschichte erzählt, zu Beginn des Versuches bitte, ihre aktuelle Befindlichkeit und ihren inneren Zustand auf einem Arbeitsblatt zu beschreiben, wird das Aha-Erlebnis zusätzlich verstärkt. Oft drücken die Stichworte genau das aus, was dann im Experiment zu sehen ist. Manche Menschen sind daraufhin ziemlich verblüfft. Freilich kann dieses Beispiel die Komplexität des Motivationsprozesses nicht darstellen. Es veranschaulicht aber in beeindruckender Weise, wozu eine Disbalance im System führt.

Dies schafft auch der Trickfilm „Balance" in beeindruckender Weise. Christoph und Wolfgang Lauenstein gewannen mit ihrem Beitrag 1990 den Academy Awards, den Oskar in der Kategorie „bester animierter Kurzfilm".

Der Trickfilm „Balance"

Er zeigt eine Gruppe, bestehend aus fünf Gestalten, die sich auf einer frei schwebenden, quadratischen Plattform befindet. Bewegen sich die einzelnen Personen, müssen sie darauf achten, im Gleichgewicht zu bleiben, da sich die Platte sonst neigt und sie hinunterstürzen. Als eine der Gestalten mit einer Angel eine Kiste auf die Plattform befördert, verändert sich das Szenario. Die Truhe befindet sich nämlich nicht in der Mitte der Plattform, also müssen die Figuren ihre Position verändern und dadurch verhindern, dass sie oder die Kiste ins Leere stürzen. Obwohl die Truhe schwer zu sein scheint, rutscht sie auf der Plattform hin und her, je nach dem ob und wohin sich jemand aus der Gruppe bewegt. Die Kiste strahlt eine große Anziehungskraft auf die einzelnen Mitglieder der Gruppe aus. Jeder möchte sie besitzen. Zu Beginn gleichen jeweils die anderen die Disbalance aus, die dadurch entsteht, wenn sich eine Figur der Kiste nähert. Jede der Gestalten kommt so in Kontakt mit der Kiste. Die Stimmung in der Gruppe verändert sich. Feindseligkeit und Aggressivität steigen, es kommt zu ersten Handgreiflichkeiten. Die Plattform droht öfters zu kippen. Plötzlich entsteht ein Gerangel um die Truhe und nach und nach fallen drei Mitglieder der Gruppe ins Leere. Eine vierte Gestalt kann sich gerade noch mit den Fingern an der Kante der Plattform festhalten, ehe sie vom fünften Mitglied mit den Füßen ins Bodenlose gestürzt wird. Das Problem für die Gestalt, die sich nun alleine auf der Plattform befindet: Die Truhe ist am anderen Ende und hält das Quadrat dadurch in Balance. Möchte die letzte Gestalt nicht riskieren, ebenfalls ins Leere zu stürzen, ist sie an ihre Position gebunden und kann niemals an die Truhe herankommen. Mit dieser Einstellung endet nach sieben Minuten dieser außergewöhnliche Film.

Dieser Kurzfilm, der im Haus der Geschichte in Bonn in einer Endlosschleife läuft, ist eine Parabel: Das kooperative Verhalten der einzelnen Figuren, das zu Beginn für eine Balance auf der Plattform sorgt, wird durch das Auftauchen der Truhe verändert. Nach und nach schlägt das Verhalten in Egoismus um, die Bindungsmotivation wird zusehends unwichtiger. Indem jeder einzelne die Truhe für sich besitzen will, dominieren Macht- und Leistungsmotive. Die Gruppe hätte durchaus eine Lösung finden können, indem sie die Truhe in der Mitte der Plattform positioniert und so Zugang für jeden aus dem Quintett hergestellt hätte. Der Film zeigt eindrucksvoll, wie wichtig in Gruppen Zusammenarbeit und das Teilen von Erfolg ist.

• Motivation in Richtung Leistung

Viele Teilnehmer in meinen Seminaren sind ziemlich erstaunt, wenn sie erfahren, dass neben einer Leistungsmotivation noch zwei weitere Motivationssysteme existieren und unser Handeln bewegen. Auch diesbezüglich ist das Denken vieler Menschen auf die Dimension Leistung fokussiert. Daran ist die Forschung nicht ganz unbeteiligt, stand doch das Leistungsmotiv lange Zeit im Mittelpunkt des wissenschaftlichen Interesses.

Wie sieht leistungsmotiviertes Verhalten aus?

Das Verhalten eines Menschen tendiert dann in Richtung Leistung, wenn er das, was er tut, immer besser machen möchte. Die Leistungsmotivation beschreibt die Auseinandersetzung mit dem „Es" (3) und ist in der Hauptsache in der Sachebene angesiedelt. Dafür werden konkrete Ziele benötigt, die – je nach individuellem Anspruchsniveau – immer wieder korrigiert und verändert werden. Dahinter steht die intensive Beschäftigung mit einem „standard of excellence", die den Handelnden antreibt, sich zu steigern, mit dem erreichten Ziel nicht zufrieden zu sein und seine Kompetenzen weiter zu entwickeln. Dabei ist der thematische Bereich, auf den sich die Aktivitäten konzentrieren, sehr weit gefasst. Ein Mitarbeiter kann versuchen, seine Tätigkeit schneller zu erledigen als beim letzten Mal. Ein Verkäufer kann das Ziel verfolgen, mehr Abschlüsse zu fixieren als im letzten Monat. Ein

Fußballspieler kann versuchen, mehr Tore zu schießen als in der letzten Saison. In allen drei Beispielen steht die Bewältigung einer schwierigen Aufgabe bzw. das Lösen einer herausfordernden Aufgabe im Vordergrund. Es geht darum, etwas besser oder schneller zu schaffen und so die eigene Kompetenz zu erweitern. So erklärt der leistungsmotivierte Topverkäufer sein Verhalten dadurch, indem er sein Ziel reflektiert und sagt, dass er in diesem Monat mehr Abschlüsse erzielt habe als alle anderen Kollegen. Von leistungsmotiviertem Verhalten kann jedoch nur dann gesprochen werden, wenn die agierende Person das Ziel aus eigenem Antrieb verfolgt und für das Ergebnis selbst verantwortlich gemacht werden kann. Der Hauptgewinn im Spielcasino stellt keine leistungsmotivierte Handlung dar. Dieser kann zwar aus eigenem Antrieb verfolgt, jedoch nicht selbstverantwortlich herbeigeführt werden.

In leistungsmotivierten Handlungen spielen andere Personen neben dem Akteur nur eine untergeordnete Rolle und sind nicht zwingend notwendig. Die Auseinandersetzung erfolgt in der Hauptsache auf einer sachlichen Ebene mit konkreten Aufgaben und Inhalten.

Treibende Kräfte im Hintergrund

Das Bedürfnis nach Leistung und Erfolg kann durch drei verschiedene Hintergründe unterstützt werden. Zum einen kann es auf der Suche nach Selbstbestätigung von einem stabilen, positiven Selbstwertgefühl initiiert sein. Aber auch von der Angst, bei Minderleistungen und Misserfolgen im Selbstwertgefühl abzusinken. Die dritte Möglichkeit besteht in der Tatsache, dass viele Menschen ganz einfach Spaß empfinden, wenn sie sich an einer Herausforderung messen und ihre Kompetenzen entwickeln können. Im Alltag verbinden sich diese drei Faktoren wahrscheinlich zu einer treibenden Kraft für leistungsmotiviertes Handeln. Emotional ist die Leistungsmotivation im Falle der Zielerreichung eng mit den Gefühlen von Stolz und Zufriedenheit verbunden. Im Falle eines Misserfolgs herrschen Scham und Unzufriedenheit vor.

Damit optimale Anreize für das Leistungsmotiv vorherrschen, müssen die gestellten Aufgaben drei Kriterien erfüllen: Zum Ersten müssen die

Tätigkeiten als Herausforderungen empfunden werden. Das ist dann der Fall, wenn sie in einem subjektiv empfundenen mittleren Schwierigkeitsgrad oder knapp darüber liegen. Zum Zweiten müssen Erfolg oder Misserfolg in höchstem Maße davon abhängen, wie kompetent die handelnde Person ist und wie sehr sie sich anstrengt. Der Akteur muss die Erreichbarkeit des Ergebnisses kontrollieren können. Zum Dritten muss die Bearbeitung einer Aufgabe von einem Feedbackprozess begleitet werden. Dieser kann von den Fortschritten berichten, aber auch zeigen, dass die handelnde Person noch unter ihren Möglichkeiten liegt.

Unterstützt wird die Entwicklung des Leistungsmotivs im Baby- und Kleinkindalter offensichtlich durch Faktoren wie eine frühe Unabhängigkeit und Selbstständigkeit, die Betonung und Förderung von Neugier und durch die entscheidenden Erfahrungen, Aktivitäten sowie deren Ergebnisse auf die eigene Person zu beziehen (4). Ausreichende Referenzerfahrungen der „Selbstwirksamkeit" sind aktuellen Studien zufolge die Voraussetzung für die Bildung des Leistungsmotivs.

> **Beispiel für eine schrittweise Selbstausbeutung zu Gunsten der Leistung**
>
> Vor ein paar Jahren nahm ein deutscher Manager Kontakt mit mir auf und interessierte sich für ein Coaching. Dieser Mann, der in der IT-Branche tätig war, ist mir deshalb so gut in Erinnerung, weil er dem Prototyp des Leistungsmotivierten entsprach. Die Antwort auf die Frage nach dem Grund für das Coaching habe ich noch im Ohr. Der Manager berichtete, dass er immer schwerer *„in die Gänge"* kommen würde und sich zusehends *„leer"* fühle. Auch seine weiteren Erklärungen im ersten Gespräch, in dem wir seine Motive und Erwartungen sowie Zielsetzungen und einige grundsätzliche Regeln für die Begleitung erarbeitet hatten, deuteten darauf hin, dass der Mann am Rande einer Erschöpfungsdepression stand. Er bezeichnete sich selbst als *„Workaholic"* und beschrieb, wie sehr die Arbeit ihn gefangen nahm. Bereits in diesem ersten Gespräch fiel mir auf, wie hoch die Ziele und Erwartungen waren, die der Mann formulierte. Im Laufe der Zeit erfuhr ich, dass seine Messlatte weit über dem Durchschnitt lag. Es war für ihn selbstverständlich, wesentlich bessere Ergebnisse zu liefern als Kollegen.

Ebenfalls sehr deutlich zu beobachten war, wie systematisch und strukturiert er vorging. Sowohl in der Art und Weise, wie er mit mir sprach, als auch wie er seine Aufgaben vorbereitete und erledigte. Auf unsere Meetings bereitete er sich stets sehr gewissenhaft vor und erfüllte seine Hausaufgaben in höchstem Maße. Schon nach kurzer Zeit wurde eines seiner Hauptmotive gut sichtbar, nämlich alleine und selbstverantwortlich arbeiten zu können. Er bevorzugte und suchte Situationen, in denen er alleine werken konnte. Die Aufgabe, das Thema sowie mögliche Lösungen standen stets im Mittelpunkt. Der Wunsch nach Professionalität war allgegenwärtig. In den Gesprächen, in denen es darum ging, wichtige Entscheidungen für die Zukunft zu treffen, sah ich, dass er diese nach klaren rationalen Grundlagen wählte. Immer wieder erzählte er mir, dass es ihm hauptsächlich um *„Qualität"* und *„Effizienzsteigerung"* in seinem Verantwortungsbereich ginge.

Obwohl wir uns nach einiger Zeit bereits gut kannten, wirkte der Manager unnahbar und eher kühl auf mich. Wenn es um die Besprechung seiner Gefühlswelt ging, ließ er mich nur sehr schwer an sich heran. Er erzählte immer wieder, *dass er zu seinen Mitarbeitern keine besondere Nähe aufbaute und dies auch nicht wollte.* An Harmonie war er ebenso wenig interessiert, weil dies seiner Meinung nach den Leistungsaspekt störe. Daher fehlte er meistens, wenn in seiner Abteilung gefeiert wurde. Die Teilnahme an Pflichtveranstaltungen wie an der jährlichen Weihnachtsfeier kostete ihn seinen Angaben nach einige Überwindung. Er nahm teil, weil dadurch der *„Leistungswille"* seiner Mitarbeiter gesteigert werde.

In einem unserer Coachings stellte ich ihm die Aufgabe, sich Feedback von seinen Mitarbeitern einzuholen. Er sollte herausfinden, wie er von ihnen gesehen wurde. Diese Aufgabe beschäftigte den Manager sehr. Immer wieder besprachen wir, aus welchen Gründen es für ihn wichtig sei, diese Fremdsichten zu kennen. Als er soweit war, ging er voller Tatendrang an die Arbeit. Er formulierte einen Fragenkatalog, den er jedem seiner 12 Mitarbeiter, die ebenfalls Führungskräfte waren, in einem Bogen überreichte. Beiläufig fragte ich ihn, mit welcher Rücklaufquote er rechne. *„100%"* antwortete er wie aus der Pistole geschossen. Er konnte nicht verstehen, warum ich diese Frage überhaupt gestellt hatte. Die Auswertung präsentierte er mir in einer Excel-Tabelle mit seinem Laptop. Perfekt aufbereitet. Seine unmittelbaren Mitarbeiter sahen ihn als äußerst korrekten, sehr

> sachlichen und wettbewerbsorientierten Vorgesetzten, der stets das Ziel der Abteilung vor Augen hatte. Sie bewunderten seine Fähigkeiten und seinen Einsatz sowie seine Selbstdisziplin und fragten sich, wann er entspanne. Sie gaben ihm das Feedback, manchmal zu übertriebenem Ehrgeiz zu neigen. Einige seiner unmittelbaren Mitarbeiter warfen ihm vor, nach dem Motto „der Zweck heiligt die Mittel" zu handeln. Den Umgang mit ihm beschrieben sie übereinstimmend als sehr distanziert und eher kühl. Durch die vielen offenen und ehrlich gemeinten Feedbacks und durch das regelmäßige Coaching erkannte der Mann, dass er etwas mehr Wert auf Ausgeglichenheit legen und „Soft facts" stärker berücksichtigen sollte. Durch unsere Arbeit sah der Manager ein, dass er sich selbst lange Zeit ausgebeutet hatte.

Der Neurowissenschaftler Ernst Pöppel meint, dass unser Gehirn offensichtlich über keine „Bremse" verfügt, die uns zeigt, wann wir genug gearbeitet haben. Für geistige Arbeiten scheint es das Gefühl der Sättigung beim „Leistungstypen" nicht zu geben. Monate später erkundigte ich mich über die Fortschritte und erfuhr, dass es tatsächlich gelungen war, mehr Augenmerk auf Aspekte der Bindungs- und der Machtmotivation zu legen. Der deutsche Manager berichtete, dass er wesentlich besseren Kontakt mit seinen Mitarbeitern habe und es ihm deutlich besser gehe. Dieser Mann erkannte gerade noch rechtzeitig die Gefahr, die Balance zwischen den Motivationssystemen endgültig zu verlieren, sollte er sich weiterhin nur auf den Leistungsbereich konzentrieren. Hätte er nicht gegengesteuert, der „Sisyphos-Effekt" hätte voll zugeschlagen. Diesen Begriff habe ich geprägt, um eine massive Disbalance zu Gunsten der Leistungsmotivation zu beschreiben.

• Erste Disbalance: Ein Zuviel in Richtung Leistung bewirkt den „Sisyphos-Effekt"

Zu dieser Art von Disbalance kommt es, wenn Menschen übersehen, dass die Mehrzahl ihrer Handlungen in der Hauptsache durch einen extremen Leistungsanspruch motiviert ist und keinerlei Raum mehr für Bedürfnisse aus den beiden anderen Systemen zur Verfügung steht. Hier kann durchaus von einer Fixierung auf Sachanliegen gesprochen werden. Es entsteht das Problem, dass mit zunehmender Leistungsorientierung die fachliche Kompetenz vermindert wird. Dabei ergibt sich ab einer gewissen Motivstärke eine paradoxe Situation:

> **1. Paradoxie**
>
> Je stärker sich jemand auf den Leistungsaspekt stützt, desto inkompetenter wird er in seinem Fach.

Am Höhepunkt des „Sisyphos-Effekts" (5) ist man fachlich inkompetent.

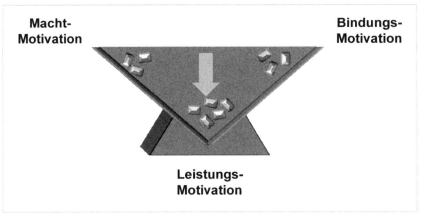

Abbildung 2

Für die Betroffenen selbst ist es schwierig, diese Unausgeglichenheit wahrzunehmen. Auf die Bedeutung der impliziten Motive und auf die damit verbundene Schwierigkeit, sie als Betroffener zu identifizieren, habe ich bereits hingewiesen. So wird dieser ungünstige Zustand einer einseitigen Ausrichtung oftmals durch allerlei Rationalisierungen erklärt und verteidigt.

Erinnern Sie sich an das Statement von Susanne Hernsberger, der Sprecherin von T-Mobile. Sie verkündete nicht nur, dass viele Mitarbeiter von zu Hause aus in ihrer Freizeit dienstliche Aufträge erledigen würden, sondern es entstand der Eindruck, die Konzernsprecherin sei darauf stolz.

Man liest und hört kaum ein kritisches Wort, dass diese Vermischung von Arbeit und Freizeit gefährlich ist und krank machen kann. So wird lange an diesem Verhalten festgehalten, der Gewöhnungseffekt tritt unbemerkt ein. Danach kann man als Betroffener durchaus eine beinahe euphorische Phase verspüren. Die auf Hochbetrieb laufende Hormonproduktion macht es möglich, ein enorm hohes Arbeitspensum zu bewältigen. Man staunt vielleicht selbst, wozu man in der Lage ist. Das Problem liegt darin, dass sich die Situation jedoch nicht ändert. Je länger dieser Zustand anhält, desto weniger Motive aus den beiden anderen „Motivationsquellen" werden befriedigt.

Es dauert eine Weile, dann wird nur noch im Leistungssystem gelebt, es zählen nur noch Aspekte der fachlichen Kompetenz. Irgendwann verspüren die Betroffenen erste Anzeichen des „Sisyphos-Effekts". Aber erst wenn die Symptome unübersehbar sind, die Betroffenen nicht mehr weiter wissen oder können, wird von manchen professionelle Hilfe in Anspruch genommen. Interessant ist dabei, dass die beobachtende Umwelt, z.B. Familienmitglieder und Freunde, Anzeichen des Effekts schnell erkennen. Sie werden in diesen „Strudel" hinein gezogen. Menschen, die im sozialen Umfeld der Betroffenen leben, leiden ebenfalls unter dieser Beeinträchtigung.

Mit dem „Sisyphos-Effekt" beschreibe ich das Zusammenwirken von drei verschiedenen Verhaltensweisen, die jede für sich genommen kritisch zu betrachten ist und eine erhöhte psychische Belastung darstellt. In Verbindung ergeben sie eine explosive Mixtur, die eine hohe Wahrscheinlichkeit in sich trägt, psychisch krank zu machen. Dabei handelt es sich um Perfektionismus, Arbeitssucht und Erholungsunfähigkeit.

Den Namen dieses Effekts leite ich von einer bekannten Figur aus der griechischen Mythologie ab:

Sisyphos – der unglücklich Held der griechischen Mythologie

Er ist vielen deshalb bekannt, weil er den mächtigsten und ersten Gott, Zeus, verraten hat. Sisyphos informierte nämlich den Flussgott Asopos darüber, dass seine Tochter von Zeus entführt wurde. Erzürnt über diesen Verrat beschloss Zeus, Sisyphos zu bestrafen. Thanatos, der Todesgott, sollte sich den Verräter holen. Dieser überlistete den Tod jedoch und nahm ihn gefangen, so dass der Todesgott seiner Arbeit nicht mehr nachgehen konnte. Erst als der Kriegsgott Ares eingriff, weil am Schlachtfeld niemand mehr starb, wurde Sisyphos in die Unterwelt verbannt. Mit einem Trick gelang es ihm aber wiederum zu entkommen. Diesmal überlistete er Hades, den Gott der Unterwelt. Erst als Thanatos den Listigen mit Gewalt ins Totenreich verschleppte, musste dieser seine Strafe antreten. Zeus hatte sich eine ganz besondere Strafe ausgedacht. Sisyphos muss einen großen, schweren Stein einen steilen Hang hinauf rollen. Diese Aufgabe verlangt dem Bestraften alles ab. Nur unter Aufbietung all seiner Kräfte kann ihm das gelingen. Erlösung sollte Sisyphos erst dann erfahren, wenn er den Stein am Gipfel des Berges positioniert hat. Die Götter hatten es aber so eingerichtet, dass der schwere Stein Sisyphos just dann aus den Händen gleitet, kurz bevor er den Gipfel erreicht. Das wiederholt sich bei jedem neuen Versuch. Wieder, und immer wieder. So ist der Verräter vor eine Aufgabe gestellt, die er niemals erfolgreich bewältigen kann. Er schuftet und schuftet und hat keine Chance, die Aufgabe so zu erfüllen, dass sie als gelöst betrachtet werden kann.

Auswirkungen des Sisyphos-Effektes

Ähnlich stellt sich die Situation für Menschen dar, die vom „Sisyhos-Effekt" betroffen sind. Trotz unglaublicher Anstrengungen erscheinen die Arbeitsergebnisse nie gut genug. Es könnte immer noch ein wenig besser sein. So muss der Einsatz sukzessive erhöht werden und der Betroffene arbeitet noch härter und noch länger. Und wieder empfindet er keine Erfüllung, denn die Leistung könnte mit Sicherheit noch ein kleines Stück besser sein. Der Gipfel ist, so ist er selbst überzeugt, noch immer nicht erreicht. Die Fähigkeit zu entspannen, geht vollends verloren. Es entsteht ein Kreislauf, der die handelnde Person gefangen nimmt. Einer der verantwortlichen Antreiber dafür heißt Perfektionismus. Dahinter steckt einerseits das unaufhörliche Streben, alles richtig, eben perfekt, zu machen; andererseits die sehr große Sorge, einen Fehler zu machen. Dieser hohe Anspruch, der nicht realisierbar ist, stellt sowohl für einen selbst, als auch für die Menschen, die einen Perfektionisten umgeben, eine große Belastung dar. Keine Leistung kann gut genug sein, egal, wer sie erbringt. Es wird permanent nachgedacht und gegrübelt, so dass diese Menschen unter Dauerstress stehen. Für den Perfektionisten stellt sich das Gefühl der Zufriedenheit nicht ein. Da er stets ohne Fehl und Tadel sein will, scheitert er immer wieder.

Leidet jemand unter dem „Sisyphos-Effekt", kann man das auch daran erkennen, dass er sehr rechthaberisch ist und Kritik eher subtil äußert. Dadurch ist er unbeliebt und hat häufig Probleme im Umgang mit anderen.

Der „Sisyphos-Effekt" hat zudem eine tragische Komponente. Obwohl die darunter leidenden Menschen beinahe Tag und Nacht arbeiten, erhalten sie dafür kaum Belohnungen. Sie belohnen sich selbst nicht, weil jedes Projekt und jede einzelne Tätigkeit noch ein wenig besser durchgeführt werden könnten. Von ihrer Umgebung erhalten sie ebenfalls keine dauerhaften Bestätigungen. Im Gegenteil, agiert jemand unter dem „Sisyphos-Effekt", geht er seiner Umwelt eher auf die Nerven. Außerdem läuft er Gefahr, ausgenutzt zu werden. Es kann sehr bequem sein, wenn jemand da ist, der alles abarbeitet, Fehler ausbessert, Fristen einhält und sich für alles zuständig und verantwortlich fühlt.

Dahinter steckt der nächste Antreiber. Leidet jemand unter diesem Effekt, gelingt es ihm nicht mehr, sich zu entspannen. Die Spannung wird permanent aufrechterhalten. Die Fähigkeit, den „Strom" abzustellen, loszulassen und eine Tätigkeit zu delegieren, ist nicht mehr abrufbar. Man ist unfähig sich zu erholen und folgt Überzeugungen wie „vor den Erfolg haben die Götter den Schweiß gesetzt" oder „Müh Dich ab bis zum Letzten". Die Betroffenen arbeiten aus eigenem Antrieb buchstäblich „bis zum Umfallen". Wird nicht gearbeitet, treten richtige Entzugserscheinungen auf. Körperliche Symptome sind häufig die Folge. Hand in Hand mit diesem Antreiber geht die bereits kurz beschriebene Arbeitssucht. Sichtbar wird diese durch überlange Arbeits- bzw. Anwesenheitszeiten, permanente Erreichbarkeit sowie durch den Drang, sich überall einzumischen.

Der „Sisyphos-Typus" in der Organisation

Menschen, die unter dem „Sisyphos-Effekt" leiden, scheinen auf den ersten Blick für eine Organisation sogar hilfreich. Sieht man jedoch etwas genauer hin, dann erkennt man die Gefahr dahinter. Hat der Effekt erst einmal voll zugeschlagen, dann beeinflusst er die Erfüllung der verschiedenen Aufgaben negativ. Die Betroffenen halten sich an keine Absprachen und Kompetenzverteilungen. Sie mischen sich in alle mögliche Prozesse ein und sind überzeugt, alles besser machen zu können. Die Kommunikation in einem Unternehmen wird durch den „Sisyphos-Effekt" stark in Mitleidenschaft gezogen. Die Betroffenen suchen immer weniger Kontakt mit Kollegen, ziehen sich zurück und werden mit der Zeit unfähig zu kommunizieren. Letztlich wird auch die Leistungsfähigkeit negativ beeinflusst. Es kann davon ausgegangen werden, dass Menschen, die längere Zeit unter dem Einfluss des „Sisyphos-Effekts" stehen, im Laufe der Zeit sowohl physische wie auch psychische Auffälligkeiten zeigen. Das wiederum hat vermehrte Fehlzeiten zur Folge. Nicht selten drohen längere krankheitsbedingte Abwesenheiten. In extremen Fällen kann Arbeitsunfähigkeit am Ende dieses Prozesses stehen.

Der „Sisyphos-Typus" kann zusammenfassend als extremer Pedant beschrieben werden, der lange im Voraus detailverliebte Pläne erstellt, die im Prinzip als unveränderbar gelten. Er führt ständig übergenaue Kontrollen durch bzw. ordnet diese an. Überdies vernachlässigt er zwischenmenschliche Aspekte. Ist der Betroffene in der Funktion einer Führungskraft, kann er großen Schaden anrichten. Starr- und eigensinnig erwartet er, dass sich seine Mitarbeiter seinen Verhaltensweisen unterordnen. Er überfordert permanent und gibt kaum Handlungsspielräume. Dadurch werden seine Mitarbeiter psychisch immer stärker belastet. Mit der Zeit sinkt die Qualität der Arbeit. Auf Kritik reagieren diese Führungskräfte sehr scharf. Den Kritisierenden wird unterstellt, nicht gut genug, nicht genau genug zu agieren und einen zu geringen Anspruch zu erheben. Dass die eigenen Erwartungen völlig überzogen sind, kann in diesem Kontext nicht realisiert werden. Mit der Zeit verlieren diese Manager den Überblick über die gesamte Situation, was sie natürlich nicht zugeben können. Möglicherweise handeln die vom „Sisyhpos-Effekt" betroffenen Führungskräfte auf Grund einer zwanghaften Persönlichkeitsstörung. Das würde erklären, warum sie nicht rechtzeitig erkennen können, wenn sie Menschen und manchmal ganze Unternehmen kaputt machen.

- **Motivation in Richtung Bindung und Anschluss**

Das Bedürfnis nach Bindung und Anschluss ist in der Evolution schon sehr früh entstanden. Als Menschen noch als Jäger und Sammler gelebt haben, reichte eine einzelne Bezugsperson für die Betreuung von Säuglingen und Kleinkindern in der Regel nicht aus. Es musste unter anderem die Nahrung sichergestellt, es mussten Schutz und Hygiene gewährleistet sein und Geborgenheit und Sicherheit vermittelt werden. Obwohl auch im damaligen System der Mutter eine besondere Rolle zukam, mussten Vater, Geschwister und andere Verwandte helfen, um die Betreuung und Pflege der Nachkommen tatsächlich sicherzustellen. Die Großfamilie war die ideale Konstellation, um den Kleinen Wärme und Zusammenhalt zu vermitteln und die Chance auf eine günstige Entwicklung zu erhöhen.

Heute kommen Menschen sowohl im privaten Umfeld in der Freizeit, als auch während der Arbeit mit anderen Menschen in Kontakt. Das lässt sich kaum vermeiden. Es ist bekannt, dass wir nicht Nicht-Kommunizieren können. Zwangsläufig treten wir in Kontakt mit anderen, beim Einkaufen im Supermarkt, auf dem Weg zur Arbeit in der U-Bahn, im Wartezimmer beim Zahnarzt oder bei der Familienfeier anlässlich des 75. Geburtstages einer Tante. Die entscheidende Frage ist, welcher Beweggrund jeweils dahinter steht, um die Nähe von anderen Personen zu suchen. Warum begibt sich also eine Person in die Gesellschaft von anderen?

Das Gefühl und das Wissen, einer sozialen Gruppe anzugehören, ist für eine stabile und positive Identität ebenso wichtig wie ein gewisses Maß an Selbstbestimmung. Das zweite uns angeborene Motivationssystem geht aber über dieses grundsätzliche Bedürfnis hinaus. Es richtet seinen Fokus darauf, zu anderen Menschen eine Art von Kontakt aufzunehmen, der von persönlichen, besonderen Themen geprägt ist und verlässlich wahrgenommen werden kann. Hinter diesem großen Wunsch des Beziehungsaufbaus und der -pflege steht auch die Angst, von anderen Menschen verlassen zu werden und einsam zu sein. Bindungsmotivierte Menschen sind nicht gut darin, alleine zu sein. Weder in ihrer Freizeit noch in ihrem Berufsleben. Alleinsein will das Bindungs- oder Anschlussmotiv verhindern.

Das Kriterium ist also nicht, dass jemand sich bevorzugt in Gruppen aufhält, sondern warum es jemand tut. Wenn sich also jemand ein Fußballspiel im ausverkauften Stadion gemeinsam mit fünfzigtausend anderen Menschen ansieht, ist das noch kein Indiz für bindungsmotiviertes Verhalten. Ebenso wenig wie die Tatsache, in der Firma in einer Gruppe mit anderen zusammenzuarbeiten. Möglicherweise gibt es die Alternative, alleine zu arbeiten, gar nicht. Erst der Wunsch, im Stadion mit den anderen Fans in Kontakt zu kommen, sich mit ihnen auszutauschen, mit ihnen zu jubeln und mit ihnen zu leiden, entspricht einer bindungsmotivierten Tendenz. Erst das Bemühen, Kontakt mit den Kollegen herzustellen, von ihnen etwas mehr zu erfahren und von sich selbst etwas zu erzählen, macht eine Handlung bindungsmotiviert. Menschen, die unter diesem Antrieb stehen, versuchen, soziale Interaktionen so zu gestalten, dass eine beiderseitige Bedürfnisbefriedigung möglich ist. Gegenseitige Bereicherung und Gleichberechtigung sind Werte mit sehr starker Wirkung, die von diesen Menschen überaus ernst genommen werden. Diese Überzeugungen besitzen Priorität und sind sehr deutliche Orientierungshilfen für das Verhalten. In diesem zweiten Motivationssystem spielen andere Personen, im Gegensatz zur Leistungsmotivation, also eine sehr bedeutsame Rolle. Ist das Leistungsmotiv verbunden mit der fachlichen Kompetenz eindeutig der Sachebene zuzuordnen, so beschreibt das Bindungsmotiv, verbunden mit der sozialen Kompetenz, Aspekte der Beziehungsebene.

Das Bindungsmotiv kann nur dann erfüllend befriedigt werden, wenn jemand die Chance hat, sich anderen Menschen anzuschließen.

Der „Bindungstypus"

Das Bindungs- bzw. Anschlussmotiv entwickelt sich besonders dann, wenn Kinder in Familien aufwachsen, in denen Bindungen weniger selbstverständlich sind und ein eher distanzierter Umgang vorherrscht. Davon unberührt bleibt, wie eng sich der Kontakt zur Mutter darstellt. Der Begründer der Bindungstheorie, der englische Kinderpsychiater John Bowlby, geht davon aus, dass Kinder einen *„evolutionär angeborenen Erwartungswert an Bindung"* besitzen, der sich nicht nur an die Mutter, sondern auf die gesamte Familie richtet, also den Vater, mögliche Geschwister oder auch Großeltern einbindet. Kinder sehnen sich grundsätzlich nach Wärme, Geborgenheit und Zusammenhalt. Wird dieses Bedürfnis nicht in der Familie befriedigt, suchen Kinder andere Möglichkeiten, die sie in der Regel auch finden.

Das Motiv nach Bindung und Anschluss ist eng mit Gefühlen wie Sicherheit und Vertrauen, Sympathie und Freude verbunden.

Menschen mit einer hohen Bindungsmotivation können zusammenfassend folgendermaßen beschrieben werden. Sie entwickeln sehr rasch Sympathien für Personen, die ihnen ähnlich sind, empfinden jedoch großes Unbehagen oder Abneigung bei Menschen, die ganz anders sind. Bindungstypen kommunizieren viel und gerne. Vorausgesetzt, die Menschen sind ihnen sympathisch. In der gewohnten sozialen Umgebung, die Sicherheit vermittelt, sind diese Menschen entspannt und locker, in ungewohnter Umgebung aber eher zurückhaltend. Auch im Berufsleben trennen Bindungstypen sehr genau in sympathische oder unsympathische Personen. Daraus ergibt sich, dass die einen bevorzugt, die anderen „links liegen gelassen" werden. Bindungsmotivierte Führungskräfte sind sozial kompetent, haben dabei aber mit einem gehörigen Nachteil zu kämpfen. Sie bevorzugen sympathische Mitarbeiter deutlich. Dies geschieht in der Regel unbewusst, ebenso wie die Benachteiligung von ihnen weniger sympathischen Mitarbeitern. Brauchen solche Manager Rat und Hilfe, holen sie diese nicht bei Experten ein, sondern eher bei Freunden. Diese sind manchmal nicht dazu berufen, eine Expertise zu erstellen. Die Entscheidungen, die diese Manager oft treffen, sind dementsprechend ungünstig, manchmal schlichtweg falsch.

Welchen enormen Stellenwert die Bindungsmotivation in einem sozialen Gefüge haben kann, möchte ich anhand einer Geschichte verdeutlichen, die ich in Malcolm Gladwells Bestseller „Überflieger" gefunden habe. Diese einfache Abhandlung hat mich lange beschäftigt. Ich verwende diese Geschichte in meinen Seminaren und erhalte überwiegend positive Resonanz. Es ist die faszinierende Geschichte von Roseto, wo die Menschen nicht an Herzinfarkten, sondern einfach an Altersschwäche starben.

• Die faszinierende Geschichte von Roseto

In der italienischen Provinz Foggia, ungefähr 200 Kilometer südöstlich der Hauptstadt Rom, liegt das idyllische Dorf Roseto Valfortore. Gegen Ende des 19. Jahrhunderts erreichte die Nachricht von den schier unbegrenzten Möglichkeiten jenseits des Atlantiks auch das kleine Dorf in den Ausläufern der Apenninen. Einige Einwohner folgten dem Ruf und gingen nach Amerika. Dabei ging aber nicht jeder einzeln seiner Wege, sondern es fand sich eine Gruppe, die gemeinsam in die neue Welt aufbrach. Die ausgewanderten Bürger von Roseto kauften in Pennsylvania einen Hügel und bauten ein neues Dorf auf. Sie nannten es Roseto. Im Jahre 1896 erhielt die neue Dorfgemeinschaft ihren eigenen Pfarrer zugeteilt. Der junge, engagierte Pfarrer Pasquale de Nisco übernahm die Kirchengemeinde. Er gründete mehrere katholische Vereine und organisierte regelmäßig Gemeindefeste, die großen Anklang fanden. Obwohl dieses Roseto in Amerika lag, hatten die wenigen auswärtigen Besucher den Eindruck, sich in einem italienischen Dorf zu befinden. Ging man in den ersten Jahrzehnten des 20. Jahrhunderts die Hauptstraße von Roseto/Pennsylvania entlang, hörte man nur Italienisch. Genauer gesagt den Dialekt, der ausschließlich in der Gegend um Foggia gesprochen wurde. Das neue Roseto bildete eine eigene kleine Welt und existierte in weitgehender Abgeschiedenheit vom Rest der amerikanischen Gesellschaft.

Wäre nicht Stewart Wolf eines Tages in die Gegend des kleinen italienischen Dorfes gekommen, hätte sich das wahrscheinlich lange Zeit auch nicht geändert. Wolf war Mediziner, Wissenschaftler und lehrte an der University of Oklahoma. Nach einem Vortrag, den er in der Nähe von Roseto gehalten hatte, lud ihn der dort ansässige praktische Arzt zu einem Abendessen ein. Die beiden unterhielten sich vortrefflich. Das dominierende Thema war selbstverständlich die Medizin. Der ortsansässige Arzt erzählte Stewart Wolf, dass er seit mehr als 17 Jahren hier praktiziere. Die Patienten kämen aus der gesamten Region. Dann erwähnte der praktische Arzt, beinahe in einem Nebensatz, etwas, was Steward Wolf aufhorchen ließ. *„In Roseto habe ich kaum jemanden unter 65 Jahren mit einer Herzerkrankung."* Wolf war dermaßen überrascht, dass er dies zunächst nicht glauben konnte.

Dieses Abendessen fand in den frühen fünfziger Jahren des zwanzigsten Jahrhunderts statt. Cholesterinsenkende Mittel und Vorbeugungsmaßnahmen gegen Herzerkrankungen waren weit und breit noch nicht in Sicht. Im Gegenteil, Herzinfarkte waren eine Volkskrankheit und die häufigste Todesursache für Männer unter 65 Jahren. Für einen Arzt war es damals nahezu unmöglich, nicht mit Herzkrankheiten zu tun zu haben. Stewart Wolf stellte eine Unmenge an Fragen und war dermaßen fasziniert von dieser Geschichte, dass er beschloss, ihr auf den Grund zu gehen.

Ein medizinisches Phänomen?

Als erste Erklärung nahm Wolf an, die Menschen in Roseto hätten möglicherweise eigene Ernährungsgewohnheiten. Er war der Ansicht, sie hätten diese aus ihrer Heimat in Italien mitgebracht und seien deshalb gesünder als die übrigen US-Amerikaner. Der Wissenschaftler musste jedoch bald zur Kenntnis nehmen, dass dies nicht der Fall war, sondern beinahe das Gegenteil. Die Einwohner nahmen sage und schreibe 41% ihrer Kalorien in Form von Fett zu sich. Noch unerklärlicher wurde es für Stewart Wolf, als er feststellen musste, dass in Roseto niemand vor Sonnenaufgang aufstand, um z.B. Yoga zu praktizieren oder 10 Kilometer zu joggen. Viele Bewohner des kleinen Dorfes waren starke Raucher. Viele hatten mit Übergewicht zu kämpfen. Wenn die Ergebnisse nicht durch besondere Ernährungsgewohnheiten und

Sport zu erklären waren, musste eine andere Ursache dahinter stecken. An einen Zufall glaubte der Mediziner nicht. Er stellte sich die Frage, ob die außergewöhnliche Gesundheit vielleicht auf die Gene zurückzuführen war. Stewart Wolf suchte nach Verwandten der Bürger von Roseto, die in anderen Teilen der Vereinigten Staaten lebten. An ihnen wollte er untersuchen, ob sie die bemerkenswerte Gesundheit ihrer Vettern und Kusinen in Pennsylvania teilten. Die Antwort war ernüchternd und frustrierend, denn es ergaben sich keinerlei signifikante Übereinstimmungen.

Daraufhin sah sich Wolf die Region um das kleine Dorf Roseto an. Vielleicht gab es ja irgendetwas in den Hügeln von Pennsylvania zu entdecken, das sich so besonders positiv auf die Gesundheit auswirkte. Die Nachbarortschaften waren Bangor im Tal und Nazareth in einigen Kilometer Entfernung. Wolf beschäftige sich mit den Menschen dieser Orte und analysierte hunderte Krankengeschichten in beiden Ortschaften. Schließlich musste er feststellen, dass in Bangor und Nazareth dreimal so viele Männer an Herzerkrankungen starben wie in Roseto. Auch das war also eine Sackgasse, Stewart Wolf war am Verzweifeln.

Mit der Zeit sah Wolf ein, dass das Geheimnis von Roseto weder in regelmäßig betriebenem Sport, einer besonders guten Ernährung, noch in den günstigen Genen, oder in der besonders gesunden Umwelt lag. Als Wissenschaftler war Wolf überzeugt, dass hinter dieser besonderen Gesundheit des Herzens eine nachvollziehbare Erklärung stecken musste. Er setzte seine Arbeit fort, veränderte aber seine Methoden. Er unternahm jetzt lange Spaziergänge durch den Ort. Dabei beobachtete er die Menschen und ihre Gewohnheiten.

Das Geheimnis der gesunden Herzen von Roseto

Langsam kam ihm ein Verdacht. Konnte es an Roseto selbst liegen? Stewart Wolf war Wissenschaftler und gewohnt, Beweise für seine Hypothesen zu finden. Aus seiner Tätigkeit als Arzt wusste er, dass der Umgang mit seinen Patienten einen Einfluss auf deren Befindlichkeit hatte. Bei seinen Aufenthalten im Ort erkannte er schließlich den Grund, warum in diesem kleinen Dorf in Pennsylvania Herzerkrankungen so selten waren. Er beobachtete, dass sich die Bewohner des Dorfes häufig gegenseitig besuchten. Trafen sie sich auf der Straße, blieben sie stehen und unterhielten sich, natürlich in Italienisch. Sie luden sich in ihre Gärten zum Grillen ein. Irgendwo in Roseto war stets eine Gruppe zu beobachten, die sich Zeit nahm und sich unterhielt. Wolf stellte fest, dass oft drei Generationen unter einem Dach zusammenlebten und dass die Großeltern im Besonderen und die älteren Menschen im Allgemeinen sehr großen Respekt genossen. Er erkannte den besonderen egalitären Geist dieser verschworenen Gemeinschaft. Dieses Zusammengehörigkeitsgefühl hielt die Reichen in Roseto davon ab, ihren Erfolg zur Schau zu stellen. Das half den Gescheiterten, ihre Misserfolge zu verbergen. Die Menschen in Roseto hatten die „Paesani-Kultur" aus Süditalien in den Osten von Pennsylvania mitgebracht. Auf diese Weise hatten sie eine robuste Sozialstruktur geschaffen, die sie vor den Belastungen der modernen Welt schützte. Genau das war das Geheimnis. Stewart Wolf erkannte, dass es der Ort und der besondere Umgang miteinander waren, die diese besondere Gesundheit ausmachten. Es war vor allem die Welt, die sich die Menschen in ihrem kleinen Dorf in den Bergen geschaffen hatten.

Als Stewart Wolf seine Ergebnisse publizierte, reagierte die medizinische Fachwelt sehr skeptisch. Damals herrschte nämlich die Meinung vor, dass eine hohe Lebenserwartung vor allem mit den Dispositionen in den Genen zusammenhing. Die Gesundheit, so war man überzeugt, hänge außerdem von den persönlichen Entscheidungen ab, bspw. was jemand isst, wie viel Sport er betreibt und welche medizinische Versorgung er erhält. Die offizielle Lehrmeinung ging nicht davon aus, dass Gesundheit auch mit der Gemeinschaft zu tun haben könnte, in der jemand lebt. Stewart Wolf und seine Mitarbeiter mussten die Fachwelt erst davon überzeugen, wie wichtig es ist, über den einzelnen Menschen hinauszublicken und die Kultur, die Familien, die Freunde sowie das gesamte soziale Umfeld ebenfalls in Diagnose und Betrachtung einzubeziehen.

So erkannte man in der Medizin, dass die Werte der Welt, in der wir leben, und das Verhalten der Menschen, mit denen wir uns umgeben, ganz entscheidende Auswirkungen darauf haben, wer wir sind, wie wir selbst leben und wie es uns geht. Mit seiner Arbeit in Roseto hat Stewart Wolf gezeigt, welch wichtigen Stellenwert die Berücksichtigung und Befriedigung von bindungs- bzw. anschlussmotivierten Bedürfnissen hat. Damit hat er das Gesundheitsverständnis der modernen Welt revolutioniert.

Heutzutage scheitert die Umsetzung dieser elementaren Erkenntnis oftmals an fehlenden Zeitressourcen.

• Zweite Disbalance: Ein Zuviel in Richtung Bindung und Anschluss bewirkt den „Gutmensch-Effekt"

Wie beim „Sisyphos-Effekt" entsteht auch beim „Gutmensch-Effekt" eine Disbalance durch eine übersteigerte Einseitigkeit im Denken und Handeln. Den Begriff „Gutmensch-Effekt" verwende ich dann, wenn die Motive nach Bindung und Anschluss dermaßen im Vordergrund stehen und so schwer wiegen, dass Bedürfnissen aus den beiden anderen Bereichen, wenn überhaupt, nur noch geringe Bedeutung geschenkt wird. Wieder kann von einer Fixierung gesprochen werden. Es entsteht das aus dem „Sisyphos-Effekt" bekannte Paradoxon, das ab einer gewissen Motivationsstärke beobachtet werden kann.

> *2. Paradoxie*
> Je stärker die Bindungsmotivation wird, desto schwächer wird die soziale Kompetenz.

Obwohl sich jemand beinahe ausschließlich von Bindungs- und Anschlussmotiven leiten lässt, immer mehr Aktivitäten in diese Richtung lenkt, wird er doch zusehends sozial inkompetenter. Der „Gutmensch-Effekt" schlägt zu.

Diese Menschen werden von ihren impliziten Motiven gelenkt und merken selbst nur bedingt, was mit ihnen los ist. Erst wenn der Organismus diese Einseitigkeit nicht mehr länger erträgt, wenn er ausgebrannt ist oder in eine handfeste Depression stürzt, dann wird den betroffenen Personen manchmal klar, was ihnen geschieht und was dazu geführt hat.

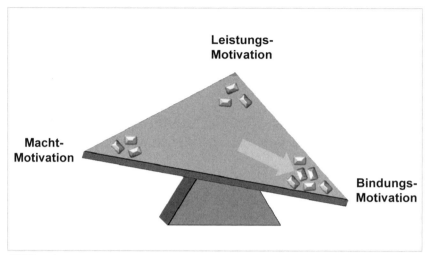

Abbildung 3

Wie der „Gutmensch"-Typus agiert

Wie beim „Sisyphos-Effekt" leiden auch beim „Gutmensch-Effekt" die Menschen im sozialen Umfeld erheblich unter den auffälligen Verhaltensweisen des Betroffenen. „Gutmensch-Typen" gehen ihrer Umwelt gehörig auf die Nerven, weil sie glauben machen wollen, uneigennützig zu handeln. Dem ist aber nicht so. Es sind nicht altruistische, sondern im Gegenteil egoistische Motive, die verfolgt werden. Hinter dem „Gutmensch-Effekt" steckt das „Helfersyndrom". Dieser Begriff wurde vom deutschen Psychoanalytiker Wolfgang Schmidbauer in seinem 1977 erschienen Bestseller „Die hilflosen Helfer" geprägt. Im Gegensatz zur Hilfsbereitschaft im altruistischen Sinne handelt die unter dem „Helfersyndrom" stehende Person zwanghaft. Es muss überall dort geholfen werden, wo Hilfe möglich erscheint. Dabei wird nicht berücksichtigt, ob zum einen die Situation, zum anderen der Mensch, um den es sich dreht, tatsächlich Hilfe verlangt. Der unter dem „Helfersyndrom" Agierende kann es sich gar nicht leisten, dass seine Hilfe abgelehnt wird. Ist dies nämlich der Fall, dann fühlt er sich schlecht und wertlos. Daher sind diese Menschen sehr kreativ, wenn es darum geht zu erklären, warum anderen Personen geholfen werden muss. Diese Menschen glauben tatsächlich, dass sie ihre eigenen Interessen und Bedürfnisse zu Gunsten anderer Personen unterordnen und vernachlässigen. Das Helfen ist nur das Mittel zum Zweck, um das eigene Selbstwertgefühl stabil zu halten und aufzubauen. Das ist diesen Menschen im Alltag jedoch nicht bewusst. Ebenso wenig, wie die emotionale Abhängigkeit von den Personen, denen sie ihre Hilfe aufdrängen. Stehen nämlich keine anderen Menschen zur Verfügung, kann man auch niemandem helfen. Kann man niemandem helfen, dann fühlt man sich überflüssig und minderwertig.

Dieser Zwang, anderen ungefragt zu helfen, wird ergänzt vom übermächtigen Wunsch, sozial im Mittelpunkt zu stehen und von Menschen, die man sympathisch findet, geliebt zu werden. Man ist sich selbst nicht genug und braucht unbedingt andere. Es geht jedoch nicht mehr um eine beiderseitige Bedürfnisbefriedigung oder um Gleichberechtigung, sondern in der Hauptsache um einen selbst.

Solche Personen sind üblicherweise in Gruppen, „ihren Cliquen", anzutreffen, wo sie sich wohl und sicher fühlen. Auffallend am Verhalten dieser Personen ist ein hoher Gesprächsanteil, der wie selbstverständlich mit körperlichen Berührungen, die oft übertrieben und aufgesetzt wirken, unterstützt wird. Ein Streicheln der Hände gehört ebenso dazu wie Umarmungen oder Küsschen auf die Wangen. Auffällig sind auch eine besondere Fürsorge für die weiteren Mitglieder sowie die freiwillige Übernahme von diversen organisatorischen Aufgaben. Personen, die jedoch nicht zur „Clique" gehören, werden in der Regel kritisch betrachtet. Handeln diese dann auch noch nach anderen oder fremden Grundsätzen, werden sie gemieden und abgelehnt und können sogar bedrohlich wirken. Als unsympathisch werden sie jedenfalls wahrgenommen. Hinter diesem übertriebenen Bindungswunsch steht wie beim „Helfersyndrom" ein als mangelhaft empfundenes, instabiles Selbstwertgefühl. Durch die große Nähe und den intensiven Kontakt zu bestimmten, beinahe fixierten Bezugspersonen soll das Selbstwertgefühl positiv beeinflusst werden.

Der „Gutmensch-Effekt" zeitigt im Arbeitsleben häufig negative Auswirkungen. So können diese Menschen mögliche Potenziale kaum entfalten, da die intensive Arbeit an Bindungen zu sympathischen Kollegen sehr viel Zeit in Anspruch nimmt. Die eindeutige Orientierung an Beziehungen drängt das Bedürfnis nach Leistung und Macht dermaßen in den Hintergrund, dass keine besonderen Arbeitsergebnisse zu erwarten sind. Das bedeutet einen Nachteil, wenn es um Karriere- und Aufstiegschancen geht.

Der „Gutmensch" als Führungskraft

Stehen Führungskräfte unter dem Antrieb des „Gutmensch-Effekts", haben sie mit einigen besonderen Herausforderungen zu kämpfen. So spielt bei Mitarbeiterbeurteilungen die Kategorie Sympathie eine wesentliche Rolle. Weniger sympathische Mitarbeiter werden kritischer wahrgenommen und erhalten weniger gute Beurteilungen. Das ist der Führungskraft in der Regel gar nicht bewusst und es mangelt nicht an vermeintlich rationalen Begründungen für diese zu stark emotional gefärbten Bewertungen. Die auf diese Art benachteiligten Mitarbeiter sehen ihren Chef äußert kritisch. Geäußert wird die Kritik nicht, da Konsequenzen befürchtet werden. Arbeitnehmer allerdings, die vom Vorgesetzten als sympathisch wahrgenommen werden, haben ein leichteres Leben am Arbeitsplatz. Sie werden bevorzugt, geschützt und erhalten Sonderregelungen. Dementsprechend muss sich so ein Manager immer wieder den Vorwurf der „Freunderlwirtschaft" gefallen lassen. Dabei setzen diese Führungskräfte auf der Leistungsebene immer wieder einiges aufs Spiel, gehen doch Beziehungen eindeutig vor Leistungen.

• Motivation in Richtung Macht

Wenn ich in Seminaren mit den Teilnehmern bespreche, welche Assoziationen sie mit dem Begriff „Macht" verbinden, ergeben sich oft ähnliche Muster. Vielen Menschen fallen sehr schnell kritische Gedanken ein, die von negativen Emotionen begleitet werden. Die Erklärung liegt nahe: Beinahe jeder von uns hat in seinem persönlichen Umfeld oder durch Beobachtung bereits erlebt, wie Macht gegen andere gerichtet und damit missbraucht werden kann. Für viele ist das der Grund, dieses Wort kritisch zu sehen und es wenig zu verwenden.

Zunächst beschreibt der Begriff jedoch nur das Gefühl einer Person, es in der eigenen Kompetenz zu wissen, dass etwas geschieht. Überzeugt zu sein, dass man gestalten und etwas bewirken kann. Daher nennen wir die der Machtmotivation zugehörige Kompetenz persönliche Kompetenz. Das Gegenteil ist das Gefühl der „Ohnmacht". Es beschreibt, dass sich jemand ausgeliefert fühlt und nicht mehr an die eigenen Möglichkeiten glaubt.

Wie der „Machttypus" agiert

Hinter machtmotivierten Handlungen steht also das Ziel, andere Menschen und Situationen unter Kontrolle zu haben und wenn möglich dominieren zu können. Wie die Bindungsmotivation braucht auch das dritte, dem Menschen angeborene Motivationssystem andere Personen, damit es befriedigt werden kann. Dies drückt sich dadurch aus, dass machtmotivierte Menschen sehr hierarchiebezogen denken und erster sein wollen. Denn dann können sie etwas bewirken und verändern, und das lieben „Machttypen". In Situationen, in denen es darum geht, zu beeinflussen und zu verändern, fühlt sich dieser Typus besonders wohl. Daher versucht er, auf sich aufmerksam zu machen und Gefolgsleute um sich zu scharen. Dabei achten machtmotivierte Menschen genau darauf, dass die Gefolgsleute eher leichter zu beeinflussen sind. So bleibt die Macht fest in der eigenen Hand. Die persönliche Entwicklung und die Befriedigung egoistischer Motive stehen oft dem Gemeinwohl gegenüber. In Gruppen sind es die Machtmotivierten, die das Kommando übernehmen und die Gruppe führen. Von der Energie, der Durchsetzungskraft und von der Beharrlichkeit kann das ganze Team profitieren. Vor allem dann, wenn sich der Anführer von Zeit zu Zeit vor Augen führt, dass er auf lange Sicht nur so erfolgreich sein kann wie seine Gruppe. Berücksichtig er die Bedürfnisse der anderen Personen ebenfalls, indem er ihnen Freiräume und Möglichkeiten lässt, wird er als Anführer akzeptiert und die Menschen folgen ihm. In so einem Fall sprechen wir von „sozialisierter Machtmotivation". Diese für Führungskräfte wichtige Verhaltensweise verlangt neben der Berücksichtigung von Motiven aus der Machtmotivation eben auch die Befriedigung von Antrieben aus der Bindungsmotivation. Diese Kombination ergibt diese besondere Fähigkeit. Die Herausforderung diesbezüglich besteht darin, dass auch machtmotivierte Menschen von ihren impliziten Motiven gesteuert werden und ihre tatsächlichen Beweggründe nur bedingt wahrnehmen. Reflektieren diese Personen ihr Verhalten hin und wieder mit einem Coach oder einem Vertrauten, dann kann diese Herausforderung durchaus erfolgreich bewältigt werden.

Wie die beiden bereits dargestellten Motivsysteme wird auch das Bedürfnis nach Macht wesentlich durch das Verhalten primärer Bezugspersonen in der Kindheit beeinflusst. Untersuchungen zeigen, dass ein Erziehungsstil, der die egoistischen Impulse des Kindes akzeptiert und annimmt, eine bedeutende Rolle bei der Entwicklung spielt. Dabei kommt dem Vater eine besondere Rolle zu. Jungen, die ohne Vater aufwachsen, betonen später ihre Männlichkeit, zeigen eine erhöhte Auffälligkeit an Dominanz und lehnen Autorität ab. Kinder aus Familien, in denen die Väter geringeren Einfluss auf die Erziehung nehmen, neigen dazu, andere zu manipulieren und zu dominieren. Wissenschaftliche Untersuchungen haben gezeigt, dass speziell Buben, die den Vater in die Erziehung aktiv eingebunden erlebt haben, später wesentlich stärker an Technologie und Sachthemen interessiert sind. Außerdem verhalten sie sich sozial angepasster und neigen weniger zu Aggression und zu dominantem Verhalten. Es ist sehr verständlich, dass ein familiärer Kontext, der ohne väterliche Unterstützung auskommen muss, speziell auf Jungen eine Signalwirkung ausübt. Sie erleben, dass es enorm wichtig ist, viel Energie und Zeit aufzuwenden, um durchsetzungsfähig zu werden und zu Statussymbolen zu gelangen. Da in diesem Bestreben die väterliche Unterstützung fehlt, müssen sich die Buben besonders anstrengen.

Eine „sozialisierte Machtmotivation" ist für die Entwicklung einiger persönlicher Eigenschaften sehr wichtig. So können Führungsstärke, Durchsetzungsfähigkeit und Überzeugungskraft dann am besten entwickelt werden, wenn ein mittlerer Machtanspruch dahinter steht. Diese Erkenntnis spricht doch sehr deutlich für eine Ausgeglichenheit der grundlegenden Motivationssysteme und führt den alten Ansatz, wonach Führungskräfte zuallererst eine hohe Machtmotivation besitzen sollten, ad absurdum.

Emotional steht das dritte Motivsystem in sehr engem Zusammenhang mit dem Gefühl der Stärke. Dahinter finden sich hohe Erwartungen bezüglich Prestige, Ruhm und Reichtum. Das klassische Machtmotiv kann sich vielschichtig ausdrücken. Auf den Aspekt der Kontrolle und Steuerung habe ich bereits hingewiesen. Es zeigt sich aber auch dann, wenn z.B. durch kraftvolle Reden, wie sie von Top-Managern oder Politikern gerne gehalten werden, die Gefühle von anderen Menschen in eine bestimmte Richtung beeinflusst werden. Manchmal kann sich der Machtanspruch auch in der Hilfe und beim Unterstützen anderer Personen zeigen. Hier lohnt es sich genau hinzusehen: Erst der Kontext, in dem jemand Ratschläge gibt, zeigt, um welches Motiv es sich letztlich handelt. Spielt dabei Überlegenheit im Sinne „komm her, dann erkläre ich es Dir halt" eine Rolle, deutet das auf ein Machtgefälle hin.

Der „Machttypus" in der Organisation

In einem Unternehmen können machtmotivierte Menschen dann ihre Möglichkeiten positiv nutzen, wenn eigenständiges Arbeiten, selbstständiges Entscheiden tatsächlich erwünscht sind und regelmäßige Feedbackgespräche geführt werden. Zieht eine Organisation eher „Ja-Sager" vor, wird es hingegen schwierig. Zurzeit ist es aus meiner Sicht für „sozialisierte Machttypen" in Unternehmen eher schwierig. Viele Führungskräfte sehen in ihnen unmittelbare Konkurrenten. Diese werden nicht gefördert, im Gegenteil. Oft habe ich in solchen Situationen in verschiedenen Unternehmen das typische „Management by Herodes" beobachtet. Die Führungskraft sucht nach dem besten Mitarbeiter, der als Konkurrent am ehesten gefährlich werden kann. Wenn er gefunden ist, wird er fertiggemacht. Die Analyse vieler Mobbing-Geschichten liefert diesbezüglich immer wieder Hinweise.

Zusammenfassend können machtmotivierte Menschen wie folgt beschrieben werden: Sie halten sich bevorzugt in Gruppen auf, die sie dominieren und immer wieder ausnützen. Sie sind es aber auch, die die Gruppe weiterbringen und als Initiatoren für diverse Aktionen fungieren. Im Verfolgen ihrer herausfordernden Ziele gehen sie immer wieder ein hohes Risiko ein. Sie neigen durchaus zu zynischen, sarkastischen Statements, manchmal zu impulsiven Gefühlsausbrüchen. Dies führt zu eher instabilen zwischenmenschlichen Beziehungen. Diese Personen nehmen das oft nicht wahr, weil sie voll im Streben nach öffentlicher Anerkennung und nach Prestigeobjekten aufgehen.

- **Dritte Disbalance: Ein Zuviel in Richtung Macht bewirkt das „Generaldirektoren-Syndrom"**

Zwanzig Jahre als Trainer, Berater und als Coach haben mir auch bezüglich des Machmotivs viel Material geliefert. Immer wieder hatte ich mit Vorständen, Geschäftsführern und Managern oder Führungskräften zu tun, die ein wenig mehr nach der Macht geschielt haben als andere. Diese Erfahrungen ergaben schließlich das Bild eines Verhaltensmusters, das ich „Generaldirektoren-Syndrom" (6) nenne.

Nicht jeder Generaldirektor hat es zwangsläufig, aber viele, die es an die Spitzen der Hierarchien in den verschiedenen Organisationen schaffen, zeigen es in ihrem Verhalten. Hinter dem „Generaldirektoren-Syndrom" steht eine Fixierung auf Machtausübung sowie auf das eigene Ich, das dementsprechend in Szene gesetzt werden muss: Ein übersteigertes Selbstwertgefühl verbunden mit einer diffusen Sicht auf sich selbst. Dies äußert sich in einer gravierenden Fehleinschätzung der eigenen Möglichkeiten und der persönlichen Stärken, der vorhandenen Schwächen und möglichen Risiken.

Diese Personen sind dermaßen von sich selbst überzeugt, dass es ihnen gar nicht in den Sinn kommt, dass etwas nicht so läuft, wie sie es sich vorstellen. Daher merken sie auch nicht, dass ihre persönliche Kompetenz umso geringer wird, je stärker sie vom „Generaldirektoren-Syndrom" betroffen sind. Wiederum handelt es sich um eine paradoxe Situation:

> *3. Paradoxie*
>
> Stehen Manager voll unter dem „Generaldirektoren-Syndrom", sinkt ihre persönliche Kompetenz auf den Nullpunkt.

Ich habe bereits darauf hingewiesen, dass menschliches Verhalten in der Hauptsache von impliziten Motiven verursacht wird. Das bedeutet, dass auch den Personen, die unter dem Zwang des „Generaldirektoren-Syndroms" handeln, in der Mehrzahl der Fälle nicht bewusst ist, wie sie agieren. Verschärft wird diese Tatsache dadurch, dass diese Menschen besonders beratungsresistent sind. Informationen und Meinungen, die nicht in die eigenen Denkmuster passen, werden nicht gehört. Widerspruch, Kritik sowie offene Kommunikation sind in von ihnen geführten Organisationen nicht vorgesehen.

Die wenigen Leute, die unter solchen Bedingungen arbeiten und trotzdem noch eine eigene Meinung haben, schweigen. *„Dem Chef etwas zu sagen, hat sowieso keinen Sinn. Außerdem ist es gefährlich!"* So wird oft argumentiert.

Die Auswirkungen des „Generaldirektoren-Syndroms"

Gefährlich ist es deshalb, weil aggressives Verhalten gegenüber Andersdenkenden ein typisches Symptom des „Generaldirektoren-Syndroms" darstellt. Daher umgeben sich derartige Personen mit Menschen, die möglichst keine eigene Meinung äußern, sondern genau das sagen, was „der Herr Generaldirektor" hören möchte. Sie versammeln „Schleimer" um sich, die verlässlich dafür sorgen, dass das Generaldirektoren-Selbstwertgefühl hoch und die dazugehörigen Überzeugungen aufrechterhalten und bestätigt werden. Decken sich die Rückmeldungen und Fremdsichten des Mitarbeiters mit den Einstellungen des Chefs, dann wird der Untergebene als „braver" und „loyaler" Mitarbeiter etikettiert. In gar nicht so wenigen Fällen ist das der Ausgangspunkt für so manche Karriere.

Das „Generaldirektoren-Syndrom" in Organisationen

In Organisationen ist eine erhöhte Machtorientierung dann besonders zu beobachten, wenn der Männeranteil in den Hierarchien besonders hoch ist. Dies habe ich beispielhaft an der Weltwirtschaftskrise und an den Mechanismen des Profifußballs dargestellt. Eine weitere Organisation, die nach ähnlichen, männer- und machtdominierten Prinzipien funktioniert, ist die Römisch-Katholische Kirche.

Die römisch-katholische Kirche als Beispiel für eine Männerdomäne

Dies äußert sich nicht nur darin, dass Frauen selbst im 21. Jahrhundert keine Berechtigung z.B. zur Priesterweihe haben, sondern auch daran, dass der Papst in bestimmten Kontexten als unfehlbar gilt. In derartigen Strukturen sind öfters irrationale und absurde Behauptungen zu vernehmen, wie etwa jene des Kirchenoberhaupts anlässlich seiner Afrika-Reise im Frühjahr 2009: „Die Immunschwächekrankheit Aids ist nicht mit Kondomen zu überwinden, im Gegenteil, das verschlimmert nur das Problem". Selbst nach wütenden Protesten quer durch die politischen Reihen, die von seriösen Medien unterstützt wurden, folgte kein Widerruf. Es ist deutliches Zeichen einer Machtfixierung, einmal Gesagtes oder Angeordnetes nicht zurückzunehmen. Je größer das Bedürfnis nach Macht, desto stärker wird daran festgehalten; egal, wie hoch der Preis dafür ist. Die Macht darf nicht in Frage gestellt werden.

Als ich zu Beginn der neunziger Jahre in einer Organisation gearbeitet habe, die von einem Mann geführt wurde, der deutlich vom „Generaldirektoren-Syndrom" befallen war, hatte ich folgendes Erlebnis: Als Vertreter meines Abteilungsleiters wurde ich erstmals zu einer der monatlich stattfindenden, sogenannten „Führungskräfte-Besprechungen" eingeladen. Im großen Veranstaltungssaal waren alle Führungskräfte der Firma versammelt. Und ich, der ich neu im Unternehmen, hoch motiviert und ziemlich naiv war, befand mich mittendrin. Im vorderen Bereich des Raumes in der Mitte befand sich ein Rednerpult, das bei Beginn der Veranstaltung vom Herrn Generaldirektor in Beschlag genommen und erst am Ende verlassen wurde. Er ergriff das Wort und redete und redete. Heute frage ich mich, ob er wahrgenommen hat, dass weitere Personen im Raum anwesend waren. Ich hörte aufmerksam und sehr artig den Ausführungen meines obersten Bosses zu und formulierte immer mehr Fragen, die ich bei Gelegenheit stellen wollte, in meinem Kopf. Die recht eigenartige Körpersprache meiner Kollegen, fiel mir damals nicht auf. Da ich weit vorne saß – so wollte ich mein Engagement und meine Bereitschaft zeigen – war dies für mich auch schwierig. Ich musste sehr lange auf meine Chance warten. Als der Herr Generaldirektor wieder zu seinem Wasserglas griff, hob ich die Hand, nahm all meinen Mut zusammen, wartete gar nicht lange und stellte eine Frage. Plötzlich wurde es still im Saal. Sogar jene Kollegen, die bislang in sehr leise geführte Seitengespräche vertieft waren oder mit offenen Augen geschlafen hatten, waren schlagartig konzentriert. 40 Blicke wurden wie auf Kommando auf mich gerichtet. Ich spürte sie alle im Nacken. Nicht mehr ganz so sicher, das Richtige zu tun, und noch bevor unser Vorgesetzter weitersprach, formulierte ich meine Frage. Spannung lag in der Luft. Nachher sagten mir einige Kollegen, dass es in den Führungskräftebesprechungen schon lange keine Szene mehr gegeben hatte, die mit einer dermaßen hohen Aufmerksamkeit belegt war. Als meine Worte den Generaldirektor erreichten, veränderte sich sein Gesichtsausdruck schlagartig. Sein Blick suchte, fand und fixierte mich. Seine Mimik fragte drohend, wie ich es wagen konnte, eine Frage zu stellen, in der ich etwas hinterfragte. Gegen meinen Willen sank ich auf meinem Sessel zusammen. *„Das haben wir schon besprochen"*, sagte der Generaldirektor. Das war's. Nach der Besprechung nahm mich ein älterer Kollege zur Seite und meinte:

> *„Merk dir, bei uns fragt schon lange keiner mehr was. Lass den ‚Alten' einfach reden und bleib ruhig".*

Steht jemand unter dem Zwang des „Generaldirektoren-Syndroms", ist diese Person dermaßen von sich selbst überzeugt, dass der normale „Menschenverstand" sukzessive verloren geht. Schnell entsteht eine Scheinwelt, in der nach und nach eine gefährliche Irrationalität die Oberhand gewinnt. In diese Kategorie gehört wohl auch folgende Aussage, die Lloyd C. Blankfein Anfang November 2009 anlässlich eines Interviews mit der Sunday Times machte:

> *„(...) die Banken haben einen gesellschaftlichen Zweck und verrichten Gottes Werk."*

Dazu sollte man wissen, dass Lloyd C. Blankfein im Jahr 2007 mit 67,9 Millionen Dollar den größten Bonus kassierte, den je ein Wall-Street-Banker bis dahin erhalten hatte. An meine erste Assoziation, nachdem ich diese Aussage mehrmals gelesen hatte, kann ich mich gut erinnern, weil mir der Titel eines meiner Lieblingsbücher in den Sinn kam: „Gottes Werk und Teufels Beitrag" von John Irving.

Im Stadium der Irrationalität sind Entscheidungen immer weniger nachvollziehbar und lösen bei Betroffenen und Beobachtern nur noch Staunen und Kopfschütteln aus. Sämtliche Warnungen werden ignoriert und als „lächerlich" abgetan. Dabei wird von den Betroffenen nicht gesehen, dass Existenzen, manchmal ganze Unternehmen auf dem Spiel stehen. Wie bei unserem nächsten Beispiel, das sich zwar unglaublich liest, sich zurzeit aber tatsächlich genau so in Österreich ereignet.

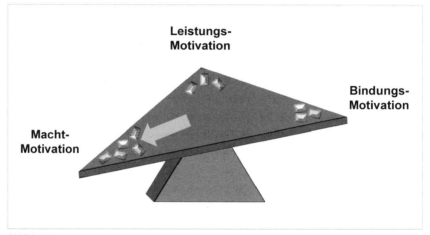

Abbildung 4

Ein besonderer Fall in Österreich

Es geht um einen österreichischen Manager, der durch sein Verhalten mit seinem Industrieunternehmen, in dem ungefähr 400 Mitarbeiter beschäftigt sind, direkt auf eine Katastrophe zusteuert. Ein sehr bekannter österreichischer Banker meinte dazu: *„Durch seinen Cäsarenwahn geht wieder alles vor die Hunde!"*. Aber lassen Sie mich die Geschichte der Reihe nach erzählen.

Der Manager ist in den späten vierziger Jahren des vorigen Jahrhunderts geboren und gehört der Nachkriegs- und Aufbaugeneration an. Aufgewachsen ist er in einfachen und kleinen Verhältnissen. In den sechziger Jahren beginnt er eine Lehre. Zusätzlich macht er das Abitur auf dem zweiten Bildungsweg. Diese Doppelbelastung bleibt auch die nächsten Jahre erhalten und er schließt ein Studium erfolgreich ab. In dieser Zeit ist er extrem fleißig. Er sagt von sich selbst, *„ich sauge die Arbeit an, wie ein Vakuum"* und brüstet sich damit, stets zwei Jobs, Arbeit und Schule bzw. Studium, zu bewältigen.

Es ist offensichtlich: Er möchte Karriere machen, den Weg nach oben gehen. Um jeden Preis. Das erzählt der junge Mann damals bei vielen Gelegenheiten. Im Unternehmen bleibt sein Fleiß nicht verborgen und er steigt die Karriereleiter tatsächlich Sprosse für Sprosse nach oben und wird mit immer wichtigeren Aufgaben betraut. Er erhält die Prokura und es entstehen erste Kontakte zu anderen Unternehmen und Banken. Einige Zeit später wird er zum Vorstand berufen. Sein Verantwortungsbereich umfasst die Finanzen des Unternehmens, alle Rechtsgebiete, die Administration sowie die EDV. Zu Beginn seiner Vorstandstätigkeit wird er als kompetent, effektiv und verlässlich beschrieben. Wegbegleiter berichten allerdings, dass er umso eigenartiger wurde, je größer sich sein Verantwortungsbereich gestaltete. Seine Persönlichkeit verändert sich zusehends. In dieser Zeit knüpft er engen Kontakt mit einem sanierungsbedürftigen Unternehmen. Ein ehemaliger Kollege:

> *„Er analysierte die Lage messerscharf und wusste, was für eine Sanierung konkret zu tun sei".*

Der Manager kritisiert die Verantwortlichen dieser gefährdeten Firma auch öffentlich. Er wirft ihnen vor, große anstehende Probleme nicht zu sehen und wegzuschieben. Gleichzeitig werden die Probleme in seinem Unternehmen immer größer. Aufgefallen durch starke Worte erhält er ein Vorstandsmandat mit dem Auftrag der Sanierung bei genau jenem Unternehmen, dessen Verantwortliche er zuvor kritisiert hat. *„Sein Abgang glich einer Flucht"* erzählt ein Mitarbeiter von damals. Nach seinem Ausstieg lässt er keine Chance ungenutzt, sein altes Unternehmen sowie dessen Führungskräfte schlecht zu machen.

> *„Als ich noch am Steuer war, ja da war alles in Ordnung. Jetzt, wo sie mich nicht mehr haben, geht alles den Bach runter".*

Dieses Zitat stammt aus jener Zeit.

Sein Verhalten im neuen Unternehmen deutet bereits auf ein fortgeschrittenes „Generaldirektoren-Syndrom" hin. Er nützt sämtliche Möglichkeiten zur Selbstdarstellung und verhält sich genau so wie jene Führungskräfte, die er so heftig kritisiert hat. Er erkennt selbst die dringendsten Probleme nicht mehr und trifft in seiner überheblichen Art reihenweise falsche Entscheidungen. Sachliche Kritik wird ausschließlich persönlich genommen, das Verhalten in der Firma wird zunehmend aggressiver und es kommt zum Zerwürfnis mit Vorstandskollegen. Er besetzt wichtige Positionen mit Opportunisten, die zu allem „jawohl" sagen und die ihm ob der Beförderungen zu Dank verpflichtet sind. Die wenigen warnenden Stimmen, die es von einigen Beratern gibt, werden ignoriert. Aus dieser Zeit stammt das Zitat:

„Wer nicht für mich ist, ist gegen mich!"

Obwohl die wirtschaftlichen Probleme im Unternehmen stetig zunehmen, bleibt der jetzt voll unter dem „Generaldirektoren-Syndrom" stehende Manager auf seinem Kurs.

„Er hat irrationale Pläne niedergeschrieben, im besten Glauben, dass sich die Welt nach diesen richten wird",

berichtet ein Banker, der damals in Geschäftskontakt mit dem Unternehmen stand. Die operativen und strategischen Fehler des Managers seien immer gravierender geworden, durften aber von niemandem angesprochen werden. Dem Unternehmen droht die Insolvenz, dennoch steigt das Geltungsbedürfnis des Mannes. Er sucht die Nähe der Medien, um sich in Szene zu setzen.

Inmitten der Schwierigkeiten eröffnet sich für das Unternehmen eine Chance. Zwei italienische und ein australischer Industrieller, hinter denen jeweils international agierende Industriekonzerne stehen, zeigen Interesse an einer Kooperation, die große Vorteile für die Produktion und enorme Marktchancen für alle Partner eröffnen würde, wie sie keines dieser Unternehmen allein hätte. Diese Interessenten werden vom, nun vollends unter dem „Generaldirektoren-Syndrom" stehenden Manager wie „kleine Schulbuben" behandelt, berichtet ein Insider.

Er weigert sich, in die Kooperation finanziell etwas einzubringen, verlangt das aber von den potenziellen Partnern. Sein Argument:

> *„Ich bin der einzige, der über ein hohes Know-how verfügt. Es muss reichen, wenn ich mich selbst einbringe!"*

Der Anfang vom Ende ist bereits zu beobachten. Das Unternehmen verliert sein Alleinstellungsmerkmal am Markt und die Konkurrenz atmet zusehends auf. Das österreichische Unternehmen hat in früheren Jahren, bevor das „Generaldirektoren-Syndrom" beim „Big Boss" voll zugeschlagen hat und ehe irrationale Vorgangsweisen den gesunden Menschenverstand abgelöst haben, im Jahr durchschnittlich 30 bis 35 Millionen Euro Gewinn erzielt. Im Sommer 2009 schreibt die Firma tiefrote Zahlen. Im Juli 2009 beträgt der Verlust in etwa 2,5 Millionen Euro, im August sind es bereits 3,5 Millionen. Aus dem Unternehmen heißt es, schuld sei daran ausschließlich die Wirtschaftskrise, man habe selbstverständlich alles im Griff. Der Vorstand habe sich keine Fehler vorzuwerfen. Soweit die offizielle Darstellung. Intern brodelt es, die guten Leute, die noch an Bord sind, versuchen so schnell wie möglich auszusteigen. Die Banken, die in Geschäftsbeziehung zum Unternehmen stehen, entwerfen ebenfalls Ausstiegs-Strategien und ungefähr 400 Menschen bangen um ihre Jobs. Ich verfolge gespannt die nächsten Entwicklungen.

Meine Prognose: Der beschriebene Manager wird seine Überzeugung, dass die ganze Welt nach seiner Pfeife tanzt, nicht verlieren. Koste es, was es wolle, selbst wenn alles und alle dabei draufgehen! Und wenn dieses Schreckensszenario eintritt, werden natürlich die Anderen daran schuld sein.

Leiden Frauen weniger am „Generaldirektoren-Syndrom"?

Ein interessantes Detail zum „Generaldirektoren-Syndrom" begleitet mich in den vielen Jahren, seitdem ich es zum ersten Mal beschrieben habe. Ich habe, soweit ich mich erinnere, eine einzige Managerin getroffen, die unter diesem Syndrom stand. Nun könnte man einwenden, dass es nach wie vor sehr wenige weibliche Top-Managerinnen gibt. Das ist richtig, aber weder ein akzeptabler Zustand noch eine solche Erklärung. Die Wissenschaft hat sich gerade anlässlich der aktuellen Weltwirtschaftskrise sehr mit dem Phänomen des irrationalen Handelns beschäftigt. Erste Ergebnisse liegen vor und liefern Ansätze zur Erklärung für den sooft beobachteten Realitätsverlust.

In einer Studie an der Universität Cambridge fand John Coates heraus, dass speziell männliche Aktienhändler während ihrer Börsengeschäfte einen erheblichen Testosteronspiegel aufweisen. Das männliche Sexualhormon steigert die Risikobereitschaft der Männer. Zunächst erzielen jene, die unter einem erhöhten Testosteroneinfluss stehen, tatsächlich größere Gewinne. Ein Überschuss dieses Hormones jedoch mindert die Fähigkeit, Gefahren rational einschätzen zu können. Je höher der Überschuss, desto eher beginnen die Betroffenen zu „zocken". Dann finden sie kein Ende mehr und verfolgen irrationale Strategien, an die sie aber selbst glauben. Kommt es zu einer chronisch erhöhten Testosteronproduktion, stehen irrationale Entscheidungen an der Tagesordnung. Diese Männer leiden dann tatsächlich unter einem erheblichen Realitätsverlust.

Ein erhöhter Testosteronspiegel ist außerdem mitverantwortlich für aggressives Verhalten, wie es für Personen, die unter dem „Generaldirektoren-Syndrom" stehen, typisch ist. Dieses Angriffsverhalten richtet sich in erster Linie auf Personen, die andere Sichtweisen vertreten und somit eine Gefahr darstellen. Unbewusste Frustration oder versteckter Ärger können ebenfalls sehr starke Antreiber für aggressives Verhalten sein. In einem Salzburger Unternehmen, das ich recht gut kenne, werden Führungskräfte, die den Mut haben, dem obersten Boss unangenehme, vielleicht kritische Rückmeldungen zu geben, systematisch aus der Firma hinaus geekelt. Erklärt wird die Notwendigkeit dieser Maßnahme natürlich durch viele Argumente, von denen die meisten an den Haaren herbeigezogen sind. In einem anderen Salzburger Unternehmen nimmt der Landeschef jenen Mitarbeitern, die ihre Ziele nicht erreicht haben, kurzerhand ihre Parkplätze weg. Wer nicht „funktioniert", der wird bestraft. Einen Schritt weiter geht der Generaldirektor einer österreichischen Bank.

Ein Beispiel für die Auswirkungen übersteigerter Aggressivität

Diese Bank betreibt in einem bekannten Skigebiet nicht nur eine Geschäftsstelle, sondern besitzt im gleichen Gebäude ein Apartment, das dem Top-Management zur Verfügung steht. Eine „Putzfrau", die bei der Bank angestellt ist, kümmert sich bei Bedarf um die Vorbereitungen. Als jemand aus der Zentrale angekündigt wird, werden die Räumlichkeiten von der Mitarbeiterin hergerichtet. Dazu gehört, die Betten zu beziehen. Die „Putzfrau", die nicht direkt im Wintersportort wohnt, weiß jedoch nicht, dass diesmal der Herr Generaldirektor persönlich ins Skigebiet kommen wird; und sie weiß auch nicht, dass seine beiden Kinder mitkommen. Also sind zwei Betten nicht vorbereitet. Als der Banker dies merkt, weist er die Mitarbeiterin telefonisch an, in das Apartment zu kommen und die Betten für die beiden Kinder zu überziehen. Als die Mitarbeiterin anmerkt, es sei spät abends, außerhalb der Dienstzeit und aufgrund des Neuschnees schlecht zu fahren und man die Betten doch bitte selbst überziehen könnte, wird sie mit der Frage konfrontiert: *„Wissen Sie nicht, wer ich bin? Ich bin der Generaldirektor!"* Am nächsten Arbeitstag kümmerte sich der Bankchef persönlich darum, dass diese Mitarbeiterin gekündigt wird.

Hormonelle Ursachen für stressbedingte Aggressivität

Eine wissenschaftliche Untersuchung erklärt den Zusammenhang von Geschlecht, dem Stresshormon Cortisol und dem Platzen von Blasen – in diesem Fall von Luftballons. Nichole R. Lighthall integriert in ihrer Forschung Ansätze der Gerontologie, der kognitiven Psychologie und der Neurowissenschaften, um herauszufinden, welche Auswirkungen Stress auf kognitive Prozesse hat und wie sich diese geschlechterspezifisch darstellen. Die junge Wissenschaftlerin forscht an der renommierten University of California in Los Angeles.

Ein Experiment mit dem Stresshormon Cortisol

Männer und Frauen wurden zu einfachen Tests ins Labor gebeten. Sie mussten einen Luftballon aufpumpen. Für jedes Mal pumpen erhielten sie fünf Cent. Die Probanden konnten selbst entscheiden, wann sie aufhören wollten. Eines war aber klar: Je öfter sie pumpen würden, desto größer würde der Ballon (die Blase) und desto höher würde auch der Gewinn werden. Platzte der Ballon (die Blase), ging das gesamte Geld verloren. Ich weiß nicht, ob dieses Setting im Zusammenhang mit dem Platzen der Immobilienblase und der Weltwirtschaftskrise bewusst gewählt wurde, die Parallelen sind jedenfalls frappant. Bei jedem Versuch wurde bei den Versuchsteilnehmern der Anteil des Stresshormons Cortisol im Blut gemessen. In einer Runde ohne besondere Stressfaktoren entschieden sich Frauen wie Männer, nach 40 Luftstößen aufzuhören und das gewonnene Geld zu kassieren. Dieses Verhalten veränderte sich jedoch schlagartig, als die Probanden unter Stress gesetzt wurden. Dazu mussten sie eine Hand drei Minuten in eiskaltes Wasser halten. Das ließ die Cortisol-Werte rasant ansteigen. Danach pumpten die Versuchsteilnehmer neuerlich. Frauen füllten jetzt nur noch 32 Mal Luft in den Ballon und hörten danach auf. Das Risiko, der Ballon könnte platzen, wollten sie nicht eingehen. Anders die Männer: Sie pumpten wie verrückt und beendeten ihre Versuche durchschnittlich erst nach 48 Luftstößen und gingen ein überhöhtes, unnötiges Risiko ein.

Nichole R. Lighthall erklärt:

"Wahrscheinlich ist es evolutionär begründet, warum Männer in Stresssituationen aggressiver reagieren".

Männer hätten von ihren Vorfahren den Wettkampf um Territorien und wertvolle Ressourcen übernommen, so begründet die Wissenschaftlerin das risikoreiche Verhalten von Männern. Bei Frauen scheint das Bindungshormon Oxitozin die negativen Effekte des Cortisols auszugleichen.

Wenn Sie jetzt vielleicht denken, die Geschichten, die ich gerade beschrieben habe, wären wenige Einzelfälle, dann muss ich Sie enttäuschen. In den „Salzburger Nachrichten" erschien Ende August 2009 ein Bericht mit der Überschrift „Wenn Manager den Realitätssinn verlieren". Darin wird sehr deutlich dargestellt, dass es bei der Besetzung von Top-Positionen nicht auf Eigenschaften wie „Aufrichtigkeit", „Glaubwürdigkeit", „Vertrauen", „Augenmaß" oder „Rücksichtnahme" geht. Es geht ausschließlich um Geld. In diesem Artikel wird über das Verhalten einiger bekannter Top-Manager berichtet. Diese Zeilen lesen sich wie die Beschreibung des „Generaldirektoren-Syndrom". So wird Wendelin Wiedeking, lange Jahre erster Mann beim Sportwagenbauer Porsche als Manager mit „großspurigem Auftreten" beschrieben, der, obwohl er die Marke zunächst gerettet hat, „Allmachtfantasien" verfolgt. Mit Klaus Zumwinkel, dem ehemalige Postchef in Deutschland, und Thomas Middelhoff, eine Zeit lang oberster Boss von Arcandor, ist Wiedeking, zumindest in diesem Artikel, in passender Gesellschaft. Diese drei Herren verbindet zudem, dass jeder von ihnen beim Abgang etliche Millionen Euro Abfindung erhielt.

Auf eine weitere Auffälligkeit, die in direktem Zusammenhang mit dem „Generaldirekoren-Syndrom" steht, möchte ich noch hinweisen. Auf den ersten Blick ist es beinahe eine Kleinigkeit. Schaut man jedoch ein zweites Mal und etwas genauer hin, sieht man die Machtdemonstration, die sich dahinter versteckt. Ich beobachte seit einiger Zeit, dass dominante, sehr machtmotivierte Manager, ein immer engeres Netz der Kontrolle um ihre Mitarbeiter schnüren, selbst jedoch darauf achten, sich der Kontrolle zu entziehen.

• Disbalancen wohin man schaut – Machtdemonstration beim Finanzamt

Nun könnte der Eindruck entstanden sein, das „Generaldirektoren-Syndrom" zeige sich nur an den Spitzen von Hierarchien und betreffe ausschließlich Top-Manager. Statistisch betrachtet wird sich in diesen Bereichen und bei diesem Personenkreis wahrscheinlich eine signifikante Häufung ergeben. Da es sich beim „Generaldirektoren-Syndrom" aber nicht nur um eine Frage der Hierarchie, sondern immer auch um einen persönlichkeitsbezogenen Faktor, nämlich die Fixierung auf Macht, handelt, ist es in Klein- und Mittelunternehmen, in allen hierarchischen Ebenen und abseits von privatwirtschaftlichen Strukturen ebenso zu beobachten.

Wie bei einer kleinen Gruppe von Mitarbeitern des Finanzamts einer österreichischen Landeshauptstadt. Einige dort agieren im Zuge von Nachforschungen und Klärungen von Sachverhalten wie Feudalherrscher. Sie demonstrieren ihre Macht gegenüber den „Beschuldigten", für die die Unschuldsvermutung gilt, in einer Weise, die einem Rechtsstaat nicht entspricht. Diese „ermittelnden" Personen sind dermaßen auf die Ausübung von Macht und das eigene Ich fixiert, dass es ihnen offensichtlich gar nicht in den Sinn kommt, dass ihre Methoden fragwürdig und illegal sind. Sie zeigen in sozialen Interaktionen ein übersteigertes Selbstwertgefühl, verbunden mit einer diffusen Sicht auf sich selbst. Das äußert sich in Fehleinschätzungen, einem Verlust des Realitätssinns und irrationalen Verhaltensweisen. Die Vorfälle in diesem Beispiel, das mir der Zufall in die Hände gespielt hat, lesen sich wie in einem Roman. Der als Rechtsbeistand beteiligte Jurist, ein renommierter österreichischer Wirtschaftsanwalt, meinte dazu: *„Es ist wie in einer Bananenrepublik".*

Eine wahre Geschichte

Im Frühjahr 2009 rief einer der Finanzbeamten Karl Wilfinger (7), den Inhaber einen kleinen EDV-Firma, über das Mobiltelefon an und teilte ihm mit, es gehe um Arbeiten, die von einer bestimmten Baufirma vor ca. 9 Jahren im Eigenheim und Büro geleistet wurden. Er habe nun zwei Möglichkeiten, erklärte der Beamte in drohendem Ton: Entweder eine *„formelle Anzeige"* oder ein *„informelles Gespräch"* und *„die Beweislage sei erdrückend"*. Karl Wilfinger fühlte sich überrumpelt und verunsichert und fragte den Beamten, was man ihm vorwerfe.

„Steuerhinterziehung" vernahm er aus dem Hörer. *„Dann leiten Sie eine formale Anzeige ein"*, antwortete der Unternehmer ohne genauer zu überlegen, und hatte vor, das Gespräch zu beenden. Das passte offensichtlich nicht in die Strategie des Beamten, wollte dieser doch unbedingt zu einem „informellen Gespräch" in das Privathaus der Familie Wilfinger kommen. Jovial fügte der Finanzbeamte hinzu, *„von diesem Gespräch wird es keinerlei Aufzeichnungen geben"*. Im Zuge der Akteneinsicht stellte sich diese Aussage später ebenso als Lüge heraus wie Behauptungen, die in dieser Aktennotiz zu lesen sind; wie etwa: *„Dieser Termin kam auf Wunsch der Ehegatten Wilfinger zustande"*. Im Vorfeld wurde nachweislich nur mit Herrn Wilfinger gesprochen. Die Formulierung „auf Wunsch" zeigt, wie sehr die Beamten von Macht getrieben sind. Sie können nicht zwischen vorgefertigten Konstruk-

tionen, selektiver Wahrnehmung und irrationalen Annahmen unterscheiden.

Perfide Methoden der Machtausübung durch Beamte

Nach einem längeren Gespräch kam es schließlich auf Drängen des Beamten zu einer Terminvereinbarung im Hause Wilfinger. Bevor das Telefonat beendet wurde, drohte der Ermittler, Herr Wilfinger solle sich ja nicht mit dem beschuldigten Baumeister in Verbindung setzen, denn dessen Telefon würde abgehört werden. Herr Wilfinger erwiderte, dass er zum Baumeister seit Jahren keinen Kontakt mehr habe, worauf der Finanzer feststellte: *„In letzter Zeit ist Ihre Handynummer eh nicht mehr auf dem Abhörprotokoll"*. Aus den Abrechnungen des Handys, in denen alle Anrufe aufgelistet sind, geht zweifelsfrei hervor, dass Herr Wilfinger seit Jahren keinen telefonischen Kontakt mit dem Baumeister hatte.

Als der erste Gesprächstermin anstand, saßen zwei Finanzbeamte den Ehegatten Wilfinger in deren Esszimmer gegenüber. Sie stellten Fragen über das Privatleben der Familie, um im nächsten Moment Behauptungen wie „Wir wissen, von wo die kriminelle Energie ausgeht", „wir wissen, was im Baugewebe üblich ist, schließlich haben wir selbst gebaut" oder eben „die Beweislage ist erdrückend" aufzustellen. Dieses Verhalten entspricht einer Machtdemonstration, die man folgendermaßen übersetzen könnte: „Wir können mit Euch machen, was immer wir wollen – am Besten, ihr kuscht."

Was man dem Ehepaar konkret vorwarf, darüber schwiegen sich die beiden Beamten aus. Der nächste Schritt sei eine formale Befragung. Dazu sei man bereit, man habe nichts zu verbergen; *ob man diese nicht gleich an Ort und Stelle durchführen könnte*, fragten die Wilfingers. Das passte nicht in das Konzept der Ermittler. Man werde doch bestimmt einen Anwalt brauchen und außerdem habe man nur Laptops dabei, im Büro dagegen sei alles verfügbar. Nein, ein Anwalt sei nicht nötig, widersprach der Unternehmer und versuchte nochmals, die Finanzbeamten davon zu überzeugen, die Erhebung gleich an Ort und Stelle zu machen. Wozu wären sie sonst gekommen? Daraus wurde aber nichts, die Beamten meinten, die Zeit würde nicht ausreichen. Als Herr Wilfinger die beiden Ermittler zum Auto auf den Parkplatz brachte, sprach einer der beiden in übertrieben lauter Stimme und äußerst provokant immer wieder von *„Krimineller Energie"* und *„Straftat"*. Der Unternehmer musste den Mann bitten, leiser zu sprechen, da die Nachbarn alles mithören konnten. Dies entlockte dem Ermittler ein Lächeln.

Die Lage spitzt sich zu

Das beschuldigte Ehepaar wollte zu diesem Zeitpunkt keinen Anwalt beiziehen, sondern die Vorfälle besprechen und klären. Was man falsch gemacht hatte, wusste man und es war eine Bagatelle. Also wurde ein Vernehmungstermin im Finanzamt vereinbart, ohne dass ein einziges, dem Ehepaar Wilfinger vorgelegtes Schriftstück gab, aus dem hervorging, was man ihnen konkret vorwarf. Dies und das Verhalten der Beamten kam dem Unternehmer dann doch eigenartig vor und er konsultierte seinen Anwalt. Nach der ersten Intervention des Juristen wurde ein Gesprächstermin im Finanzamt vereinbart, bei dem nur Karl Wilfinger befragt werden sollte. In der Zwischenzeit stellte er – ohne dazu aufgefordert worden zu sein – den Ermittlern sämtliche Kontoauszüge des fraglichen Zeitraumes und Unterlagen zur Verfügung. Ebenso übergab er dem Finanzamt mehrmals eine Liste mit Terminvorschlägen für weitere Besprechungen. Er teilte auch mit, zu welchen Zeiten und an welchen Tagen es aus beruflichen Gründen unmöglich wäre, einer Vorladung nachzukommen. Zugleich leitete der Anwalt eine schriftliche Stellungnahme an das Finanzamt weiter. Dadurch wollte das Ehepaar die Bereitschaft zur Zusammenarbeit mit den Behörden zeigen. Daran waren sie interessiert; die Finanzbeamten jedoch nicht.

Als der Unternehmer zum vereinbarten Termin mit seinem Anwalt in ein Büro im Finanzamt kam, in dem bereits drei Beamte warteten, erhob sich einer, stemmte die Arme in die Hüften und brüllt, vorwurfsvoll die Frage *„wo ist Frau Wilfinger?"* in den Raum und droht *„so kann man die Befragung nicht durchführen!"*. Nachdem Interventionsversuche des Rechtsanwalts vergeblich waren, verließ er mit Karl Wilfinger, der während dieser Zeit nichts sagen konnte, das Amt.

Nach diesem Vorfall erfolgte die erste Beschwerde beim Leiter des Finanzamts. Diese bewirkte zumindest, dass den Ehegatten Wilfinger formale Vorladungen zugestellt wurden. Da zum vorgegebenen Zeitpunkt aber sowohl Frau als auch Herr Wilfinger beruflich unabkömmlich waren, stellten sie den Antrag auf einen neuen Befragungstermin. In der Zwischenzeit konnte der Anwalt Akteneinsicht im Finanzamt nehmen. Der Jurist:

> *„Ich habe einen der Ermittler schon in einer anderen Causa erlebt. Dieser wütet, ist besessen von Macht, hält sich dabei selbst an keine Regeln und unterstellt jedem, der mehr verdient als er, ein Steuerbetrüger zu sein. Außerdem wurde fahrlässig und schlampig recherchiert".*

So rechneten die Mitarbeiter der Behörde manche Positionen zweimal, um zu einer möglichst hohen „Schadenssumme" zu gelangen. Dem Juristen gegenüber behauptete der leitende Ermittler, das Ehepaar Wilfinger habe das Familienhaus mit *185.000 Euro Schwarzgeld* bezahlt. Diese Summe decke sich mit den beim Baumeister beschlagnahmten Unterlagen. Die Behauptung, die sich als falsch herausstellte, hörten weitere Anwälte mit, die sich zum Zeitpunkt des Gespräches, das via Freisprecheinrichtung geführt wurde, im Auto des Verteidigers befanden. Dies seien unerhörte Behauptungen, erklärten sie.

Herr Wilfinger hatte einen Fehler gemacht – das hat er von Anfang an zugegeben –, er verfügte aber zu keiner Zeit über „Schwarzgeld" und konnte somit den Bau niemals *„schwarz"* bezahlt haben. Das EDV-Unternehmen arbeitet ausschließlich für den Öffentlichen Bereich. „Schwarzgeldzahlungen" können hiermit ausgeschlossen werden.

Selbst der Rechtsbeistand ist machtlos

Das Vorgehen der Behörde wurde immer weniger nachvollziehbar. Weder der beigezogene rechtliche Vertreter, noch die beiden Beschuldigten wussten, was die Ermittler eigentlich wollten. Es wurden Vorladungen verschickt, und obwohl der Leiter des Finanzamts feststellte, man könne solche Termine nicht ohne Absprache mit den Ehegatten

Wilfinger festlegen, wurden diese Termine just zu den Zeitpunkten festgelegt, an denen die Wilfingers beruflich unabkömmlich waren. Dann kam es zum Eklat.

Als die Ehegatten Wilfinger mit ihrem Rechtsanwalt am Freitag, den 13. November 2009, zum vereinbarten Zeitpunkt vor dem vorgeschriebenem Raum im Finanzamt erschienen, wurde ihnen – entgegen mündlicher Absprachen und nicht im Einklang mit den Vorladungen – mitgeteilt, dass die Vernehmung der Ehegatten zeitgleich und in unterschiedlichen Räumen erfolgen würde. Als der Rechtsbeistand den Leiter der Ermittlungen daraufhin ansprach, erwiderte dieser:

> *„Herr Doktor, wie Sie sehen sind hier zwei Beschuldigte und ich sehe nur einen Verteidiger. Das ist nicht mein Problem".*

Dies alles fand auf dem Gang des Amts statt und jede Person, die vorbeikam, konnte mithören, worum es ging. Nachdem weitere Versuche des Advokaten, eine Lösung zu finden, scheiterten, brach er diesen Termin ab und ging mit seinen Mandanten zum Leiter des Finanzamts. Dort wollte man sich über diese Vorgehensweise beschweren. Man erfuhr, dass für diese Beschwerde keine Zeit sei, man sei in einer Besprechung und müsse „Prioritäten setzen". Noch am selben Tag brachte der Anwalt per Telefax eine „Dienstaufsichtsbeschwerde" (8) beim Finanzamt und im Finanzministerium in Wien ein. Darin heißt es unter anderem:

> *„Nachdem die Beiziehung eines Verteidigers ein gesetzlich eingeräumtes Recht darstellt und nicht irgendein Almosen, muss die Vorgangsweise des Herrn Mag. ... schlichtweg als ‚Frotzelei' bezeichnet werden, Herr Mag. ... ist offenkundig nicht gewillt, fundamentalste Rechtsgrundsätze einzuhalten. (...) Es war offenkundig, dass es Herrn Mag. ... um eine Provokation gegangen ist, was nicht zuletzt dadurch zum Ausdruck gekommen ist, dass meine Erklärung, dass wir dann eben die Einvernahme heute nicht machen, von mehreren anwesenden Personen mit einem höhnischen Lachen quittiert wurde. Offenkundig finden es einige Mitarbeiter des Finanzamts zum*

> *Lachen, wenn jemand die Einhaltung von rechtsstaatlichen Prinzipien einfordert."*

Das Ehepaar Wilfinger erzählte mir später, sie wären sich wie „Schwerverbrecher" vorgekommen, denen man keinerlei Recht einräumt. Der psychische Druck, der sich im Laufe dieses Falles aufbaute, sei manchmal schwer zu ertragen. Sie fragten sich, wie sich ein Ausländer in Österreich fühlen müsse, der in die Fänge der Behörden gerät – unabhängig davon, ob er etwas angestellt hat oder nicht.

Der Jurist meinte, nach der Beschwerde werde man im Finanzamt bestimmt bemüht sein, den Fall endlich korrekt abzuwickeln. Das stellte sich jedoch als Irrtum heraus. Die nächste Vorladung – natürlich wieder ohne Absprache – flatterte ins Haus der Wilfingers, und siehe da, die Ermittlungen wurden ausgeweitet. Außerdem wurden die Ehegatten aufgefordert, Schriftstücke wie den Kaufvertrag des Hauses endlich vorzulegen. Dieser wurde jedoch schon vor mehr als fünf Monaten vom Rechtsanwalt des Ehepaares an die Ermittler übergeben. Als ich davon hörte, kam mir spontan in den Sinn: „Das Imperium schlägt zurück!"

Als der Jurist versuchte, telefonisch einen neuen Vernehmungstermin mit dem Leiter der Gruppe zu vereinbaren, meinte dieser *„mit Ihnen spreche ich nicht!"* und legte einfach auf.

Ein haarsträubendes Beispiel für das „Generaldirektoren-Syndrom"

Offensichtlich ging es den Mitarbeitern des Finanzamts, die – wie dieses Beispiel zeigt – vom System geschützt werden, um die Befriedigung persönlicher Motive. Wie bei Managern, die unter dem „Generaldirektoren-Syndrom" leiden, mussten vorgefertigte Gedankenkonstruktionen bestätigt werden; ganz nach dem Motto: „Es kann nicht sein, was nicht sein darf". Es ist typisch für machtfixierte Personen, in einer Auseinandersetzung keinen Widerspruch zuzulassen – auch nicht von einem Rechtsanwalt – und um jeden Preis siegen zu müssen.

Die Mechanismen in diesem Fall sind also die gleichen wie in den Beispielen aus dem Wirtschaftsbereich. Auch in diesem Finanzamt wird

Macht zum einen benutzt und ausgespielt, um persönliche Bedürfnisse zu befriedigen. Zum zweiten findet Macht ohne ausreichende Kontrolle statt bzw. wird diese „von oben gedeckt". Bedrohung und Vernichtung von Existenzen, Familien und kleinen Betrieben wird von den wenigen Finanzbeamten, um die es in diesem Fall geht, in Kauf genommen, um die eigenen Machtgelüste zu befriedigen. Wer sich wehrt – oder wie im dargestellten Fall einen guten Juristen beizieht –, wird vernichtet. Das sind typische Anzeichen und Verhaltensweisen des „Generaldirektoren-Syndroms".

Dieses Beispiel zeigt deutlich, dass ein neues Verständnis von Management und Führung im öffentlichen Bereich ebenso dringend nötig ist, wie in der freien Marktwirtschaft.

3. Durch Balance in Führung – das können Führungskräfte tun

> *„Wir werden nicht zu jenen Tagen rücksichtslosen Verhaltens zurückkehren, an denen diese Krise ihren Anfang fand. Zu jenen Tagen, an denen viele bloß auf schnelle Beute und aufgeblähte Boni aus waren. Deshalb brauchen wir strenge Regeln. Das alte Verhalten, das zur Krise geführt hat, darf keinen Bestand haben. Wir dürfen der Geschichte nicht erlauben, dass sie sich wiederholt."*

Diese Worte stammen von niemand geringerem als dem amtierenden amerikanischen Präsidenten Barack Obama.

In den ersten Kapiteln dieses Buches habe ich dargestellt, wohin *„das alte Verhalten"* – die deutliche Bevorzugung einzelner Motivationssysteme –, das Obama anspricht, führt: Zu Verunsicherungen, zu Angstzuständen, zu Krankheiten, zu enormen Kosten, zur großen Wirtschaftskrise und zu einer hohen Anzahl an Selbstmorden.

Paulo Coelho setzt sich in seinem 2009 erschienen Buch „Der Sieger bleibt allein" ebenfalls mit den Wirkungen und Folgen von Disbalancen auseinander. Seine Geschichte führt zu den Filmfestspielen nach Cannes; es geht um Geld, um Macht und um Ruhm. Für diese Werte sind heute die meisten Menschen bereit, alles zu tun. In einem Nebenstrang der Handlung sucht ein Mann, der mit dem Privatjet nach Frankreich kommt und Einladungen zu allen wichtigen Events erhält, der es also „geschafft" hat, Antworten auf die Frage, was „normal sein" bedeutet. Im Laufe der Zeit legt er sich eine „Inventurliste des Normalen" zu. Einige dieser Antworten möchte ich zitieren, denn sie zeigen – auch wenn es diese Liste nur im Roman gibt – wozu Disbalancen auch noch führen können:

> *Auszug aus „Der Sieger bleibt allein" von Paulo Coelho*
>
> „Normal ist,
>
> - dass wir unsere wahre Identität und unsere Träume vergessen und nur noch arbeiten, um zu produzieren. Zu reproduzieren und Geld zu verdienen;
> - dass wir täglich von neun bis siebzehn Uhr einer Arbeit nachgehen, die uns überhaupt keinen Spaß macht, nur damit wir dreißig Jahre später in Rente gehen können;
> - dass wir in Rente gehen und dann herausfinden, dass wir keine Energie mehr haben, um das Leben zu genießen, und wenige Jahre darauf an Langeweile sterben;
> - dass wir nach finanziellem Erfolg anstatt nach Glück streben;
> - dass derjenige lächerlich gemacht wird, der nach Glück strebt, anstatt nach finanziellem Erfolg;
> - dass derjenige kritisiert wird, der versucht, anders zu sein und aus der Reihe zu tanzen;
> - dass wir alles Erdenkliche tun, um vorzugeben, über allen anderen Menschen zu stehen, obwohl wir doch ganz normale Menschen sind;
> - dass unser Auto ein Symbol für unsere Macht ist und ein Mittel, andere zu beherrschen;
> - dass wir davon überzeugt sind, dass man als guter, anständiger, respektvoller Mensch automatisch als schwach, verletzlich und leicht beeinflussbar gilt;
> - dass wir Aggressivität und Unhöflichkeit im Umgang mit anderen als Zeichen einer starken Persönlichkeit werten."

Neue Prioritäten als Schlüssel zur Veränderung

Die Prioritäten müssen sich ändern, bei Managern und Führungskräften und in unserer Gesellschaft. Wir werden es nicht schaffen, die aktuellen Herausforderungen mit den gleichen Gedankenmodellen zu bestehen, die uns in diese große Krise geführt haben. Wir benötigen ein grundsätzliches Umdenken, um eine stabile Zukunft zu gewährleisten. Es muss möglich sein, Leistungen in Unternehmen zu erbringen, ohne dafür im Gegenzug psychisch belastet und krank zu werden.

Die Frage lautet: wie wird Hierarchie in Zukunft verstanden und gelebt? Wissenschaftliche Untersuchungen haben gezeigt, dass Organisationen ohne hierarchische Strukturen nicht funktionieren. Aus psychologischer Sicht verwundert das nicht. Vertikales Denken besitzt einen hohen sozialen und emotionalen Wert und befriedigt tief liegende Bedürfnisse nach Sicherheit und Ordnung, Zugehörigkeit und Anerkennung. Viele gut gemeinte Konzepte hierarchiefreier Organisationen mussten scheitern, weil sich, sobald drei Personen in eine Interaktion treten, eine gruppendynamisch erklärbare Struktur entwickelt, in der der Einzelne einen unterschiedlich hohen Status genießt. Schnell bildet sich eine informelle Hierarchie, in der Macht ebenfalls unterschiedlich verteilt ist. Es ist nicht mein Anliegen, Hierarchie in Frage zu stellen, sondern vielmehr neue Verhaltensweisen im vertikalen Umgang vorzuschlagen.

Auch wenn sich manche diese Balance der Motivationssysteme nicht vorstellen können, ist das Herstellen von ausgeglichenen Systemen der Schritt, der nun zu setzen ist. Der Typus des harten, machtorientierten Managers, der jede Situation fest im Griff hat und der keine Gefühle zeigt, hat ausgedient. Testosteron gesteuerte Super-Typen, die Scheinwelten aufbauen und regieren, müssen durch Führungskräfte ersetzt werden, die ausgewogen und langfristig, ernsthaft und überlegt denken und handeln. Vernunft sollte in Organisationen, im Management und in der Führung wieder an Stellenwert gewinnen. Der deutsche Autor und Träger des Friedenspreises des Deutschen Buchhandels, Martin Walser, schreibt:

> *„Die Macht des Vorgesagten nimmt bei uns täglich zu. ... der Staat und die Medien reden auf uns ein, immer im Namen der Vernunft. Die Vernunft ist das, was eine optimal konstruierte Maschine als die bestmögliche Lösung zu diesem Zeitpunkt anbieten kann. Die Vernunft ist ausgestattet mit Medienmacht. Und regelmäßig lässt die Vernunft herumfragen und nachzählen, wie viel Prozent sie wieder zur Zustimmung gebracht hat. Die Vernunft produziert Zustimmung wie eine Wa-*

re. Aber sie provoziert auch die Gegenstimme. Wenn wir Glück haben, dringt sie durch, wird auch öffentlich, weckt in anderen die schon im Zustimmen verloren gegangene innere Stimme, weckt Gewissen."

Motivationsbalance als Richtschnur für Führungskräfte

Motivational in Balance zu sein, heißt nicht, ein „Weichei" zu sein, sondern gewissenhaft, je nach Situation adäquat reagieren zu können. Es bedeutet keinesfalls von jedem Motiv 33,33% „zu haben", sondern die Fähigkeit zu denken und zu fühlen in einem Kontext zu verbinden. Persönlichkeiten haben Ecken und Kanten; diese müssen jedoch in einem bestimmten Rahmen bleiben. Wie weit dieser gesteckt werden kann, ist nicht generell zu beantworten, sondern in jeder Situation neu zu definieren. Wichtig erscheint mir, dass Führungskräfte einen Spielraum vorfinden und nutzen können, ausgeglichenes Verhalten aber trotzdem beobachtbar ist. Geht die Beachtung eines Motivsystems jedoch über diesen Rahmen hinaus, droht das gesamte System – beim prämierten Trickfilm der Gebrüder Lauenstein die Plattform – zu kippen. Die beschriebenen Konsequenzen sind die Folge.

Als verantwortlicher Manager sollte man in der Lage sein, jedes Motivsystem punktuell bedienen zu können. Im Einzelfall ist natürlich zu berücksichtigen, in welcher hierarchischen Ebene und in welcher Branche eine Führungskraft tätig ist. Ausgeglichenheit der Motivsysteme sollte aber ein grundsätzliches Merkmal von Managern und Organisationen sein. Mittelfristig sollte durch die gesetzten Handlungen eine Balance zu beobachten sein. Disbalancen beginnen dort, wo ein Motivsystem dermaßen in den Vordergrund gestellt wird, dass zumindest ein weiteres dadurch eindeutig vernachlässigt wird.

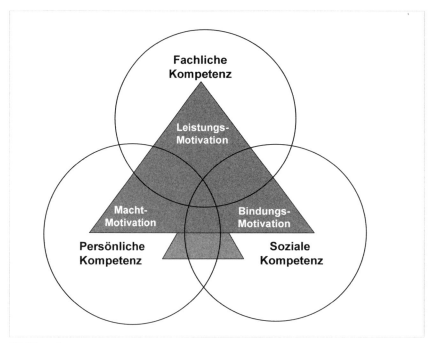

Abbildung 5

Ich denke, es ist höchste Zeit für eine neue Führungskultur, in deren Mittelpunkt eine besondere und in unserer Zeit sehr selten gewordene Eigenschaft stehen sollte. Wir brauchen für die Bewältigung der vielen anstehenden Probleme Persönlichkeiten, die Integrität ausstrahlen. Ihr persönliches Verhalten soll mit einem positiven Wertesystem übereinstimmen, dem eine humanistische Ethik zugrunde liegt. Integrität ist *die* Voraussetzung, um Menschen um sich zu scharen, von einer Idee zu überzeugen und in eine positive Richtung führen zu können. Eine Balance der Motivationssysteme, die im täglichen Handeln beobachtet werden kann, ist aus der Sicht der Akteure eine Voraussetzung für Integrität und für langfristig erfolgreiches wie zufriedenstellendes Handeln. Dadurch könnten Führungskräfte jenes Vertrauen von ihren Mitarbeitern zurückgewinnen, das so manche in den letzten Jahren durch überhebliches, arrogantes und egoistisches Verhalten verloren haben.

Für all jene, die bezweifeln, ob eine Balance der Motivsysteme die von mir damit assoziierten Vorteile herzustellen vermag, sei ein Zitat von Albert Einstein in Erinnerung gerufen:

„Eine wirklich gute Idee erkennt man daran, dass ihre Verwirklichung von voneherein ausgeschlossen erscheint."

Für die Umsetzung dieser Gedanken habe ich für jedes Motivationssystem jeweils fünf besondere Fähigkeiten und Eigenschaften ausgewählt. In Anlehnung an die „Big five" der Persönlichkeit – die sich in den ausgewählten Grundsätzen wiederfinden – stellen diese nun ein günstiges Profil für Führungskräfte dar. Persönlichkeiten, die sich in ihrem alltäglichen Verhalten an diesen Fähigkeiten orientieren, werden als ausgeglichen wahrgenommen werden und haben die Chance, den an sie gestellten Verantwortungen gerecht zu werden. Dabei soll und darf es keine Rolle spielen, in welcher hierarchischen Ebene sich jemand befindet.

Vielleicht ist gerade dies eine Möglichkeit, das „Peter-Prinzip", das in unserem alten, zu sehr machtmotivierten Verständnis von Führung und Management so oft zu beobachten ist, außer Kraft zu setzen.

- ## Das „Peter-Prinzip" außer Kraft setzen

1969 erschien die erste Auflage eines nur knapp über 100 Seiten starken Büchleins, das sich mit der Zeit zum weltweiten Bestseller entwickelte. Der Titel „Das Peter-Prinzip" war eher neutral, der Untertitel „Die Hierarchie der Unfähigen" hingegen äußerst provokant gewählt. Autoren dieses Büchleins waren der 1990 verstorbene Universitätsprofessor Laurence J. Peter, der seine Beobachtungen und Erfahrungen zu diesem Prinzip zusammenführte und ihm seinen Namen gegeben hatte, sowie der bereits 1985 verstorbene Bühnenautor und Fernsehproduzent Raymond Hull, auf dessen Drängen das Werk erst entstand und dessen Hauptberuf beim Lesen des Buches immer wieder in Erinnerung kommt. Humorvoll und mit einem Augenzwinkern stellen die beiden ein ernstes und bis heute aktuelles Thema dar. Das „Peter-Prinzip" beschreibt die Ursachen und die Gesetzmäßigkeiten für die überall auf der Welt herrschende Unfähigkeit.

Laurence J. Peter entdeckte im Laufe seiner Lehr- und Forschungstätigkeit, dass es in jeder Organisation eine Anzahl von Menschen gibt, die unfähig sind, ihrer Arbeit gerecht zu werden. Peter untersuchte daraufhin eine Fülle von Fallbeispielen, vor allem in der Wirtschaft und in der öffentlichen Verwaltung, und schuf ein neues Fachgebiet, die „Hierarchologie". Peters Hauptthese lautet:

> *„In einer Organisation neigt jeder Mitarbeiter solange hierarchisch aufzusteigen, bis er am höchsten Grad seiner Unfähigkeit angelangt ist. (...) Nach einer gewissen Zeit wird jede Position von einem Mitarbeiter besetzt, der unfähig ist, seine Aufgabe zu erfüllen".*

Auf die Frage, wer denn dann die ganze Arbeit in den Unternehmen leiste, meinte der Amerikaner:

> *„Sie wird von den Mitarbeitern erledigt, die ihre Stufe der Inkompetenz noch nicht erreicht haben".*

Das Diktat der Inkompetenz

Vergleichen wir diesen kritischen, beinahe 40 Jahre alten Ansatz mit meinen bisherigen Ausführungen, dann scheint er an Aktualität und Brisanz nichts verloren zu haben. In vielen Unternehmen funktioniert *„es"* meiner Beobachtung nach nicht wegen der großartigen Ideen, Entscheidungen und Handlungen der Top-Manager. „Es" funktioniert tatsächlich deshalb noch, weil sich viele Führungskräfte in den unteren und mittleren Hierarchieebenen und viele Mitarbeiter an der Basis bemühen, um nicht zu sagen „sich ein Bein heraus reißen", und allen Widrigkeiten zum Trotz ihre Aufgaben gewissenhaft und gut erfüllen.

Das wirklich problematische am „Peter-Prinzip", das ernst genommen werden sollte, ist, dass es sich in einer hierarchischen Pyramide unter günstigen Umständen wie ein Lauffeuer ausbreitet. Dies deshalb, weil es ja die Vorgesetzten sind, die ihre Mitarbeiter beurteilen und damit wesentlich beeinflussen, ob jemand befördert wird und damit aufsteigt. Ist der Vorgesetzte selbst noch auf der Stufe seiner Fähigkeit, dann werden die Beurteilungskriterien sinnvoll gewählt sein und tatsächlich im Zusammenhang mit dem Auftrag und der Leistungsbeschreibung des Mitarbeiters stehen.

Hat der Vorgesetzte, der die Beurteilung durchführen oder die Beförderung prüfen soll, jedoch bereits seinerseits den höchsten Grad an Unfähigkeit erreicht, werden Faktoren ins Treffen geführt, die an die irrationalen Entscheidungen im Zusammenhang mit dem „Generaldirektoren-Syndrom" erinnern. In vielen Organisationen beobachte ich seit längerem, dass oftmals nicht eine tatsächliche Verteilung von vorhandenen Kompetenzen für einen Aufstieg entscheidend ist, sondern eben ganz andere Faktoren. Ich meine hier ausdrücklich nicht nur die mitunter lustigen Vorgangsweisen für höchste Ämter in politischen Parteien und ihren angegliederten Organisationen. Manche konkreten Anfragen für Coachings zur Vorbereitung auf eine mögliche Beförderung lehne ich deshalb ab, weil mit einer sehr hohen Wahrscheinlichkeit davon ausgegangen werden kann, dass Kandidaten mit hohen Kompetenzen keine Chance haben werden, da diese Unternehmen nach ganz anderen Grundsätzen funktionieren und vom „Peter-Prinzip" vollständig geprägt sind. Innerhalb der Organisation kann das natürlich nicht erkannt werden, denn je länger das Prinzip andauert, desto mehr Unfähige stehen in einer Verbindung, in der es in der Hauptsache um die Erhaltung der eigenen Macht geht.

Eine kurze Fiktion zum „Peter-Prinzip"

Stellen Sie sich vor, irgendwo in einem hinteren Winkel Europas würde es ein kleineres, regionales Unternehmen der Finanzdienstleistungsbranche geben, das über Jahre hohe Gewinne erwirtschaftet hätte. Stellen Sie sich weiter vor, der Vorstand dieses Unternehmens bestünde lange Zeit aus drei Herren. Zunächst hätten wir natürlich einen Generaldirektor der seine Karriere nicht nur dem „Peter-Prinzip" verdankt, sondern auch vielen Zufällen, die ihn an die Spitze der Firma gebracht hätten. An seiner Seite stünden ein Generaldirektor-Stellvertreter, der als braver Diener seines Herrn allen Vorschlägen zustimmen und selbst keinerlei Initiativen setzen würde. Als Dritten im Bunde hätten wir in dieser Geschäftsleitung schließlich einen Direktor ohne den Zusatz „General", der ebenso durch einige Zufälle bis ins Top-Management des Unternehmens aufgestiegen ist, der aber als einziger dieses Trios seine höchste Stufe der Inkompetenz noch nicht erreicht hätte.

Nun stünde in diesem imaginären Unternehmen eine Personalentscheidung an, denn der Generaldirektorstellvertreter würde aus Altersgründen in eine andere Branche wechseln. Man möchte wohl meinen, dass – wie es auch vereinbart ist – der dritte Vorstandsdirektor nachrücken und Generaldirektor-Stellvertreter werden würde. Stellen Sie sich aber vor, dieser würde nicht nur sehr gute Arbeit leisten, weil er eben noch auf einer Stufe der Kompetenz steht, sondern er würde sich auch immer wieder kritische Bemerkungen erlauben: Er würde darauf hinweisen, dass die großen Erfolge der letzten Jahre auf Kosten der Gesundheit der Mitarbeiter erzielt worden seien und man es etwas langsamer angehen sollte. Da der Generaldirektor den höchsten Grad seiner Unfähigkeit bereits erlangt hätte, würde der gesamte Vorstand neu gestaltet. Jetzt nämlich ergäbe sich die Chance, einen unliebsamen Widersacher los zu werden. Dabei würde es keine Rolle spielen, ob rechtsgültige Verträge oder mündliche Vereinbarungen existierten. Der dritte Vorstandsdirektor würde in Zukunft nicht mehr im Vorstand vertreten sein. Um den Schein zu wahren, würde er vielleicht eine andere „wichtige" Aufgabe übernehmen. Die freie Vorstandsposition würde mit einem ehrgeizigen, aufstrebenden, dem Herrn Generaldirektor nicht widersprechenden Mitarbeiter besetzt. Einem, der dessen Macht nicht in Frage stellt. Dieser Kandidat würde nicht nach Kompetenzkriterien beurteilt, sondern einfach ins Konzept des obersten Bosses passen. Natürlich würde diese Rochade sachlich gut dargestellt und erklärt werden. Bei näherer Betrachtung würden sich diese Informationen aber als eher fadenscheinig herausstellen. In unserem hypothetischen Beispiel würde es genügen, mit dem Herrn Generaldirektor ein Hobby zu teilen, um der geeignete Kandidat zu sein.

So geht auch Laurence J. Peter davon aus, dass hohe Kompetenz in vielen Organisationen *„anstößiger"* ist, als Inkompetenz:

> *„(...) Kompetenz dagegen führt häufig zur Entlassung, weil sie die Hierarchie gefährdet. Sie verletzt dadurch das oberste Gebot des hierarchischen Lebens: Die Hierarchie muss erhalten bleiben."*

Zusammenfassend können wir festhalten, dass sich das „Peter-Prinzip" mit drei grundlegenden Fragen auseinandersetzt:

> *Die drei Grundfragen des „Peter-Prinzips"*
>
> 1. Frage
> Welche Motivationsmechanismen treiben eine Person an, sich in einer Hierarchie immer „höhere" Funktionen zu suchen?
>
> 2. Frage
> Wo liegen die Schwächen in der Selektion zur Beförderung in Unternehmen? Wer wird für eine zu besetzende Stelle ausgewählt und warum? Wer wählt wie und warum eine bestimmte Person aus?
>
> 3. Frage
> Welche Funktion sollen Aus- und Weiterbildungseinrichtungen haben? Sowohl firmenintern als auch extern sollten ja gerade diese dafür sorgen, dass die Fähigkeiten zur Erfüllung bestimmter Aufgabe vermittelt werden.

Wenn wir uns diese drei Fragen genauer ansehen, fällt auf, dass uns jede mögliche Antwort wieder zu den „Big Three" der Motivation zurückführt. Wann immer eine handelnde Person stärker und längere Zeit aus dem motivationalen Gleichgewicht gerät, sind nicht nur der „Sisyphos-Effekt", der „Gutmensch-Effekt" und das „Generaldirektoren-Syndrom" leidvoll zu beobachten, ist nicht nur dem „Peter-Prinzip" Tür und Tor geöffnet, sondern es wird sich auch an den fehlerhaften Systemen nichts ändern. Deshalb ist es mir so wichtig, von der gängigen Meinung, wie Motivation bei Führungskräften verteilt sein sollte, abzuweichen. Es gibt keinen Grund, dass Manager, egal welcher hierarchischen Ebene sie angehören, mehr Macht-, weniger Leistungs- und noch weniger Bindungsmotivation besitzen sollen. Genau von diesem Irrtum müssen wir uns verabschieden, wollen wir dem weltweiten Schlamassel entkommen und ein neues Verständnis sowie eine neue Kultur von Management und Führung schaffen.

Selbstwertgefühl als Fundament der Balance

Erinnern Sie sich an das gleichseitige Dreieck aus Holz, das ich in Veranstaltungen des Öfteren verwende, mit den Teilnehmern bespreche und dessen Ecken jeweils für eines der drei grundsätzlichen Motivationssysteme stehen. Metaphorisch gesprochen brauchen ein neues Verständnis und eine neue Kultur von Führung und Management Menschen, deren Dreiecke auf einem dünnen Stab balancieren und diese Balance über einen langen Zeitraum aufrechterhalten können. Mit anderen Worten: Es braucht Führungskräfte, die ein stabiles und positives Selbstwertgefühl und eine ausgeglichene Persönlichkeit auszeichnet.

Das Bild vom absolut starken und machtorientieren Führer und Manager sollte der Vergangenheit angehören. Wenn Menschen an die Spitze von Organisationen kommen, deren größte Kompetenz und Legitimation in einer sehr hohen Machtmotivation liegen, dann sind Katastrophen vorprogrammiert. Emotional ebenso wie sachlich.

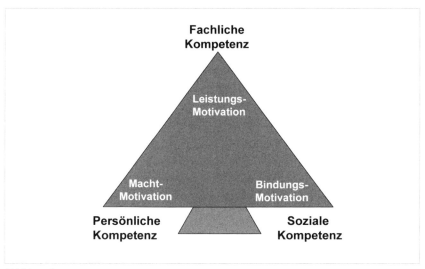

Abbildung 6

Die von mir auf den nächsten Seiten präsentierten Vorschläge zur Förderung bzw. zur Herstellung von Balance und Ausgeglichenheit können in mehrfacher Hinsicht verstanden und genutzt werden. Etwa als Orientierungshilfen im Sinne einer Selbstreflexion. Wohlwollend und selbstkritisch kann man sich den Fragen, die am Ende der jeweiligen Ideen formuliert sind, stellen. Sie können aber genauso gut als Grundlage für Personalentscheidungen in verschiedenen Organisationen für die unterschiedlichen hierarchischen Ebenen verwendet werden. Sie könnten aber auch Anlass für eine offene Diskussion über den Balance-Status in einer Organisation sein.

- **Werkzeuge im Rahmen der fachlichen Kompetenz und des Leistungsmotivs**

In diesem Rahmen stelle ich fünf Überlegungen im Sinne von Fähigkeiten, Eigenschaften oder Werkzeugen vor (und erhebe selbstverständlich keinen Anspruch auf Vollständigkeit), die eine inhaltliche Verbindung miteinander aufweisen. Mit der Umsetzung dieser Gedanken und Möglichkeiten sorgt eine Führungskraft bzw. eine Organisation dafür, dass die Bedürfnisse des Leistungsgedankens befriedigt, den sogenannten „hard facts" wie der fachlichen Kompetenz genügend Aufmerksamkeit geschenkt wird und es trotzdem zu einer verbindlichen Balance mit den beiden weiteren Motivationssystemen kommen kann.

Abbildung 7

- **Für „Kontext-Ziele" sorgen**

Für Ziele zu sorgen, ist unbestritten eine der wichtigsten Aufgaben einer Führungskraft. Daran möchte ich im Sinne eines neuen Verständnisses und einer neuen Kultur von Führung und Management unbedingt festhalten. Im Rahmen meiner Beratungstätigkeit werde ich immer mit der Frage konfrontiert, ob Ziele nur „vereinbart" oder auch "vorgegeben" werden sollten. Wenn ich meine Antwort formuliere, ernte ich meist große Verwunderung. Denn das ist nicht die entscheidende Frage. Natürlich ist es besser, die Beteiligten zu Betroffenen zu machen und sie in den Prozess einzubinden. Die wirklich entscheidende Frage aber lautet, worauf sich die Ziele eines Unternehmens richten und was mit den Zielen erreicht werden soll. Genau hier gilt es, die Führungsaufgabe „Für Ziele sorgen" neu zu definieren. Ich möchte der Sichtweise von Milton Friedman und seinen Anhängern, wonach die Ethik eines Unternehmens ausschließlich darin besteht, den Profit zu steigern, ein Ende bereiten. Natürlich müssen betriebswirtschaftlich orientierte Firmen Gewinne erwirtschaften, schwarze Zahlen schreiben, Rücklagen bilden. Sie könnten sonst nicht überleben, ohne auf fremde Hilfe angewiesen zu sein. Firmen sollen mit ihren Dienstleistungen und Produkten Geld verdienen, damit es ihnen und ihren Mitarbeitern wirtschaftlich gut geht.

Den Kontext der Ziele beachten

Im Sinne eines neuen Verständnisses und einer neuen Kultur von Führung und Management sollten sich Ziele künftig jedoch an einem übergeordneten Kontext orientieren. Dieser könnte dafür sorgen, dass in den vielen Zielen, die eine Organisation verfolgt, mehrere Interessen stecken und so ein übergeordneter Sinn – die Antwort auf die Frage, „wozu sind wir da?" – verfolgt und sichtbar wird. Ein Unternehmen schreibt eben nicht nur eine Bilanz, die in einem Geschäftsbericht veröffentlicht wird, sondern ebenso viele individuelle Lebensgeschichten wie es Mitarbeiter hat. Ein höherer Kontext, in den z.B. Ertragsziele eingebettet sind, könnte dafür sorgen, dass auch sogenannte „weiche Faktoren" in der Formulierung der wichtigsten Unternehmensziele berücksichtigt werden. Den „harten Faktoren" wird nach wie vor wesentlich mehr Glauben und damit Aufmerksamkeit geschenkt. Das hängt zum einen mit der „Macher-Mentalität" vieler Manager zusammen, die davon überzeugt sind, dass es die „harten Faktoren" sind, die „wirklich zählen". Zum anderen liegt es daran, dass „hard facts" viel leichter zu kontrollieren sind. Marktanteile, Renditen, Durchlaufzeiten, Personal- und Sachkosten, Auslastungen, Wachstum, Aktienwert usw., all das kann man messen, zählen, abwiegen, stoppen. Dabei wird oft die Frage übersehen, wodurch diese Ergebnisse zu Stande kommen. Genau hier spielen die „soft facts" eine entscheidende Rolle. Motivation und Engagement, Zufriedenheit, Wohlgefühl und Gesundheit, Kommunikation und Information, menschliche Qualität der Führung, sind jene Einflussgrößen, die mitentscheiden, was in einem Unternehmen tatsächlich möglich ist. Ich verwende hier die Metapher eines großen Trichters. Erst müssen viele, verschiedene Faktoren zusammen kommen und hineingegeben werden, damit unterm Strich ein wirklich gutes Ergebnis herauskommt; ganz nach dem Motto:

„Das Vermögen eines Unternehmens besteht darin, was die Mitarbeiter vermögen!"

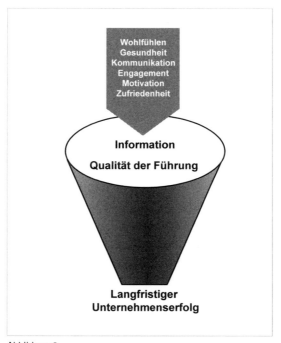

Abbildung 8

Wie ist meine Forderung nach Zielen, die sich an übergeordneten Kontexten orientieren, nun konkret zu verstehen? Für die Antwort müssen wir uns die drei grundsätzlichen Motivationssysteme noch einmal anschauen und eine kleine aber wichtige Präzisierung vornehmen.

> *Präzisierung der Motivationssysteme*
>
> Das **Leistungsmotiv** (mit seiner Fachkompetenz) steht stabil und unangetastet für alle „harten Faktoren" wie bspw. sämtliche materiellen Ziele.
> Die beiden Motive, die in der Beziehungsebene liegen, müssen wir hingegen etwas differenzieren:
> So steht das **Bindungsmotiv** (mit seiner Sozialkompetenz) in diesem Zusammenhang für sämtliche Beweggründe der Kunden (Patienten; Zwischenhändler usw.) eines Unternehmens.
> Das **Machtmotiv** (mit seiner persönlichen Kompetenz) schließlich steht für alle Anliegen und Motivationen der Mitarbeiter einer Firma.

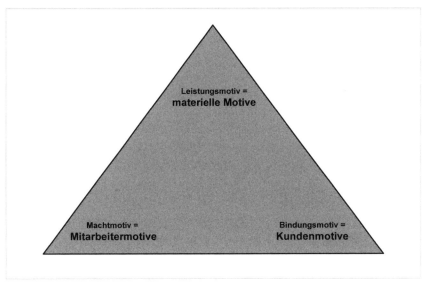

Abbildung 9

Wie man „Kontext-Ziele" formuliert

Nun zur konkreten Formulierung von „Kontext-Zielen". Was müssen Führungskräfte und Manager tun?

1. Zum ersten sollte jedes einzelne Ziel, das ein Unternehmen verfolgt, einem konkreten System der „Big Three" eindeutig zugeordnet werden können. Diese Präzisierung sollte nicht allzu schwer fal-

len. Somit richtet sich ein Ziel entweder auf eine materielle Größe, auf die Kunden oder auf die Mitarbeiter. Im „Ziele-Heft" einer Organisation sollten sich für einen bestimmten Zeitraum Ziele zu allen drei Motivsystemen finden. Dabei sollte keines bevorzugt werden und die Vorhaben sollten sich ergänzen.

2. Danach, und das ist eine große Herausforderung, sollte für jedes einzelne Ziel erarbeitet und formuliert werden, welche Auswirkungen durch die Verfolgung und auch durch die Realisierung dieses Zieles in den beiden anderen Systemen zu erwarten sind. Wenn also ein Ziel verfolgt werden soll, das sich eindeutig an die Kunden, nach außen, richtet, dann müssen zwei weitere Fragen gestellt werden:

a) Erstens muss erhoben werden, welche Auswirkungen im Motivationssystem „Mitarbeiter", also intern, zu erwarten sind.

b) Zweitens muss festgehalten werden, was die Verfolgung und Realisierung dieses Zieles auf der materiellen Ebene bedeutet.

Diese Vorgangsweise verhindert, dass in einer Organisation Ziele vehement verfolgt werden, die auf der einen Seite zwar materielle wie ideelle Vorteile oder Gewinne versprechen, auf der anderen Seite jedoch materielle wie ideelle Probleme und Verluste verursachen. Diese Methode bietet einen gewissen Schutz vor einseitigen und unausgeglichenen Entscheidungen, die vielleicht mehr Schaden anrichten als sie Nutzen stiften. Die Arbeit mit „Kontext-Zielen" wirkt auch einem allzu kurzfristigen Denken entgegen, da mehrere Parameter berücksichtigt werden müssen.

Ich bin davon überzeugt, dass diese Vorgangsweise zu einer höchst notwendigen Ausgeglichenheit zwischen „alt" und „neu" führen wird. Jene Führungskräfte, die mit ihren Zielen bislang allen anderen davongaloppiert sind, weil sie immer neue Ideen und Vorhaben ins Spiel gebracht haben und permanent alles verändern wollen, werden etwas langsamer werden. Jene Manager aber, die ihre Aufgabe vor allem darin sahen, das Alte und Gewohnte zu erhalten, und sich gegen Neuerungen zur Wehr gesetzt haben, werden vermutlich etwas innovativer werden. Dieser Ansatz gibt der Forderung nach ganzheitlichem Vorgehen und ganzheitlichen Lösungen eine neue Bedeutung.

Die Verschiebung der Motivationssysteme bei der Österreichischen Post AG

Das hätte auch der Österreichischen Post AG gut getan. Die Einseitigkeit in der Unternehmensausrichtung beschreibt der Essayist und Schriftsteller Karl-Markus Gauß: *„Manchmal quälen mich Erinnerungen an die barbarischen Zeiten, in denen ich jung war. Damals mussten wir in dem Viertel, in dem ich aufwuchs, einen Briefträger erdulden, der sich die Frechheit herausnahm, die Post wirklich jeden Werktag zuzustellen. In jener Ära der Unfreiheit befand sich die Post in Staatsbesitz und sah ihren Auftrag lächerlicherweise darin, die Bevölkerung mit ihren Postsendungen (...) zu versorgen. (...) wenn in dem Salzburger Stadtteil, in dem ich jetzt wohne, die Post mitunter nur mehr einmal in der Woche zugestellt wird. Bizarre Vorstellung, dass die Post einmal nicht dazu da war, Aktionären Gewinne zu bescheren, sondern Zeitungen, Briefe, Pakete zuzustellen oder darauf zu schauen, dass das Telefonnetz in Ordnung ist."*

Der Grundsatz bei der Erarbeitung von „Kontext-Zielen" lautet: Erst wenn zumindest in einem zweiten Motivationssystem ebenfalls positive Parameter beschrieben werden können, orientiert sich das primäre Ziel an einem höheren Kontext und sollte mit aller Kraft verfolgt werden. Wenn es sich also um ein finanzielles Ziel handelt, dann sollten damit eindeutige und unstreitbare positive Auswirkungen auf entweder der Kunden- oder der Mitarbeiterebene verbunden sein. Wirklich optimale Ziele im Sinne eines übergeordneten Kontextes ergeben sich dann, wenn in allen drei Motivationssystemen positive Konsequenzen beschrieben werden können.

Um eine Hilfe zu geben, möchte ich einige Faktoren der jeweiligen Motivsysteme anführen.

Mögliche Zielparameter für die unterschiedlichen Motivsysteme

Auf der **„Leistungsebene"** sollte eindeutig zum Ausdruck kommen, wofür die Organisation steht und worin der Sinn des Handelns – der Unternehmenszweck – zu sehen ist. Des Weiteren könnten sich

> Begriffe finden, wie Umsatz, Rendite, Eigen- und Fremdkapital, Cashflow, Personal- wie Sachkosten, Durchlaufzeiten, Produktionsmengen, Preise, Produktentwicklung, Marktanteil sowie -position usw.
>
> Die **„Kundenebene"** könnte z.B. beschrieben werden durch Image, Zufriedenheit, Erreichbarkeit, Rückmeldungen, Bekanntheitsgrad, Service, Empfehlungen, Bindung, Veranstaltungen, Nutzen, Netzwerke usw.
>
> In der **„Mitarbeiterebene"** könnten sich Faktoren finden wie z.B. Bezahlung, Altersstruktur, Geschlechterquote, Kompetenzen, Aus- und Weiterbildung, Aufstiegschancen, Arbeitsbedingungen, Gesundheitszustand, Arbeitszeit, Einsatz, Motivation, Kommunikation und Information, Aus- und Belastung usw.

Von „Kontext-Zielen" können wir also dann sprechen, wenn erwartet werden kann, dass zumindest zwei der drei grundsätzlichen Motivationssysteme durch die Auswirkungen der Zielerreichung positiv beeinflusst werden. Mir ist selbstverständlich bewusst, dass es nicht immer gelingen wird, Ziele zu formulieren, die in jedem Motivsystem positiv besetzt sind. Aber vielleicht könnte man es doch so halten, wie in der Werbung postuliert: „Nicht immer, aber immer öfter!"

Arbeitet eine Führungskraft mit „Kontext-Zielen", entsteht ein weiterer Nutzen: ihre Entscheidungen werden nachhaltiger. Wissenschaftliche Studien belegen, dass Entscheidungen umso besser werden, je eher ihr Kontext berücksichtigt wird. Die amerikanische Wirtschaftsjournalistin Suzy Welch stellt in ihrem Buch „10-10-10", das sich auf der Bestsellerliste der New York Times befindet, eindrucksvoll dar, wie wichtig die Berücksichtigung des Kontextes für das Treffen von Entscheidungen und Setzen von Zielen ist. Sie stellt die Frage, welche Auswirkung die Entscheidung in 10 Minuten, in 10 Monaten und in 10 Jahren haben wird. Dieser Ansatz kann bei der Formulierung von „Kontext-Zielen" ebenfalls hilfreich sein.

Ähnlich sieht das auch Götz Werner, Gründer der „dm-Drogerie-Märkte". In einem Interview mit der österreichischen Tageszeitung „Der Standard" wurde er auf die eher geringe Umsatzrendite von unter zwei Prozent angesprochen. Werner:

„Unsere Rendite ist ausreichend. Die Erträge müssen so sein, dass sich mit ihnen die Zukunft bewältigen lässt. Mehr braucht es nicht. Man beteiligt sich nicht an Unternehmen wegen der Dividende, sondern damit es diese Firmen gibt. Und das ist Dividende genug. Geht es nur um sie, könnte man das Geld gleich aufessen. Es ist wie beim Atmen: Entnehme ich zu viel Gewinn, wird mir schwindlig."

Fragen, die sich eine Führungskraft im Sinne einer Reflexion stellen könnte:
- Sorge ich im Rahmen meiner Möglichkeiten für meinen Bereich und meine Mitarbeiter für „Kontext-Ziele"?
- Haben diese „Kontext-Ziele" Sinn und helfen sie unseren ureigensten Zweck zu realisieren?
- Welche Konsequenzen werden unsere „Kontext-Ziele" haben?
- Welche Entscheidungen stehen hinter den „Kontext-Zielen" in meinem Verantwortungsbereich?
- Sind diese „Kontext-Ziele" transparent?
- Besprechen wir die möglichen Auswirkungen unserer „Kontext-Ziele" auf die drei Motivsysteme und berücksichtigen wir diese in unseren Strategien?

• Effektivität und Effizienz verbinden

Jemand der effektiv handelt, muss nicht zwangsläufig effizient sein. Vielleicht kommt Ihnen folgende Geschichte bekannt vor:

Ein Beispiel aus dem Sport: Effektivität versus Effizienz

Bei einem Basketballspiel sitzen einige Ergänzungsspieler auf der Ersatzbank. Von dort beobachten sie mehr oder weniger interessiert und aufmerksam das Geschehen auf dem Platz. Es geht blitzschnell und wogt hin und her. Je länger das Spiel fortschreitet, desto unaufmerksamer werden jedoch die möglichen Einwechselspieler. Kurz vor Spielende muss ein nicht vorgesehener Wechsel durchgeführt werden. Schnell macht sich ein Ersatzmann bereit und sprintet voller

> Elan auf das Parkett. Im nächsten Moment erkämpft er sich den Ball, dribbelt unbehindert zum Korb und trifft. Dieser Spieler war in seiner Aktion überaus effektiv, warf er doch einen Korb. Er war aber leider in keiner Weise effizient. Als der Spieler die Reaktionen seiner Mitspieler und die des Publikums wahrnahm, wurde ihm schlagartig bewusst: Er hatte in den falschen, weil in den eigenen Korb geworfen!

Dieses Phänomen ist im Alltag von Organisationen leider ebenso zu beobachten. In vielen Firmen sind Mitarbeiter zwar sehr engagiert und motiviert tätig, machen dabei jedoch die falschen Dinge richtig.

Die Unterscheidung von Effektivität und Effizienz geht auf den aus Österreich stammenden Ökonomen Peter Ferdinand Drucker zurück. Der 2005 verstorbene Wissenschaftler, der viele Jahre in Amerika gelehrt hat, gilt als einer der einflussreichsten Managementdenker der Geschichte. Von ihm stammt übrigens auch das Konzept des „MbO" des „Management by Objectives" („Führen durch Zielvereinbarung"). Im Sinne Druckers ist Effizienz ein Maß für die Wirtschaftlichkeit und beschreibt eine Kosten-Nutzen-Relation, etwa für eine kostengünstige Produktion zu sorgen. Dahinter steckt der grundsätzliche Gedanke, keine Ressource zu verschwenden. Dafür ist das Management verantwortlich. Den Mitarbeitern obliegt es hingegen, für die nötige Effektivität zu sorgen. Sie stellt somit ein Maß für die Zielerreichung, die Wirksamkeit und den Output dar. Damit trennte Peter F. Drucker Wissensarbeit und Umsetzungsarbeit. Eine neue Idee, die nichts anstößt, ist demnach wertlos. Also ist es die Verantwortung dessen, der die Idee hat, für deren Umsetzung zu sorgen.

Dieser, Mitte der sechziger Jahre des 20. Jahrhunderts veröffentlichte Ansatz ist im Hintergrund des vorherrschenden Denkens dieser Zeit einigermaßen zu verstehen. In der fortschreitenden Wissens- und Kommunikationsgesellschaft erscheint mir eine Trennung nicht günstig zu sein. Da die Anforderungen immer komplexer werden, sind die meisten Arbeitnehmer in ihren Tätigkeiten sowohl Wissensarbeiter als auch Ausführer. Durch die Verbindung von Effektivität und Effizienz entsteht ein ganzheitlicher Ansatz, der wiederum für mehr Balance sorgt. Dafür sind jedoch Handlungsspielräume nötig, in denen die Beschäftigten selbstverantwortlich und in eigener Kompetenz agieren können.

In jeder hierarchischen Ebene sollten sämtliche Prozesse von Zeit zu Zeit sowohl auf ihre Effektivität als auch auf ihrer Effizienz überprüft werden. Für Führungskräfte aller Ebenen sollte es unabdingbare und klare Regel sein, alle Vorhaben in ihrem Verantwortungsbereich immer wieder daraufhin zu hinterfragen, ob es die richtigen Aufgaben, Ziele sind, die verfolgt werden, und ob diese richtig umgesetzt werden. Erst diese ganzheitliche Betrachtungsweise sorgt für ein ausgewogenes Verhältnis von Einsatz und Nutzen. Außerdem unterstützt sie eher das langfristige Denken, wie wir auch beim Ansatz der „Kontext-Ziele" gesehen haben.

Fragen, die sich eine Führungskraft im Sinne einer Reflexion stellen könnte:

- Machen wir die richtigen Dinge, um unsere Kontext-Ziele zu erreichen?
- Sind wir in unserem Handeln effektiv?
- Verbinden meine Mitarbeiter mit ihren Tätigkeiten beide Begriffe?
- Sind Effektivität und Effizienz regelmäßig Thema in unseren Besprechungen?

• Mit Regeln arbeiten und sich daran halten

Es spielt keine Rolle, in welcher hierarchischen Ebene sich eine Führungskraft befindet, es ist eine ihrer vordringlichsten Aufgaben, für klare Regeln zu sorgen, egal wie groß die Gruppe ist, für die sie gelten sollen. Der Firmenchef hat also die Aufgabe, Regeln für das gesamte Unternehmen aufzustellen, der Abteilungsleiter für seine Abteilung und der Gruppenleiter eben für seine Gruppe. Dabei ist sicher zu stellen, dass Regeln von Gruppen der unteren Hierarchieebene mit jenen von übergeordneten Teams kompatibel sind und in keinerlei Konkurrenz zueinander stehen. Je stärker die Mitarbeiter einer Organisationseinheit in die Erarbeitung der Regeln eingebunden sind, desto verlässlicher werden sie umgesetzt werden.

Regeln stellen in jeder Organisation eine wichtige Orientierungshilfe dar. Als Ge- bzw. Verbote beschreiben sie einen gewünschten, idealen Zustand. Im Alltag geht es darum, sich diesem Ideal immer wieder anzunähern. Wenn man die Regeln kennt, weiß man, was möglich ist und was nicht. Wenn man erlebt, dass auch die anderen Mitglieder einer Organisation bzw. einer Gruppe die Regeln kennen und beachten, dann wird sowohl individuelles wie kollektives Verhalten einigermaßen vorhersagbar. Dadurch sinken die Risiken für Konflikte und Menschen fühlen sich, wie man so schön sagt, „in der Regel" sicher. Dafür gibt es ein wunderbares Beispiel, nämlich die „Goldene Regel".

Die „Goldene Regel"

Seit dem 18. Jahrhundert bezeichnet man den wohl bekanntesten Grundsatz der praktischen Ethik so. Die verbreitete deutschsprachige Version lautet:

> *„Was Du nicht willst, was man Dir tu', das füg' auch keinem anderen zu".*

Diese Formulierung drückt ein bestimmtes Maß an Gegenseitigkeit aus und hat sich deshalb entwickelt, weil sie die Sicherung einer sozialen Gemeinschaft zum Ziel hat. Immanuel Kant, einer der bedeutendsten Vertreter der abendländischen Philosophie, stellt ebenfalls im 18. Jahrhundert mit seinem Kategorischen Imperativ

> *„Handle nur nach derjenigen Maxime, durch die Du zugleich wollen kannst, dass sie ein allgemeines Gesetz werde"*

eine ähnliche Forderung auf. Der Philosoph bezieht seinen Gedanken auf „alle vernunftbegabte Wesen". Kant: *„Habe Mut, dich deines eigenen Verstandes zu bedienen"*. Dies im Sinne eines kritischen und gewissenhaften selbstständigen Denkens und Handelns. Der inhaltliche Zusammenhang mit den „Kontext-Zielen" ist beabsichtigt und Ihnen sicherlich in den Sinn gekommen.

Auffällig ist, dass beide Weisheiten ohne konkreten Inhalt auskommen. Sie postulieren jeweils nur ein Kriterium und überlassen die konkrete Übersetzung im Alltag den handelnden Menschen. Das ist in Zeiten, in denen wir halb zu Tode formuliert und standardisiert und zertifiziert werden, besonders erwähnenswert.

Da Regeln das „richtige" Verhalten beschreiben, sind sie ein wesentlicher Baustein für die Entwicklung der Identität einer Organisation oder eines Teams. Sie setzen Grenzen und tragen zu einer gewissen Stabilität bei, sie erfordern Anpassung und Verzicht des Einzelnen. Regeln müssen unbedingt ernst genommen werden. Dabei nimmt der Vorgesetzte eine Vorbildrolle ein. Ob er will oder nicht, er stellt den Prototyp dar, bietet das Modell, mit dem sich die Mitarbeiter bewusst oder unbewusst immer wieder vergleichen. Was die Einhaltung von Regeln betrifft, kann sich niemand aussuchen, ob er Vorbild sein will oder nicht. Beeinflussen kann jede Führungskraft aber, ob das Vorbild mit einem „Plus" oder einem „Minus" besetzt wird. Ein positives Vorzeichen wird in der Regel dann vergeben, wenn deren Einhaltung beobachtet werden kann. So wie ein roter Faden, der sich durch eine individuelle Geschichte zieht. Wenn dies über einen längeren Zeitraum gelingt, dann verzeihen Mitarbeiter sogar Fehlverhalten – oder sie übersehen es einfach.

Im Sinne einer neuen Kultur von Führung und Management habe ich die Forderung nach integeren Führungskräften erhoben. Integrität meint in diesem Zusammenhang, für Regeln zu sorgen, und vor allem, sie selbst einzuhalten. Sich selbst am eigenen Regelwerk zu orientieren, das ist die große Herausforderung. Es gibt aktuell genug Manager, die „Wasser predigen, selbst aber Wein trinken", und zwar vom Besten. Viele Politiker und sogenannte Top-Manager sind diesbezüglich wirkliche Profis. Sie sind mitverantwortlich, dass sich der „kleine Mann auf der Straße" fragt, warum gerade er sich an Regeln halten soll, wenn aus seiner Sicht „die da oben" es nicht tun, sondern vielmehr lügen, tricksen und ihren persönlichen Vorteil in den Vordergrund stellen.

Balance im Aufsetzen eines Regelwerkes

Die Herausforderung in der Bildung eines Regelwerkes besteht wiederum darin, die richtige Balance zu finden. Das richtige Maß in quantitativer Hinsicht ebenso wie in qualitativer. Die Qualität eines

Regelwerkes zeigt sich darin, dass jedes der drei großen Motivationssysteme Berücksichtigung findet. In vielen Unternehmen gibt es Regeln im Sinne von Fach- und Leistungsbeschreibungen oder Qualitätsstandards. Diese sind unabdingbar, möchte eine Gruppe erfolgreich sein. Sie sollten jedoch durch Vereinbarungen aus der Bindungsmotivation und sozialen Kompetenz sowie der Machtmotivation und der persönlichen Kompetenz ergänzt werden. Dann wird es gelingen, eine vernünftige Antwort auf die Frage, „wie weit gehen wir, um unseren Profit zu steigern?" zu finden. Vernünftige Regeln setzen Grenzen. Und vor allem: Wenn eine soziale Gruppe Vereinbarungen als für sie günstig und hilfreich akzeptiert hat, dann haben Regeln Sinn. Sie decken sich mit den Überzeugungen und Vorstellungen der Menschen in der Organisation. Nur wenn in einem Regelwerk Sinn erkannt wird, besteht eine Wahrscheinlichkeit, dass es eingehalten wird.

Was die Quantität eines Regelwerkes betrifft, gilt der Grundsatz „weniger ist mehr". Vielleicht beinhalten die „Goldene Regel" und der „Kategorische Imperativ" deshalb keine konkreten Umsetzungsbeispiele, weil niemals alles, was in einem Sinne gut wäre, beschrieben werden kann. Vielleicht genügt es manchmal tatsächlich, auf einer höheren Ebene, eben in einem Kontext zu denken. Viele gut gemeinte und mit viel Engagement erstellte Leitbilder, die ja als Regelwerke gedacht sind, werden deshalb zu „Leidbildern", weil sie zu umfangreich, zu detailliert sind und eben alles beschreiben möchten. In derartigen Fällen kann es sein, dass sich Menschen vor lauter Regeln nicht mehr an diese halten können. Dies ist dann vergleichbar mit dem Auffahren auf eine österreichische Autobahn. Als Fahrer kann man die Vielzahl der Hinweis-, Gebots- und Verbotsschilder gar nicht mehr wahrnehmen. Man ist durch die vielen Hinweisschilder überfordert.

Raum für Handlungsspielräume lassen

So notwendig Regeln für ein Miteinander-Arbeiten sind, so wichtig ist es, dass den handelnden Personen noch Handlungsspielräume bleiben. In diesem Sinne sollte ein Regelwerk nur die wichtigsten Vereinbarungen beschreiben. Diese aber so, dass alle Betroffenen verstehen, was unter der jeweiligen Regel zu verstehen ist. Im optimalen Falle sind die wichtigsten Regeln gemeinsam von der Führungskraft und den Mitarbeitern erarbeitet. Das wird nicht immer möglich sein und ist auch nicht immer sinnvoll. Fest steht jedoch, dass so die Betroffenen tatsächlich zu Beteiligten gemacht werden können. Auf die Möglichkeiten, die sich ergeben, wenn Mitarbeiter in bestimmte Prozesse eingebunden sind, kommen wir später zurück. Einbindung erhöht jedenfalls die Umsetzungswahrscheinlichkeit. Manchmal höre ich diesbezüglich Aussagen wie *„Das kannst Du bei meinen Leuten sowas von vergessen"* oder *„Die interessiert das doch nicht!"*. Dann denke ich oft, dass es vielleicht genau diese Vorurteile und die mangelnde Mitgestaltungsmöglichkeit der Mitarbeiter sind, die letztlich zu Desinteresse führen. Zumindest aber stelle ich mir die Frage, wie es so weit gekommen ist, dass Mitarbeiter kein Interesse mehr zeigen? Nur wenn wir immer wieder gefordert sind nachzudenken – unsere Vernunft zu benutzen – und uns inhaltlich positionieren müssen, können wir verantwortlich im Sinne eines Regelwerkes handeln. Wenn wir dann noch positiv besetzte Vorbilder zur Seite haben, gelingt dies in der Regel ziemlich sicher.

> *Fragen, die sich eine Führungskraft im Sinne einer Reflexion stellen könnte:*
> - Sorge ich für die gemeinsame Entwicklung einfacher, weniger Regeln?
> - Orientieren sich diese an den drei Motivationssystemen?
> - Bespreche ich diese regelmäßig mit meinen Leuten und halte ich mich selbst daran?
> - Bleibt trotz Regeln ausreichend individueller Handlungsspielraum für meine Mitarbeiter?

• Selbstkontrolle fordern und fördern

Die klassischen Management-Theorien basieren auf der Grundüberlegung, dass jede organisatorische Einheit von ihrer übergeordneten Stelle abhängig ist. Durch diesen Ansatz entstanden Modelle wie die Hierarchie- und die Kontroll-Pyramide. Ansfried B. Weinert beschreibt in seinem Klassiker „Lehrbuch der Organisationspsychologie" die „Pyramidale Kontrolle" als

> *„eine zentralgesteuerte Kontroll- und Koordinationsinstanz, die als eine zentrale Autoritätsgewalt und Führung innerhalb der Organisation notwendig wird, die Gesamtplan und Ziel der Organisation und Fertigung festlegt, und die jeden einzelnen Produktionsschritt überwacht."*

In diesem, zunächst plausiblen Ansatz geht es in der Hauptsache um die Verteilung von Kompetenz und Macht innerhalb einer Organisation. Ein gewisses Misstrauen gegenüber nachgeordneten Hierarchieebenen ist hier impliziert.

Das Kontrollparadoxon

Was anfangs vielleicht gut funktioniert hat, entwickelte sich im Laufe der Zeit zum „Kontrollparadoxon", das im Blickwinkel von drei Betrachtungen besonders gefährlich erscheint. Erstens wurden Macht und Kompetenzansprüche in der Hierarchie immer weiter nach oben verschoben. Zahlreiche groß angelegte Zentralisierungen sprechen Bände. Zweitens wurde damit zeitgleich die Eigenverantwortung und -ständigkeit der mittleren und unteren Hierarchieebenen dermaßen stark beschnitten, dass in manchen Branchen und Firmen ohne die Vertreter der „Overheads" keine Entscheidungen getroffen werden können. Dies führte zu Unselbstständigkeit, mangelndem Interesse sowie fehlender Identifikation mit den Unternehmen. In manchen Fällen verursachte dieses Modell Angst bei Mitarbeitern, selbst Entscheidungen zu treffen. So werden diese Themen lieber rückdelegiert.

Genau diesen Umstand verwenden nun viele Führungskräfte als Erklärung dafür, die Entscheidungen möglichst weit oben in der Hierarchie anzusiedeln. Und dies bringt mich zur dritten, meiner Ansicht nach gefährlichsten Komponente. Zeitgleich nahm nämlich die Kontrolle der obersten hierarchischen Ebenen, wie viele Details der Finanzkrise zeigen, deutlich ab. Dies liegt auch daran, dass sich diverse Kontrollorgane – wie Aufsichtsräte – als schwach und wirkungslos gezeigt haben. Das System hat, hierarchisch gesehen, die Kontrolle nach unten übertrieben. Es hat motivierten und fachlich kompetenten Menschen Handlungsspielräume genommen und gleichzeitig die mächtigen Vorstände, die unter Umständen schon voll unter den Auswirkungen des „Generaldirektoren-Syndroms" oder des „Peter-Prinzips" standen, mit enormen Machtbefugnissen ausgestattet. Daher halte ich es für notwendig, in jeder hierarchischen Ebene einer Organisation eine eigenständige Kontrolle von Aufgabenumsetzung und Handlungen zu fordern. Diese orientiert sich an den jeweiligen Aufgabenstellungen, an der aktuellen Situation sowie an der Reife und Persönlichkeit der beteiligten Mitarbeiter. Es sind viel mehr Menschen gut in der Lage, ihre Tätigkeiten selbst zu überprüfen und eventuelle Korrekturen anzubringen, als man zunächst glauben würde – wenn man ihnen die dafür nötigen Kompetenzen zugesteht. Vielleicht könnten durch eine erhöhte Selbstkontrolle viele Fehler, die täglich in so manchen Firmen passieren, vermieden werden. Ich halte es für eine logische Folge des hohen Anteils von Fremdkontrolle, dass sich Mitarbeiter nur sehr wenig mit den Inhalten, den Bedeutungen und den Konsequenzen ihrer Tätigkeiten auseinander setzen. Überall dort, wo die handelnden Personen in irgendeiner Art und Weise mit der Kontrolle des eigenen Tuns konfrontiert werden, funktioniert die Arbeit wesentlich besser. Diese Beobachtung begleitet mich seit beinahe 20 Jahren. Dies wäre doch einen breiteren Versuch wert, zumindest dort, wo reife Persönlichkeiten mit einem stabilen Selbstwertgefühl am Werk sind. Dabei könnten gerade Führungskräfte und Manager wieder einmal als Vorbild fungieren.

Die hierarchische Pyramide hätte in diesem Modell zwar immer noch eine notwendige Kontrollfunktion, aber eher eine koordinierende und begleitende. Die Instanzen könnten davon ausgehen, dass die nötigen Kontrollen auf der jeweils höchsten Kompetenzstufe in den einzelnen Organisationseinheiten stattfinden. Dies würde nicht nur eine günstige Umverteilung von Macht quer über eine Organisation bedeuten, sondern auch für eine stabile Vertrauensbasis in einem Unternehmen sorgen. Letztlich würde es die Bedeutung und das Image von Führungskräften im unteren und mittleren Management erheblich steigern. Ein neues Verständnis von Führung und Management braucht Führungskräfte, die bereit sind, dieses Risiko einzugehen.

Wie etwa Götz Werner, der 1973 die Drogeriekette „dm" gründete. Das Unternehmen, das 2009 insgesamt über 33.000 Mitarbeiter beschäftigte, zeichnet sich von Anfang an durch eine relativ hohe Autonomie der einzelnen Filialen aus. So können die Führungskräfte in den Geschäftsstellen bspw. ihr Sortiment und ihre Personalpolitik selbst bestimmen.

> *Fragen, die sich eine Führungskraft im Sinne einer Reflexion stellen könnte:*
> - Fordere und fördere ich die Selbstkontrolle meiner Mitarbeiter nachhaltig?
> - Besitzen meine Mitarbeiter die Kompetenz, ihre Tätigkeiten selbst zu kontrollieren?
> - Habe ich den Blick im Sinne einer begleitenden Kontrolle auf sie gerichtet?
> - Kontrolliere ich mich selbst?
> - Halten sich Kontrolle und Freiraum in etwa die Waage?

- **Kreativität und Innovation fördern**

Wie für viele andere Motive wird auch für Kreativität die Basis in der frühen Kindheit gelegt. Wenn Ausprobieren erlaubt ist, Freiheit und Unabhängigkeit gefördert werden, dann wird das kreative Potenzial eines Kindes günstig beeinflusst. Wenn Eltern mögliche Ergebnisse auch noch wertschätzen, dann kann sich ein positives Selbstvertrauen entwickeln. Dieses wiederum ist Voraussetzung für mutiges, freies Denken und somit Grundlage für Kreativität und Innovation. Leider geht von diesem wertvollen Potenzial im Laufe der Kindheit und Jugend viel verloren, speziell dann, wenn die Kleinen in Kindergärten, Schulen oder Ausbildungsstätten kommen, in denen Bezugspersonen vorherrschen, die sich in der Hauptsache am Macht- und Leistungsmotiv orientieren. In autoritären, streng hierarchisch strukturierten Organisationen leidet die Kreativität. Anpassung wird belohnt und die Angst, Fehler zu machen und zu scheitern, ist groß.

Wenn es nun ein neues Verständnis von Führung und Management geben soll, wenn aktuelle wirtschaftliche und soziale Herausforderungen bewältigt werden sollen, dann sind wir auf Kreativität und Innovation angewiesen. Dann sollten wir eine Kultur schaffen, in der Fehler erlaubt und eine gut kalkulierte Risikobereitschaft belohnt wird. Dafür sollten nicht nur Manager und Führungskräfte zuständig sein, wie es in vielen traditionellen Managementansätzen beschrieben ist. Ich halte kreative Teams unter der Führung einer ausgeglichen Führungskraft für eine günstige Konstellation, Herausforderungen anzunehmen und Probleme zu lösen. Nicht umsonst gilt:

„Ein Team ist mehr als die Summe der Einzelbegabungen".

Obwohl man die beiden Begriffe oft synonym verwendet, halte ich es für wichtig, eine Unterscheidung zu treffen. Kreativität bezieht sich in erster Linie auf den geistigen Prozess, unter Innovation hingegen versteht man eher die Ergebnisse des Prozesses. So gesehen ist die Kreativität die Voraussetzung für Innovationen. Dabei erscheint mir wichtig, wieder auf den Anspruch der Balance hinzuweisen. In meinem Buch „Der neue Treppenläufer – wie man sich und andere motiviert" habe ich das Führungswerkzeug der „Ziele-Hierarchie" beschrieben. Dieses Tool sorgt dafür, dass ein ausgewogenes Verhältnis zwischen dem Beibehalten von Bewährtem, dem Verändern von Mangelhaftem und dem Finden neuer, innovativer Ziele hergestellt werden kann.

Kreativität und Innovation können in Organisationen nur dann gefördert werden, wenn Mitarbeitern „echtes" Vertrauen entgegengebracht wird und wenn sie Freiräume erhalten, in denen sie selbstständig und möglichst ohne Druck agieren können. Diese sollten sich sowohl auf eine inhaltliche, als auch auf eine zeitliche Komponente beziehen. Kreativität und Innovation vertragen sich nicht mit Druck. Auf weitere Zutaten für eine kreative und innovative Kultur in Organisationen wie eine ausreichende und offene Information und Kommunikation kommen wir später zu sprechen.

Im österreichischen Werk des Nutzfahrzeugeherstellers MAN in Steyr entsteht zurzeit ein „Kompetenzzentrum für Fahrerkabinen". Der für 2.500 Mitarbeiter verantwortliche Personalmanager Paul Scheran hat es sich zum Ziel gesetzt, mit dieser neuen Organisationseinheit, einem interdisziplinären Team erfahrener Mitarbeiter, eine neue Kultur zu schaffen, in der Kreativität und Innovation tatsächlich gefordert und gefördert werden. Er beschreibt folgende Parameter für diese spezielle Kultur:

> **Beispiel für Kreativität und Innovation bei MAN in Steyr**
> - Höchstmögliche Flexibilität der Arbeitsbedingungen
> - Perfekt funktionierende Teamarbeit in fachlicher und (noch viel mehr) in sozialer Hinsicht
> - Gemeinschaftliches Verständnis über Vision und Mission
> - Gemeinsam entwickelte und von Teammitgliedern und Auftraggebern akzeptierte Spielregeln
> - Effektives und effizientes Informations- und Wissensmanagement

Wenn Sie sich diese sechs Punkte noch einmal durchlesen, dann wird Ihnen auffallen, dass es auch für einen erfahrenen und ausgeglichenen Manager wie Paul Scheran eine Herausforderung darstellt, die Parameter für diese neue Kultur bei MAN zu beschreiben. Ich finde seinen Ansatz sehr gut, kritisiere jedoch eine Formulierung. In einer Kultur, in der Kreativität und Innovation gefordert werden, sollte keine „perfekte" Erwartung („perfekte Teamarbeit") definiert sein. Perfektionismus und Kreativität stehen sich oft im Weg.

Interessant ist, wie man bei MAN das Ziel dieser neuen Kultur umsetzen möchte. Dabei wird der Startphase eine besondere Bedeutung zugeschrieben. Der MAN-Manager wünscht sich für den Beginn der Zusammenarbeit ausreichend Zeit und Raum, um die zukünftigen Spielregeln zu definieren und zu reflektieren. Eine große Gefahr, die eine Entstehung einer neuen Kultur behindern kann, besteht darin, dass das Team gleich von Beginn weg mit konkreten Arbeitsaufträgen überhäuft wird. Dadurch verliert es die Freiräume für die schrittweise Entwicklung neuer Regeln, Abläufe und Prioritäten. Paul Scheran sieht diese Gefahr ebenso:

> *„Dadurch besteht das Risiko, dass althergebrachte Strukturen weitergeführt werden, die letztendlich in eine Arbeitsweise*

> *münden, wie sie jede andere Abteilung im Werk lebt und somit nicht wirklich Neues geschaffen wird".*

In diesem Fall würde das neue Team ein klassisches Schicksal erleiden, das in vielen Organisationen zu beobachten ist: Es gibt zwar eine gute Idee, aber nicht die Zeit bzw. die Ressourcen, diese umzusetzen. Daher hat der Personalmanager seinem Vorstand einen außergewöhnlichen Vorschlag unterbreitet. Die erste Zielvorgabe an das neue Team fordert „*die Entwicklung der strukturellen, organisatorischen und sozialen Voraussetzungen für die zukünftige Arbeit im Kompetenzzentrum*". Da das Projekt eben erst gestartet wurde, stehen Reaktionen der Geschäftsleitung noch aus. Es bleibt abzuwarten, wie ernst es den Vorständen in Steyr mit einer neuen Kultur tatsächlich ist. Ich blicke sehr gespannt nach Steyr, zumal Paul Scheran von seinem Vorstand spezielle Rahmenbedingungen bezüglich Zeit, Hierarchie, Infrastruktur und Kompetenzen für das neue Team fordert. Damit macht der Personalverantwortliche das einzig Richtige, sonst läuft die gesamte Aktion unter dem Titel „alter Wein in neuen Schläuchen".

Fragen, die sich eine Führungskraft im Sinne einer Reflexion stellen könnte:
- Schaffe ich ein Umfeld, in dem sich Kreativität und Innovation günstig entwickeln können?
- Gebe ich meinen Mitarbeitern und mir den nötigen Freiraum, um auch „schräge" Gedanken verfolgen zu können?
- Wodurch könnte ich die Kreativität meiner Mitarbeiter bzw. in meinem Verantwortungsbereich fördern?

• Werkzeuge im Rahmen der sozialen Kompetenz und des Bindungs- bzw. Anschlussmotivs

Stabile und positive Beziehungen zu anderen Menschen sind wichtig für die Motivation. Neue Studien aus der Neurobiologie beweisen: Der beste Motivator für den Menschen sind andere Menschen. Gute, stabile Beziehungen sind lebenswichtig – im privaten Umfeld ebenso, wie im beruflichen. Umso stärker sollten wir in Führung und Management die Bindungs- und Anschlussmotivation berücksichtigen. Dies sieht auch Michael Kastner, Professor für Organisationspsychologie an der Universität Dortmund, so:

> *„Soziale Kompetenz ist die Formel für diejenigen, die auf Dauer Erfolg haben".*

Wiederum sind es fünf Gedanken, die ich – bezogen auf das zweite Motivationssystem – vorstellen möchte. Auch diese stehen zueinander in einer Kausalbeziehung. Mit der Realisierung der einzelnen Überlegungen sorgt eine Führungskraft dafür, dass dem sozialen Anspruch und der sozialen Kompetenz jene Aufmerksamkeit geschenkt wird, die eine Person bzw. ein soziales Gefüge benötigt, um stabil und gut zu „funktionieren". In Verbindung mit den vorgestellten Möglichkeiten im Rahmen des Leistungsmotivs nimmt ein neues Verständnis von Führung und Management nun deutlichere Konturen an. Wie Abbildung 10 zeigt, sprechen wir in diesem Motivsystem eher von sogenannten „soft facts".

Abbildung 10

• „Pro-Aktiv" und direkt kommunizieren können

Die Handlungen von Führungskräften und Mitarbeitern sind in einem sozialen Kontext zu sehen, der durch die Qualität der Beziehung wesentlich beeinflusst wird. Kommunizieren – sprachlich oder körpersprachlich, bewusst oder unbewusst, gewollt oder nicht – ist so selbstverständlicher Teil des Verhaltens, dass vielen nicht mehr klar ist, wie Kommunikation funktioniert und vor allem wie wichtig sie im Alltag ist. Dabei spreche ich von direkter und zwischenmenschlicher Kommunikation, die ich in das Zentrum der ersten Umsetzungsmöglichkeit der Bindungsmotivation stellen möchte. Es geht um die Sprache und den unmittelbaren Kontakt zwischen Manager und Mitarbeitern. Obwohl dies enorm wichtig ist, passiert sprachlicher und direkter Austausch in Organisationen immer seltener.

Emails können die direkte Kommunikation nicht ersetzen

Technischen Möglichkeiten wie E-Mails (möglichst „an alle") oder SMS via Handy, Instant Messaging (Chatrooms) sind für viele Führungskräfte zu bequemen Informationsplattformen geworden. Die scheinbaren Vorteile liegen auf der Hand: Es gibt keine lästigen Rückfragen oder Widersprüche (zumindest keine unmittelbaren); Führungskräfte müssen sich nicht zu ihren Leuten begeben und können in ihren Büros verweilen; die Mitarbeiter werden (vermeintlich) nicht von ihrer Arbeit abgehalten (Emails können nach Dienst gelesen werden); es können viele Untergebene auf einmal erreicht werden; man hat die Informationsweitergabe „schwarz auf weiß" dokumentiert und man kann eine Lesebestätigung (eine Unart und Misstrauenskundgebung erster Ordnung in immer mehr Organisationen) einfordern. In manchen Firmen wird die Kommunikation in der Hauptsache mittels Emails betrieben, obwohl sich die Büros Tür an Tür befinden. Schnell ist man gewohnt, dass man den Adressaten seiner Nachricht nicht mehr vis-a-vis sitzen hat und in keine Augen mehr blickt. Somit gibt es auch keine Möglichkeit, eine emotionale Resonanz zum Gesprächspartner aufzubauen.

In autoritären, machtorientierten Systemen ist es eine alte, bewährte Strategie, dass man mit den Entscheidungsinstanzen und Verantwortlichen nicht direkt kommunizieren kann. So wird die Macht abgesichert und erhalten und jenen Personen, die sich am Fuße der hierarchischen Pyramide befinden, vor Augen geführt, wie weit sie vom Machtzentrum entfernt sind.

Dabei wird übersehen, dass ein hohes Maß an technischer und ein Fehlen an unmittelbarer Kommunikation einerseits die Verbindung zwischen Vorgesetztem und Untergebenen sukzessive schwächt und immer größer werdende Distanzen schafft. Nicht umsonst sagt der Volksmund: *„Beim Reden kommen die Leut z'amm"*.

Andererseits bietet die Unmittelbarkeit von Sprache große Möglichkeiten. Klaus Fiedler und Peter Freytag schreiben über sprachliche Kommunikation im „Handbuch der Sozial- und Kommunikationspsychologie":

> *„Sprache ist nicht nur das bedeutendste und reichhaltigste Symbolsystem für die Repräsentation und Kommunikation von Wissen, sondern auch ein lebendiges und sich ständig wandelndes (...). Sprache dient dazu, verstanden zu werden (...)."*

Sie dient auch dazu, Wertschätzung und Achtung auszudrücken und tragfähige Beziehungen herzustellen. Führungskräfte und Mitarbeiter müssen wieder lernen, unmittelbar, sprachlich, von Angesicht zu Angesicht zu kommunizieren.

Beziehungspflege über direkte Kommunikation

Kommunikation muss mehr sein als bloße Informationsvermittlung und die Weitergabe von Sachinhalten. Kommunikation zwischen Vorgesetzten und Mitarbeitern muss die Beziehungsebene berücksichtigen und einbinden. Es gilt nicht nur zu besprechen, was zu tun ist, sondern auch, wie es den Personen dabei ergeht, mit welchen Herausforderungen und Problemen sie dabei konfrontiert sind. Dies sollte im Sinne eines Dialoges erfolgen, an dem beide Gesprächspartner beteiligt sind. Diese Zeit müssen sich Führungskräfte nehmen, wenn sie den Anspruch haben, bei ihren Mitarbeitern etwas bewirken zu wollen. Dazu gehört, dass Emails – in Organisationen, in denen die Menschen im selben Haus, im selben Stockwerk und manchmal sogar Tür an Tür arbeiten – nur als unterstützendes Medium genutzt werden sollten und nicht als grundsätzliche Kommunikationsschiene. Führungskräfte sollten ihre Leute dazu auffordern, ihre Büros zu verlassen, die wenigen Schritte in ein anderes Büro zu setzen und in direkten Kontakt mit den Menschen dort zu treten. So werden soziale Bedürfnisse befriedigt, die sich günstig auf die Leistungsebene auswirken. Dabei dienen Führungskräfte wieder als Vorbild. Sie sollten sich durch eine „pro-aktive" Kommunikation auszeichnen.

Der Begriff der „Proaktivität" wurde von Viktor E. Frankl – dem Begründer der Logotherapie – in die psychologische Fachsprache eingeführt und meint

> *„die bewusste Steuerung des eigenen Handelns unabhängig von äußeren Einflüssen".*

Damit wird dem traditionellen „Reiz-Reaktion"-Ansatz eine Alternative gegenübergestellt, die zwischen „Reiz" und „Reaktion" einen Handlungs- und Entscheidungsspielraum vorsieht. Frankl meinte dazu, dies sei *„die letzte Freiheit des Menschen"*.

Pro-aktive Kommunikation

Unter „pro-aktiver" Kommunikation verstehe ich, dass Führungskräfte aus eigenem Antrieb, regelmäßig und in geplanter Weise direkt mit ihren Mitarbeitern kommunizieren und sich dabei austauschen. Persönliche Themen werden ab und zu genauso erörtert wie fachliche. Vieraugen-Gespräche wechseln sich mit Team-Gesprächen ab. Aus der Perspektive eines beliebigen Mitarbeiters muss ersichtlich sein, dass es dem Vorgesetzten ein Anliegen ist, regelmäßigen, persönlichen und offenen Kontakt zu den Untergebenen herzustellen. Dabei besteht die Rolle des Chefs darin, für Dialoge zu sorgen, zu reden, Fragen zu stellen und aktiv zuzuhören. Der bereits mehrfach erwähnte „dm"-Gründer Götz Werner machte sich durch seinen Grundsatz der „dialogischen Führung" und durch seinen antiautoritären Zugang zu seinen Mitarbeitern einen Namen. 2005 wurde ihm dafür der „Bayreuther Vorbildpreis" verliehen.

Ein Vorbild für pro-aktive Kommunikation

„Pro-aktive" Kommunikation habe ich vor etlichen Jahren bei einem außergewöhnlichen Manager in der Automobilbranche erlebt. Der Franzose war Mitglied der Geschäftsleitung der österreichischen Niederlassung eines Konzerns im Süden Wiens. Er war Direktor des „Kundendienst". Nachdem er den Bereich übernommen hatte, begann er etwas für die ca. 40 Mitarbeiter völlig Neues: Morgens bei Dienstbeginn versammelte er im Bereich der Kaffeemaschine, die sich auf der Etage befand, sämtliche seiner Leute und forderte sie auf, sich zu unterhalten. Zunächst verstanden sie nicht und wollten wissen, worüber sie reden sollten. *„Worüber ihr wollt",* war die Antwort des Managers. Nach und nach begannen die Mitarbeiter, Kaffee, Tee oder heiße Schokolade in der Hand, miteinander zu sprechen. Schnell wurde daraus eine Gewohnheit, die für verschiedene Themen genutzt wurde und den Leuten gut tat. Zur Sprache kamen persönliche Angelegenheiten genauso wie dienstliche, sachliche ebenso wie emotionale. Für die Betroffenen gab es die Möglichkeit, etwas zu erzählen, eine Verbindung mit Kollegen herzustellen, bevor die Arbeit inhaltlich losging. Dieses Morgenritual dauerte maximal 10 Minuten und wurde in keiner Weise protokolliert. Der Manager sah, wie wichtig dieser Tagesbeginn war, merkte sich oft, wer was sagte, und knüpfte bei folgenden Gesprächen daran an. Die Mitarbeiter waren erstaunt darüber, dass er sich oft an Kleinigkeiten erinnerte.

Während des Tages begab sich der Direktor zumindest einmal in die vielen Büros seiner Mitarbeiter und führte Gespräche in kleinerem Rahmen oder unter vier Augen. Einmal in der Woche bat er seine Untergebenen zu sich in sein großes Büro und führte eine Teambesprechung durch. Dabei ließ er nicht nur jeden Einzelnen zu Wort kommen, sondern verlangte vielmehr, dass jeder aus seinem Aufgabenbereich erzählte und so die anderen informierte. Schnell waren die Mitarbeiter dieser Direktion ein Team, das sehr gute Arbeitsergebnisse vorzuweisen hatte, stets auf dem neuesten Informationsstand war und einen großen Zusammenhalt entwickelt hatte. Um Kommunikation und Beziehung sowie den Leistungsanspruch zu erhöhen, wurden diverse Veranstaltungen durchgeführt und von den Mitarbeitern freiwillig besucht. Den Höhepunkt stellte wohl ein Wochenende zur Teamentwicklung in den Alpen auf einer urigen Hütte dar. Davon und vom außergewöhnlichen Kommunikationsstil ihres damaligen Chefs sprechen die Mitarbeiter heute noch.

Oft habe ich diese Art und Weise, mit den Mitarbeitern zu kommunizieren, nicht erlebt. Das Gegenteil hingegen schon. Von einem, aus den Medien im deutschsprachigen Raum bekannten Top-Manager stammt der Ausspruch:

> *„Was brauche ich Leute, die von sich aus was sagen. Die sollen dann reden, wenn sie gefragt werden!"*

Fragen, die sich eine Führungskraft im Sinne einer Reflexion stellen könnte:

- Wodurch kann ich meine pro-aktive und direkte Kommunikation verbessern?
- Bin ich mit meinen Mitarbeitern oft genug und direkt – von Angesicht zu Angesicht – in Kontakt?
- Was weiß ich über meine Leute?
- Wie kann ich die E-Mail-Flut in meinem Verantwortungsbereich eindämmen?
- Wie kann ich dafür sorgen, dass meine Mitarbeiter untereinander noch besser kommunizieren?

• Mitarbeiter einbinden

Die Balance eines Managers zeigt sich unter anderem darin, ob und wie er seine unmittelbaren Mitarbeiter in Entscheidungsprozesse einbindet. In einem neuen Verständnis von Führung und Management hat der Typus des „Alleingängers", der sich auf seine formale Macht beruft und fernab seiner Leute einsame Entscheidungen trifft, keinen Platz mehr. Abgelöst werden sollte er von einer Persönlichkeit, die unmittelbare Mitarbeiter – je nach Situation – in Prozesse einbindet. Einbindung bedeutet Gestaltungsmöglichkeit und Handlungsspielraum. Kompetenz und letztlich auch Macht verteilen sich demnach in manchen Fällen auf mehrere Schultern. Ich habe bereits darauf hingewiesen, dass sich geringe Handlungsspielräume und fehlende Entscheidungsmöglichkeiten negativ auswirken und Menschen am Arbeitsplatz krank machen können. Das Einbinden direkt unterstellter Mitarbeiter bedeutet eine wesentliche Gesundheitsprävention und zeigt weitere erwünschte „Nebenwirkungen": eine erhöhte Identifikation mit den Tätigkeiten, eine größere Motivation und Initiative zur Zielerreichung, eine verstärkte Übernahme von Verantwortung usw.

Wenn ich von Einbindung spreche, meine ich nicht, alle Mitarbeiter bei jeder sich bietenden Gelegenheit um sich zu versammeln und mit ihnen zu beratschlagen, wie man nun vorgehen solle. Vielmehr denke ich daran, Situationen daraufhin zu analysieren, ob und in welcher Weise die Einbindung von Mitarbeitern – einzeln oder in Gruppen – sinnvoll und möglich ist.

Kriterien für die Einbindung von Mitarbeitern

Diese Frage ist seit langem im Fokus wissenschaftlicher Untersuchungen. Es wird versucht, herauszufinden, wann Probleme und Aufgaben effizienter, schneller und besser von Gruppen oder von einzelnen Personen gelöst werden. Im „Lehrbuch der Organisationspsychologie" stellt Ansfried B. Weinert fünf wesentliche Ergebnisse dieser Forschungen dar:

1. Dass der entscheidende Faktor, für eine qualitative Überlegenheit der einen über die andere Methode, die Art des Problems ist;
2. dass Gruppenentscheidungen den Entscheidungen einzelner Personen überlegen sind, wenn möglichst viele, verschiedene Ideen entwickelt werden sollen – oder möglichst ungewöhnliche Ideen zu finden sind;
3. dass Gruppenentscheidungen den Entscheidungen einzelner Personen überlegen sind, wenn viele verschiedene Stücke an Information herbeigeschafft oder ins Gedächtnis zurückgerufen werden müssen;
4. dass Gruppen bessere Entscheidungen treffen als Individuen, wenn es sich um die Bewertung unklarer, ungewisser und unsicherer Situationen handelt;
5. dass Individuen bessere Entscheidungen fällen, wenn diese Entscheidungsprozesse zum Finden einer Lösung eine Reihe von Teil-

entscheidungen oder ein tieferes, geistiges Durchdringen der Probleme in jeder Phase verlangen (z.B. das Erstellen von Anweisungen, Bestimmungen).

Neben diesen eher sachbezogenen Kriterien müssen auch die Qualifikation und Persönlichkeit der Mitarbeiter sowie die konkrete Situation berücksichtigt werden. Fest steht ebenso, dass die Einbindung von Beschäftigten oft mit einem Mehraufwand an Kosten und Zeit verbunden sein kann. Im Sinne einer neuen, alle drei Motivationssysteme bedenkenden Führungskultur darf das Vorgesetzten-Mitarbeiter-Verhältnis eben nicht auf die Kostenebene reduziert werden. Emotionale und kommunikative Aspekte, die für stabile Beziehungen notwendig sind, müssen ebenso in Betracht gezogen werden. Erst dadurch können Vertrauen und die Bereitschaft zur Verantwortungsübernahme geweckt werden.

Die „Kontinuum-Theorie"

Bei der Arbeit in meinen Seminaren beziehe ich mich auf ein bewährtes Modell, das aus der situativen Verhaltenstheorie stammt: Die sogenannte „Kontinuum-Theorie" von Robert Tannenbaum und Warren Schmidt. Dieser Ansatz geht davon aus, dass sich Vorgesetzter und Mitarbeiter im Führungsprozess gegenseitig beeinflussen und sich den zur Verfügung stehenden Handlungsspielraum daher gezwungener Maßen teilen. Dabei stellt sich die Frage, wie groß der Spielraum für die Führungskraft bzw. die Mitarbeiter zu bewerten ist. Die Stärke dieses Modelles liegt darin, dass die beiden amerikanischen Autoren von in der Realität zu beobachtendem Führungsverhalten ausgehen. So beschreiben sie sieben verschiedene Möglichkeiten – sogenannte Beteiligungsgrade –, wie sich der Handlungsspielraum verteilen kann. Die einzelnen Methoden reichen von autoritärem Verhalten (großer Handlungsspielraum des Vorgesetzten) bis zu kooperativem Verhalten (großer Handlungsspielraum auch für Mitarbeiter).

In Abbildung 11 ist ersichtlich, dass der Handlungsspielraum der Führungskraft in den niedrigeren Beteiligungsgraden höher zu bewerten ist. Jener der Mitarbeiter steigt mit dem Beteiligungsgrad.

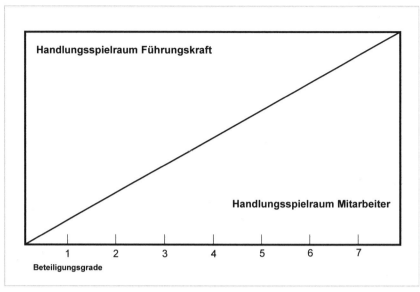

Abbildung 11

Viele Jahre Arbeit mit Führungskräften und in Organisationen haben mir gezeigt, dass es im Alltag einen Beteiligungsgrad 0 gibt, der im theoretischen Modell nicht zu finden ist:

Die Beschreibung der Beteiligungsgrade

Beteiligungsgrad 0: Der Vorgesetzte trifft die Entscheidung und teilt sie niemandem mit.
Dieses Verhalten habe ich vor allem bei Führungskräften beobachtet, die ich als „Zwangsausüber" bezeichne. Sie dominieren, reißen Aufgaben und Entscheidungen an sich und neigen dazu, egozentrisch und besitzergreifend zu sein. Diesen Managern kommt es nicht in den Sinn, dass sie ihre Mitarbeiter nicht informiert haben. Der Zusammenhang mit dem Generaldirektoren-Syndrom liegt auf der Hand.

Beteiligungsgrad 1: Der Vorgesetzte trifft die Entscheidung und teilt sie seinen Mitarbeitern mit.
Dieses Verhalten entspricht einem autoritären Führungsstil, bei dem die Mitarbeiter Auftrags- bzw. Befehlsempfänger sind.

Beteiligungsgrad 2: Der Vorgesetzte versucht die Mitarbeiter von der Richtigkeit seiner Entscheidung zu überzeugen, bevor er sie anordnet.
Dies entspricht dem patriarchalischen Führungsstil. Der Vorgesetzte hat die Entscheidung bereits getroffen und versucht sie so gut wie möglich zu „verkaufen". Die Mitarbeiter verhalten sich noch immer passiv.

Beteiligungsgrad 3: Der Vorgesetzte stellt seinen Mitarbeitern seine Absichten vor. Diese können nun Fragen stellen.
Dadurch kann der Vorgesetzte die Auswirkungen seiner Entscheidung besser verstehen. Gelingt es ihm zusätzlich die Fragen günstig zu beantworten, kann er die Akzeptanz seiner Entscheidung steigern.
Dieses Vorgehen entspricht dem beratenden Führungsstil. Erstmals können sich die Mitarbeiter zu den Entscheidungen äußern. Sie können sie aber nicht direkt beeinflussen.

Beteiligungsgrad 4: Die Führungskraft präsentiert ihre vorläufigen Entschlüsse und berücksichtigt die Meinungen und Reaktionen der Mitarbeiter. Erst dann trifft sie die endgültige Entscheidung.
Dieser mittlere Beteiligungsgrad entspricht dem konsultativen Führungsstil und gibt den Mitarbeitern erstmals die Möglichkeit, tatsächlich auf die Entscheidung einzuwirken. Ab dieser Stufe wird ihre Rolle zusehends aktiver.

Beteiligungsgrad 5: Die Vorschläge für Entscheidungen stammen aus dem Mitarbeiterkreis. Der Vorgesetzte verfolgt die Absicht, vom Fachwissen derjenigen zu profitieren, die unmittelbar mit der Ausführung befasst sind. Die Führungskraft entscheidet sich letztlich für die Variante, die ihr als die beste erscheint.
Dieser partizipative Ansatz gibt den Mitarbeitern inhaltlich großen Gestaltungsspielraum. Für die Erarbeitung von Lösungen müssen jedoch nicht immer alle Mitarbeiter eingebunden sein. Die Entscheidungshoheit liegt aber nach wie vor beim Chef.

Beteiligungsgrad 6: Der Vorgesetzte definiert das zu lösende Problem und steckt durch die Beschreibung der Grenzen den Rahmen ab, innerhalb dessen die Entscheidung getroffen werden soll. Innerhalb dieses Rahmens entscheidet die Gruppe selbst.

> Dieser Ansatz entspricht dem delegativen Führungsstil. Die Mitarbeiter haben die Kompetenz, Entscheidungen zu treffen. Dabei kommt es darauf an, dass der Rahmen, den die Führungskraft steckt, tatsächlich einen Entscheidungsspielraum zulässt.
>
> **Beteiligungsgrad 7:** Der Vorgesetzte nimmt am Entscheidungsprozess teil, wie alle anderen Mitarbeiter auch, er besitzt eine Stimme und hat keine größere Autorität als irgendein anderes Gruppenmitglied. Die Entscheidung wird von der Gruppe getroffen. Diese höchstmögliche Beteiligung entspricht dem demokratischen Führungsstil. Dabei muss sich die Führungskraft zuvor vergewissern, ob sie eine Entscheidung in jede Richtung zulassen kann.

Die Berücksichtigung der Sach- und Beziehungsebene

Damit Manager den, der jeweiligen Situation entsprechenden „richtigen" Beteiligungsgrad finden können, müssen Faktoren aus zwei Ebenen berücksichtigt werden. In der Sachebene sollten eventuelle Besonderheiten, die Struktur und die Organisationsform der Gruppe bzw. des Unternehmens ebenso bewertet werden wie die Art der Fragestellung bzw. des Problems und die fachliche Kompetenz der Mitarbeiter. In der Beziehungsebene sollten die Erfahrungen, das Engagement und individuelle Entwicklungsrichtungen der Beschäftigten genauso berücksichtigt werden wie das Führungsverständnis des Vorgesetzten, dessen Vertrauen in seine Leute und dessen persönliche Stabilität. Als Entscheidungshilfe, wie Mitarbeiter am Führungsprozess beteiligt werden können, schlage ich folgende Parameter vor:

Eine eher niedrige Beteiligung ist anzustreben, wenn aus Sicht der Führungskraft:

- es sich um eine akute Krisenintervention handelt und die Zeit drängt;
- keine bzw. nur wenige Alternativen zur Verfügung stehen;
- die Führungskraft gleichzeitig (einziger) Experte ist;
- es den Mitarbeitern an fachlicher Kompetenz mangelt bzw. wenn sie eher unselbstständig sind;
- die Identifikation und das Engagement der Mitarbeiter als niedrig eingestuft werden muss;

- sich die Gruppe nicht einigen kann;
- eine hohe Akzeptanz der Chef-Entscheidung erwartet werden kann;
- Routinen und Standards gelöst und bearbeitet werden sollen

Eine eher höhere Beteiligung ist anzustreben, wenn aus Sicht der Führungskraft:
- viele, verschiedene Informationen benötig werden;
- der Qualitätsanspruch sehr hoch ist;
- es sich um kreative Prozesse handelt;
- es sich um ein wichtiges Thema handelt und die Mitarbeiter von der Entscheidung unmittelbar betroffen sind;
- die Identifikation und das Engagement der Mitarbeiter hoch sind;
- die Fachkompetenz und persönliche Reife der Mitarbeiter als hoch eingeschätzt werden kann;
- die Führungskraft selbst keine klaren Vorstellungen hat und Alternativen möglich sind;
- es sich um Themen handelt, die eher das „Wie" von Umsetzungen betreffen.

Mit diesen Parametern sollte es möglich sein, verschiedene Situationen zu analysieren und die richtige Methode zur Beteiligung zu wählen. Wichtig erscheint mir dabei, dass eine Führungskraft, die sich in Balance befindet, grundsätzlich an den Gedanken und Reaktionen der Mitarbeiter interessiert ist, ehe sie Anordnungen erlässt und Entscheidungen trifft.

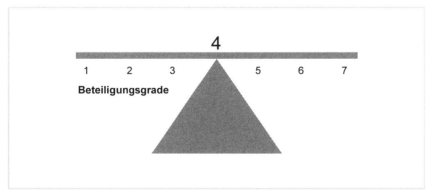

Abbildung 12

Abbildung 12 verdeutlicht, dass Ausgewogenheit in der Beteiligung dann am besten möglich ist, wenn als Ausgangsbasis, d.h. als Grundüberzeugung Beteiligungsgrad 4 zur Verfügung steht. Dann kann eine Führungskraft ihr Verhalten variieren und sowohl eine eher autoritäre, wie auch eine eher kooperative Möglichkeit wählen. Dadurch kann der für eine ausgewogene Führung notwendige Methodenmix hergestellt werden.

Fragen, die sich eine Führungskraft im Sinne einer Reflexion stellen könnte:

- Welchem Beteiligungsgrad entspricht meine Grundüberzeugung im Umgang mit Mitarbeitern?
- Analysiere ich Situationen, um die richtige Methode wählen zu können?
- Binde ich meine Mitarbeiter in bestimmte Prozesse ein?
- Variiere ich mein Verhalten bezüglich Entscheidungsfindung und Problemlösung?

• Ein ausgewogenes Nähe- und Distanzgefühl entwickeln

Wer Menschen erfolgreich führen möchte, muss sie erreichen, bei ihnen etwas auslösen und sie bewegen. Die Gruppendynamik lehrt, dass Teams umso effektiver sind, je partnerschaftlicher das Verhältnis zwischen Vorgesetztem und Mitarbeitern bzw. zwischen den Mitarbeitern entwickelt ist. Die große Herausforderung besteht nun darin, diese Partnerschaft nicht falsch zu interpretieren und die Führung zugunsten einer falsch verstandenen „Kollegialität" aufzugeben. Die Führungskraft bleibt auch in gut funktionierenden Teams der Boss und hat eine andere Rolle als alle anderen Teammitglieder. Es ist ein ständiger Balanceakt, den eine Führungskraft zu vollbringen hat. Treffend hat es der Philosoph Arthur Schopenhauer Mitte des 19. Jahrhunderts in seinem berühmten Gleichnis formuliert:

> *„Um sich zu wärmen, rücken frierende Stachelschweine näher zusammen. Dabei verletzen sie sich jedoch, sodass sie sich*

wieder voneinander entfernen, bis sie schließlich die richtige Nähe gefunden haben, die gleichzeitig auch die richtige Distanz ist."

Diese „Nähe-Distanz-Regulation" beschreibt das Einhalten des gegenseitigen Abstandes und das Herstellen der gegenseitigen Nähe in sozialen Beziehungen. Der „soziale Abstand", den Menschen normalerweise zueinander halten, ist durch das kulturelle Umfeld geprägt. Dieser Abstand ist nicht nur physisch zu verstehen, sondern hat auch eine psychische Dimension; gerade in der Führungsmethodik. Ist er richtig bemessen, können positive und stabile Beziehungen am Arbeitsplatz entstehen. Folgende Grundsätze können helfen, den Balanceakt zwischen Nähe und Distanz erfolgreich zu bewältigen:

- Nähe und Distanz wechseln sich ab und orientieren sich an aktuellen Anlassfällen;
- Nähe ist angebracht, wenn ein Mitarbeiter Hilfe braucht (Vier-Augengespräch);
- besondere Nähe über einen längeren Zeitraum bedeutet: Freundschaft (Liebe);
- eine Intervention verlangt Nähe (Ausnahme: paradoxe Intervention);
- selbstständiges Arbeiten und Entwicklung brauchen Distanzierung;
- größere Distanz auf längere Zeit bedeutet: Ausgrenzung;
- eine Führungskraft hält auch in emotionalen Situationen ein Mindestmaß an Distanz ein;
- Führungskräfte, die sich in Balance befinden, spüren die richtige Nähe zu ihren Mitarbeitern.

Fragen, die sich eine Führungskraft im Sinne einer Reflexion stellen könnte:
- Wie wechseln Nähe und Distanz in meinen Interaktionen?
- Wem meiner Mitarbeiter stehe ich sehr nahe, wem eher distanziert gegenüber?
- Entspricht meine Nähe-Distanz-Regulation den Anlässen?

• Vertrauen und Zutrauen entwickeln

"Ich hätte nie das Vertrauen, es ohne meine Mitarbeiter zu schaffen". Dieser Satz stammt von Claire Robertson, die Großbritannien im Frühjahr 2009 in Erstaunen und Entzücken versetzt hat. 18 Jahre hatte die 34-jährige Britin für den Handelsriesen Woolworth gearbeitet. Die letzten fünf davon führte sie die Filiale in der knapp 20.000 Einwohner zählenden Kleinstadt Dorchester in der Grafschaft Dorset. Als die Handelskette Ende 2008 mit einem Schuldenstand von knapp 400 Millionen Euro die Insolvenz bekannt gab, verlor Claire Robertson wie 27.000 andere Mitarbeiter ihren Job. Das sah die Frau nicht ein, *"unsere Geschäftsstelle war – im Gegensatz zum Gesamtkonzern – immer rentabel"*, erklärt sie und eröffnete ihren alten Laden unter dem Namen „Wellworth" wieder. Zahlreiche Kamerateams und Pressevertreter begleiteten die ersten Tage, an denen der Laden einen wahren Kundenansturm verzeichnete. 1.700 Kunden registrierten die Kassen am ersten Tag – um 50% mehr als an den Top-Tagen zu Woolworth-Zeiten. *"So etwas hat die Stadt noch nie gesehen"*, sagte der Präsident der Handelskammer Alistair Chisholm und fügte hinzu: *"Naja, vielleicht als die Eisenbahn nach Dorchester kam, aber das war im 19. Jahrhundert!"*

Claire Robertson holte 20 ihrer 25 ehemaligen Arbeitskolleginnen zurück, die sie unterstützen, ihr das nötige Vertrauen geben und mit denen sie es schaffen will. Die Mitarbeiter arbeiteten bis zur Wiedereröffnung fünf Wochen lang täglich 15 Stunden, auch am Wochenende (9).

> *"Sie hat unsere Filiale fünf Jahre lang hervorragend geführt und dabei auch uns nicht vergessen. Sie hat sich unsere Hilfe und unser Vertrauen verdient. Ich glaube an sie",*

sagte eine ältere Mitarbeiterin, die mehr als 23 Jahre bei der Handelskette gearbeitet hatte und aus dem Ruhestand zurückgeholt wurde. In ihrem Statement beschreibt sie eines der Persönlichkeitsmerkmale aus den „Big Five", die Verträglichkeit. Verträgliche Führungskräfte begegnen ihren Mitarbeitern mit Verständnis, Wohlwollen und Mitgefühl. Sie bevorzugen kooperative Strategien und bemühen sich anderen zu helfen und sind überzeugt, dass diese ebenso hilfsbereit sind.

Aus dieser Stellungnahme geht hervor, dass es der neuen Ladenbesitzerin in den letzten Jahren offensichtlich gelungen war, Vertrauen bei ihren Mitarbeitern zu wecken. In dieser schwierigen Anfangsphase bekommt sie es nun zurück. Das gibt ihr Sicherheit und Kraft für das Weitermachen. Ein vertrauensvoller Umgang mit Mitarbeitern sollte auf keinen Fall mit einem „Alle-haben-sich-lieb"-Kuschelkurs verwechselt werden. Vielmehr steht dahinter eine enorme Leistung, die Führungskräfte dann erbringen können, wenn sie alle drei Motivsysteme gleichermaßen berücksichtigen.

In einem neuen Verständnis von Führung und Management muss eine stabile Vertrauensbasis in der Beziehung von Vorgesetzten und Untergebenen wieder an Wert gewinnen – sie muss zur Grundausstattung gehören. Bottom-up und vor allem top-down. Mitarbeiter müssen wieder erleben, dass ihre Chefs wohlwollend und ehrlich sind und ihre Versprechungen und Zusagen einhalten bzw. nur das in Aussicht stellen, was in eigener Kompetenz realisiert werden kann. Das Vertrauen, das aus dieser Verlässlichkeit entsteht, sorgt für jene emotionale Sicherheit, die notwendig ist, um die vielen wirtschaftlichen und sozialen Herausforderungen, die vor uns liegen, zu meistern. Diese These wird durch Forschungsergebnisse aus der Neurobiologie untermauert.

> **Wie Bindung die Oxitozinproduktion steigert**
>
> Personen, die durch ihre Zuwendung, Anerkennung und Verlässlichkeit die Oxitozinproduktion bei jemand anderem angeregt haben, werden automatisch und ohne bewusste Kontrolle positiv besetzt in den menschlichen Emotionszentren des Gehirns gespeichert. In der Psychologie nennt man dies Bindung, im Alltag Vertrauen.

Je ausgeglichener sich Manager verhalten, desto vertrauenswürdiger werden sie von ihren Leuten wahrgenommen. Dann sollte es den Führungskräften auch nicht schwerfallen, jenes Zutrauen an die Mitarbeiter zu signalisieren, das in einem Klima von Wertschätzung und Vertrauen zu einem selbstständigen und eigenverantwortlichen Handeln führt.

> *Fragen, die sich eine Führungskraft im Sinne einer Reflexion stellen könnte:*
> - Wie verlässlich bin ich?
> - Als wie verlässlich nehmen mich meine Mitarbeiter wahr?
> - Was tue ich, um das Vertrauen meiner Leute zu bestätigen bzw. herzustellen?
> - Wodurch zeige ich meinen Mitarbeitern, dass ich ihnen selbstständiges und eigenverantwortliches Arbeiten zutraue?

- **Ein stabiles Beziehungsmanagement leben**

In einem neuen Verständnis von Führung und Management spielt Emotionale Intelligenz eine besondere Rolle. Begründet wurde diese Theorie von Peter Salovey, Professor für Psychologie in Yale. Berühmt gemacht hat seinen Ansatz der amerikanische Psychologe und Autor Daniel Goleman. 1995 erschien sein Buch „EQ: Emotionale Intelligenz", das weltweit zum Bestseller wurde.

Emotionale Intelligenz beschreibt die Fähigkeit, eigene wie fremde Emotionen korrekt wahrzunehmen, zu bewerten und auszudrücken. Dazu gehört neben anderen auch die Fähigkeit, Gefühle zu regulieren, um emotionales und intellektuelles Wachstum im Sinne eines stabilen Beziehungsmanagements zu unterstützen. Durch dieses wiederum erhalten Menschen die Energie und den Mut, ihre Ziele anzustreben und – im günstigen Fall – zu erreichen. Diese aktuelle Erkenntnis der Gehirnforschung bestätigt meine These von der Notwendigkeit der Ausgeglichenheit der Motivationssysteme.

Das Umsetzen folgender fünf Grundsätze ist die Voraussetzung, damit eine Führungskraft, positive und stabile Beziehungen zu ihren Mitarbeitern herzustellen vermag (10).

1. Bedingung

    Erstens geht es um Wahrnehmen und Wahrgenommenwerden. Dahinter steckt das Bedürfnis, dass jeder als individuelle Person gesehen und betrachtet werden möchte. Einer Führungskraft sollten nicht nur größere Veränderungen bei ihren Mitarbeitern auffallen, sondern auch Kleinigkeiten wie etwa eine neue Frisur oder ein neues Outfit, die positive Erledigung einer kleineren Arbeit oder die Hilfestellung für einen Kollegen im Alltag. Jemanden zu übersehen oder wie einen unter Tausenden zu behandeln sorgt für aggressive Impulse in Beziehungen und zerstört die Motivation. Eine Person kann jedoch nur dann wahrgenommen werden, wenn sie dazu bereit ist und sich offen verhält.

2. Bedingung

Zweitens geht es darum, eine gemeinsame Aufmerksamkeit herzustellen. Ein Beispiel aus dem privaten Alltag soll diesen Grundsatz verdeutlichen. Ein Ehepaar spaziert eine Einkaufsstraße entlang. Plötzlich entdeckt die Frau etwas in einem Schaufenster, das sie entzückend findet. Das möchte sie mit ihrem Mann teilen, doch dieser findet es nicht der Mühe wert, den Kopf zu heben und einen Blick in das besagte Schaufenster zu werfen. Würde er sich um seine Gattin bemühen, würde ihm das nicht passieren.

Ähnlich verhält es sich in der Arbeitswelt. Ein Vorgesetzter verliert die Loyalität seiner Leute, wenn er ihnen nicht zuhören kann und auf ihre Hinweise auf Dauer nicht reagiert, da dieses Verhalten als Geringschätzung erlebt wird.

3. Bedingung

Der dritte Grundsatz beschreibt die Fähigkeit, sich auf die emotionale Ebene einer anderen Person begeben zu können. Im Rahmen des Konzepts der Emotionalen Intelligenz nennt man diese Fähigkeit das Herstellen der „emotionalen Resonanz". Dafür braucht eine Führungskraft zum einen ein gutes Einfühlungsvermögen, um die Schwingungen des Gegenübers korrekt wahrzunehmen, zum anderen eine hohe innere Achtsamkeit, um sich in der Folge darauf einstellen zu können. Empathische und intuitive Fähigkeiten sind Voraussetzungen, um sich mit einem Mitarbeiter nach einer gelungenen Aktion mitfreuen oder die Enttäuschung nach einer Ablehnung verstehen zu können.

Neurobiologisch betrachtet, sorgen die sogenannten Spiegelneuronen dafür, dass beim Beobachten einer Handlung die gleichen Impulse und Potenziale ausgelöst werden, wie wenn man diese Handlung selbst durchführen würde: „Ich spüre, was Du spürst". Entdeckt wurden diese besonderen Neuronen, die im Kindesalter aktiviert werden müssen, damit sie im Erwachsenenalter funktionieren, vom italienischen Neurophysiologen Giacomo Rizzolatti 1995 durch einen Zufall, als er und seine Forschergruppe mit Makakenaffen arbeiteten.

4. Bedingung

Die vierte Bedingung für positive und stabile Beziehungen besteht in gemeinsamen Handlungen. Die Wirkung, wenn eine Führungskraft mit ihren Mitarbeitern gemeinsam etwas durchführt und erlebt, wird im Alltag oft unterschätzt. Wer sich für eine Beziehung nicht in Bewegung setzt und nicht bereit ist, etwas zu tun, zeigt, dass er für diese keinerlei Motivation und Interesse besitzt. Als meine Frau Riki und ich Anfang der neunziger Jahre unser erstes Eigenheim – eine Doppelhaushälfte – bezogen, hat mein damaliger Chef und Abteilungsleiter in der Volksbank Salzburg, Robert Daghofer, beim Umzug mitgeholfen und einen VW-Caddy der Bank selbst gesteuert. Bis heute erinnere ich mich an die Jause anlässlich der letzten Fahrt bei einem Würstelstand im Salzburger Nonntal und an die Flasche Sekt, die er uns mitten ins Wohnzimmer gestellt hatte, bevor er sich verabschiedete.

Erinnern Sie sich an die Geschichte des Kundendienstdirektors bei einem Autoimporteur in Wien, der mit seinen Mitarbeitern das Morgenritual des gemeinsamen Kaffeetrinkens pflegte und an einem Wochenende mit seinen Leuten einen Teamworkshop in den Lienzer Dolomiten absolviert hatte. Gemeinsame Handlungen sind die Voraussetzung für gemeinsame Erlebnisse. Erst durch diese bekommen Vorgesetzte und Untergebene eine gemeinsame Geschichte, die den Grundstein für positive Beziehungen legt. Was man gemeinsam macht, spielt weniger eine Rolle, als viel mehr, dass man gemeinsam etwas unternimmt. Regelmäßige Teamworkshops gehören ebenso in dieses Repertoire wie Heurigenbesuche oder gemeinsame Wanderungen. Die Auswirkung von gemeinsamen Aktivitäten außerhalb der Dienstzeit und der Motivation am Arbeitsplatz habe ich bereits im Rahmen meiner Dissertation (11) untersucht. Dabei konnte ich einen signifikanten Zusammenhang nachweisen. Waren Teamaktivitäten nach Dienst üblich, war auch die Motivation der einzelnen Personen höher. Sportliche Aktivitäten – Wanderungen, Radfahren, Skifahren – erzielten dabei die größte Wirkung.

5. Bedingung

Das fünfte Element für ein gelingendes, stabiles Beziehungsmanagement besteht im Verstehen von Motiven und Absichten. Joachim Bauer nennt diese Kategorie die „*Königsklasse*" der Beziehungskunst, die meist nur dann gelingt, wenn die ersten vier Grundsätze ebenfalls erfüllt werden. Die Kunst besteht darin, die Motive und Absichten, Vorlieben oder Abneigungen eines Mitarbeiters zu erkennen, richtig zu deuten und anzusprechen. Erst dann können Ressourcen und Potenziale von Untergebenen voll zur Geltung kommen. Um jemanden zu verstehen, braucht es zum ersten eine gute Beobachtungsgabe für Details, zweitens besondere intuitive Fähigkeiten und drittens eine „pro-aktive" und direkte Kommunikation.

Führungskräfte mit niedrigen Neurotizismuswerten – ein weiteres Persönlichkeitsmerkmal der „Big Five" – haben Vorteile beim Aufbauen von stabilen Beziehungen, da sie sehr ausgeglichen sind und auch in Stresssituationen nicht leicht die Fassung verlieren.

Fragen, die sich eine Führungskraft im Sinne einer Reflexion stellen könnte:

- Wodurch sorge ich für ein stabiles Beziehungsmanagement?
- Nehme ich jeden meiner Mitarbeiter in seiner Individualität wahr?
- Kann ich mich in die emotionale Stimmung meiner Leute versetzen?
- Stehe ich für gemeinsame Aktivitäten zur Verfügung und unterstütze ich diese?
- Gelingt es mir immer wieder, die Absichten und Motive, die hinter den Handlungen meiner Untergebenen stecken, zu verstehen?

- **Werkzeuge im Rahmen der persönlichen Kompetenz und des Machtmotivs**

Auch im Sinne eines neuen Verständnisses von Management werden Führungskräfte in Zukunft an der Spitze einer hierarchisch organisierten Gruppe stehen. Menschen zu führen, wird auch in Zukunft bedeuten, es nicht allen recht machen zu können, immer wieder unangenehme Entscheidungen treffen zu müssen, manchmal einsam und zudem für das Gesamtergebnis verantwortlich zu sein. Umso mehr sind gefestigte Persönlichkeiten gefragt, die ausgeglichen, überlegt und langfristig in einem ganzheitlichen Kontext agieren. Führungskräfte sollten wieder mehr Wert auf ihr Verhalten legen, als auf moderne, marktschreierisch umworbene Modelle und Werkzeuge.

Im Rahmen des dritten Motivationssystems stelle ich wiederum fünf grundsätzliche Möglichkeiten in den Vordergrund, die eine inhaltliche Verbindung zueinander aufweisen. Gelingt es Managern und Führungskräften, diese in ihr Verhaltensrepertoire aufzunehmen und mit den vorgestellten Ideen zur Leistungs- und zur Bindungsmotivation zu verbinden, besteht die Chance, in einer stimmigen Balance zu agieren.

Abbildung 13

- ## Motivieren können – sich selbst und andere

„In dir muss brennen, was du in anderen entzünden willst".

Dieses berühmte Zitat von Augustinus, einem einflussreichen Philosophen der Spätantike, der das Denken des Abendlandes durch seine Lehren wesentlich geprägt hat, beschreibt eine Grundvoraussetzung für jede Führungskraft und für jedes Management. Sich für etwas begeistern und motivieren zu können und trotzdem das übergeordnete Ganze nicht aus den Augen zu verlieren, stellt eine Kernkompetenz von Führung dar und ist die Voraussetzung, um Mitarbeiter von einer Idee und Aufgabe überzeugen zu können.

Ich habe Motivation als einen inneren Spannungszustand beschrieben, der sich aus der Differenz einer aktuellen IST-Situation und einer angestrebten bzw. gewünschten SOLL-Situation erklärt. Daran beteiligt sind kognitive, affektive sowie physiologische Prozesse, die im günstigen Fall erregende, handlungsorientierte Substanzen freisetzen. Prinzipiell funktioniert jede Art der Motivation nach den gleichen Grundsätzen, egal ob Selbst- oder Fremdmotivation. Da ich den Grundlagen der Motivation bereits ein Kapitel gewidmet habe, verzichte ich an dieser Stelle auf weitere Wiederholungen und streiche einige wesentliche Merkmale und eine außergewöhnliche Methode für gelungene Selbst- wie Fremdmotivation heraus.

Motivation beginnt mit der inneren Vorstellung

Die Voraussetzung für jede Motivation ist die Fähigkeit, mit Gedankenkraft zu arbeiten – beinahe könnte man sagen, zu spielen – und daraus konkrete Vorstellungen zu entwickeln. Sich „im Kopf" möglichst konkret vorzustellen, was sein könnte und sein sollte. So entstehen und entwickeln sich Ziele. Das ist die Aufgabe einer jeden Führungskraft, unabhängig ihrer Position in der hierarchischen Pyramide. Zunächst braucht es also die Vorstellung, aus der sich in der Folge eine willentliche Handlung entwickeln kann. Die neurobiologische Erklärung dieser zeitlichen Abhängigkeit liegt darin, dass an der Ausführung einer Handlung verschiedene Arten von Neuronen in unterschiedlichen Hirnarealen notwendig und beteiligt sind. In der sogenannten Prämotorischen Rinde, die die Aufgabe hat, Handlungsentwürfe zu konzipieren, arbeiten die sogenannten Handlungsneuronen. Sie enthalten das gesamte Bild für den Ablauf einer Handlung und transportieren das vollständige Programm. In der Motorischen Rinde wiederum sind Nervenzellen tätig, die einzelne Aktionen wie bspw. Muskelbewegungen initiieren und kontrollieren. Deshalb nennt man sie Bewegungsneuronen. Sie selbst können keine zielgerichteten Handlungen auslösen, sondern werden erst durch Impulse der Handlungsneuronen aktiv. In bildgebenden Verfahren ist zu beobachten, dass diese Neuronen zuvor und erst danach die Bewegungsneuronen „feuern". Dabei wird jedoch nicht jede von den Handlungsneuronen vorbereitete Aktion tatsächlich umgesetzt, gibt es doch stets mehrere, oft konkurrierende Handlungsmöglichkeiten wie auch Probleme und Störungen. Erhöht werden kann die Umsetzungsquote durch eine Technik, die in vielen Sportarten als Voraussetzung für das Abrufen von Leistungen gesehen wird: Mentales Training. Das bewusste und vor allem regelmäßige Bearbeiten und Durchspielen von konkreten Abläufen, Vorhaben und Zielen in Gedanken.

Strategien der Handlungskontrolle

Erst wenn die Vorstellungen also klar sind, können die Aktivitäten aus der Kategorie des Willens folgen. Mit diesen Prozessen beschäftigt sich die Volitionsforschung, die eine willentliche Zielrealisierung in den Fokus stellt. Dabei beschäftigt sie sich mit jenen Mechanismen, die eine motivierte Handlung in Gang bringen, sie gegenüber Störversuchen und Ablenkungen abschirmen und auf Kurs halten, bis die Ziellinie überschritten ist. Ein starker Wille kann die angestrebten Ziele forcieren, die bspw. nicht mit den aktuellen Bedürfnissen übereinstimmen. Ebenso hat er die Kraft, störende Impulse zu unterdrücken, die durch unbewusst angeregte Bedürfnisse hervorgerufen werden. Dazu bedarf es der Kontrolle über die eigenen Handlungen. Julius Kuhl, Professor für Differentielle Psychologie an der Universität Osnabrück, beschreibt in seinem Klassiker „Motivation und Persönlichkeit" vier wesentliche Strategien zur Handlungskontrolle.

Die erste stellt die Selektion der Wahrnehmung dar: die Aufmerksamkeitskontrolle. Damit ist jene Konzentration gemeint, die man in der Leichtathletik den „Tunnelblick" nennt. Der 100-Meter-Läufer bspw. sieht nur die Ziellinie und das dahinterliegende Ziel und blendet dabei alles andere, störende, aus. Auch in der Umsetzung von Vorhaben in Unternehmen ist es hilfreich, alle der Zielerreichung entgegenstehenden Informationen während des Tuns möglichst auszublenden. Zum einen kann das jeder Mitarbeiter für sich selbst tun, zum anderen liegt diesbezüglich beim Vorgesetzten eine besondere Verantwortung. Es ist seine Aufgabe, alle störenden, nicht der Zielerreichung zuträglichen Informationen in den entscheidenden Phasen von seinen Mitarbeitern fern- und für einen späteren Zeitpunkt zurückzuhalten.

Die zweite Strategie, die Motivationskontrolle, beschäftigt sich mit der Aufrechterhaltung der Energie für ein Ziel. In meiner Arbeit mit Managern und Spitzensportlern verwende ich seit vielen Jahren erfolgreich eine Technik, die in diesem Zusammenhang als Prävention dient. In der Erarbeitung der angestrebten Ziele schreiben die zu betreuenden Personen nicht nur das Ziel als Ergebnis, sondern auch die, für eine Umsetzung in Eigenkompetenz notwendigen Aktivitäten konkret nieder (12). Das macht den zur Zielerreichung notwendigen Prozess greifbarer und bringt in wichtigen Situationen Energie. Lässt das Durchhaltevermögen trotzdem nach, interveniere ich mit einer weiteren Technik. Dabei sollen die handelnden Personen ihr Denken auf den hinter der Aufgabe bzw. dem Ziel liegenden Sinn und auf den zu erwartenden Nutzen lenken und die damit verbundenen Gefühle möglichst plastisch beschreiben. Dadurch wird es möglich, die Handlungen und die Zielerreichung emotional in Gedanken zu erleben. So lässt sich Energie für das Vorhaben zurückgewinnen. Das Durchhaltevermögen steigt und der Handelnde bleibt „auf Kurs". Wenn in Unternehmen also Sinn und zu erwartender Nutzen eines Projektes bzw. einer Aufgabe vor Arbeitsbeginn besprochen werden und die beteiligten Mitarbeiter die Möglichkeit haben, sich an diesem Gespräch zu beteiligen, Fragen zu stellen und zu diskutieren, erhält man die investierte Zeit in der Regel durch eine höhere Motivation und ein höheres Durchhaltevermögen zurück. Manchmal gilt es in Organisationen, Aufgaben und Ziele zu realisieren, die man selbst als wenig sinnvoll erachtet, die aber „von oben" angeordnet sind. Mein Ratschlag dazu: Diese wenig sinnvollen Aufträge so schnell und so gut wie möglich abarbeiten und erledigen, damit die Zeit wieder für sinnvolle Prozesse genutzt werden kann. Diese Strategie schützt davor, sich zu lange mit Tätigkeiten herumzuplagen, in denen man wenig Sinn sieht.

Die dritte Strategie, die Julius Kuhl beschreibt, zielt auf die Kontrolle der eigenen Emotionen ab. Energieraubende Stimmungen und negative Gefühle verunsichern den Handelnden und tragen die Tendenz in sich, in alte Muster und bequeme Handlungsfelder zurückzukehren und so das Ziel aus den Augen zu verlieren. Wenn in einem Unternehmen jedoch neue „Kontext-Ziele" oder große Veränderungen umgesetzt werden sollen, müssen öfters neue, mitunter unbequeme und strapaziöse Wege beschritten werden, die enorm viel abverlangen.

Dann ist es hilfreich, sich die Situation ganz genau vor Augen zu führen. In meinen Coachings visualisieren die Klienten ihre Komfortzone, die Möglichkeiten, aus ihr herauszutreten und die damit verbundenen Konsequenzen. Dadurch gelingt es oft, die Emotionen wieder in eine gewünschte Richtung zu bringen. Als Florian Klein, Profifußballer bei FK Austria Wien, Mitglied des Fußballnationalkaders und einer der besten österreichischen Mittelfeldspieler, dies im Rahmen eines Coachings zum ersten Mal erlebt hat, meinte er: *„Das war das wichtigste Coaching, das wir bislang gemacht haben."*

Auch eine Führungskraft sollte ihren Mitarbeitern deutlich vor Augen führen, wenn eine Arbeitsphase besondere Anstrengungen abverlangen wird. Keinesfalls sollte der Eindruck entstehen, man könne große Herausforderungen „mit links", ohne hohen Einsatz und ohne Schweiß und Mühe bestehen. Gemeinsame Anstrengungen wirken oft sehr verbindlich und teamfördernd.

Eine weitere Technik, die zur Kontrolle von Emotionen erfolgreich eingesetzt werden kann, ist der sogenannte „Kontrollierte innere Dialog". Dabei kann man die Tatsache nutzen, dass jeder Gedanke bestimmte Gefühle erzeugt und mögliche Entscheidungen beeinflusst, die wiederum zu einem konkreten Verhalten führen. Wenn es punktuell gelingt, negative und störende Gedanken zu stoppen und durch optimistische zu ersetzen, können positive Emotionen generiert werden.

Die vierte Strategie bezieht sich auf die Kontrolle der Umwelt. Arbeitsplätze so auszustatten und herzurichten, dass konzentriertes Handeln möglich ist, gehört ebenso zu einer professionellen Vorbereitung wie das Entfernen möglicher Störquellen, die von der Zielerreichung ablenken können. So könnte es hilfreich sein, eine bestimmte Zeit eben nicht per Handy erreichbar zu sein, dafür aber sehr konzentriert eine Aufgabe voranzutreiben.

Um sich selbst und andere motivieren zu können, braucht eine Führungskraft also sowohl ein gutes Vorstellungsvermögen, als auch eine starke Willenskraft. Aber auch alle bereits vorgestellten Fähigkeiten und Grundsätze im Rahmen der fachlichen Kompetenz und der Leistungsmotivation sowie der sozialen Kompetenz und der Bindungs- und Anschlussmotivation tragen zu einem hohen Motivationsniveau bei, wenn Manager sie in ihr tägliches Handeln einbauen und dadurch ausgewogen agieren.

Fragen, die sich eine Führungskraft im Sinne einer Reflexion stellen könnte:

- Verwende ich meine Vorstellungskraft, um Ideen zu entwickeln und „durchzuspielen"?
- Fordere ich meine Mitarbeiter auf bzw. gebe ich ihnen die Möglichkeit, sich mental auf Ziele und Tätigkeiten vorzubereiten?
- Wodurch erreiche ich bei mir und meinen Mitarbeitern eine möglichst hohe Aufmerksamkeitskontrolle?
- Erarbeiten wir zu unseren Ergebniszielen konkrete Aktivitätsziele?
- Transportiere ich Nutzen und Sinn unserer Ziele und Tätigkeiten so, dass sie für meine Mitarbeiter „sichtbar" sind?
- Nutze ich meine Emotionen, um Energie für die Umsetzung meiner Vorhaben zu generieren?
- Haben wir unsere Arbeitswelt so ausgestattet und organisiert, dass sie unsere Arbeit unterstützt?

Zum Thema Selbst- und Fremdmotivation möchte ich eine besondere Methode vorstellen, die durch ihren ganzheitlichen Ansatz den Grundsätzen der Balance in höchstem Maße entspricht und sich in vielen Projekten in verschiedenen Organisationen gut bewährt hat: „Das Biermodell" (13).

- ## Das „Biermodell" – eine ganzheitliche Motivationsmethode

Dieser ganzheitliche Ansatz geht davon aus, dass Motivation über einen längeren Zeitraum vor allem dann entstehen kann, wenn Menschen Aufgaben übernehmen bzw. an Zielen arbeiten, die in einem mittleren Schwierigkeitsgrad angesiedelt sind und individuell zwischen Über- und Unterforderung empfunden werden. Um einem Mitarbeiter die richtigen Aufgaben übertragen zu können, durch die er eine möglichst stabile Motivation auf allen drei Systemen erreicht, sind zunächst zwei Voraussetzungen zu erfüllen. Die Führungskraft, die die Aufgabe vergibt, muss zum einen den Schwierigkeitsgrad, das heißt die Anforderung der Aufgabe, möglichst exakt einschätzen. Zum anderen muss sie das Leistungsniveau des betreffenden Mitarbeiters ebenso genau bestimmen. Dann sollte der Vorgesetzte in der Lage sein, die gewonnenen Informationen in ein Verhältnis zu setzen. Zusätzlich gilt es die aktuelle Situation, in der die Handlung stattfinden wird, sowie weitere personenbezogene Faktoren zu berücksichtigen.

Der Flow-Zustand

Nun besteht aber das Problem, dass das Erreichen eines sogenannten Flow-Zustands (14) nicht von objektiven Zuständen, sondern vielmehr von subjektiven Wahrnehmungen abhängt. Mihaly Csikszentmihalyi sagt:

> *„Flow ist eine Form von Glück, auf die man Einfluss hat".*

Auch deshalb sollte ein Manager den Mitarbeiter in seine Überlegungen einbeziehen und bezüglich Aufgabenverteilung und Ziel Gespräche führen. Ich erlebe immer wieder, dass Führungskräfte davon ausgehen, ihre Mitarbeiter würden nicht die „volle" Leistung bringen, wenn sie die Freiheit mitzureden oder gar zu wählen hätten. Argumentiert wird mit der Aussage, dass der Mensch immer den Weg des geringsten Widerstandes wähle. Oft lohnt es sich jedoch, Mitarbeiter in die Aufgaben- und Zielgestaltung einzubinden.

Wenn sich das Leistungsniveau eines Mitarbeiters in einem unteren Bereich befindet (weil dieser erst seit kurzem im Team arbeitet) und genau dieser mit Aufgaben betraut wird, die in Bezug auf ihre Anforderungen in einem höheren Bereich liegen, dann hat dieser Mitarbeiter kaum die Möglichkeit, „Flow" zu erleben. Er wird weder eine hohe noch eine stabile Motivation aufbringen können, weil er mit den Aufgaben überfordert ist und diese unter Umständen sogar Angstzustände auslösen.

Ein anderer Fall wäre es, wenn sich das Leistungsniveau eines Mitarbeiters in einem höheren Bereich befindet (weil dieser seit Jahren im Unternehmen tätig ist, Talent hat und interessiert an die Aufgaben herangeht) und dieser mit Aufgaben betraut wird, die in einem unteren, sehr einfachen, Bereich liegen. Dann wird auch dieser Mitarbeiter kaum die Möglichkeit haben, „Flow" zu erleben und eine hohe wie stabile Motivation aufzubauen, da er mit den Aufgaben schlichtweg unterfordert ist. Unterforderung führt im Grunde zu den gleichen Ergebnissen wie Überforderung, zu Angstzuständen, die Situation nicht mehr bewältigen zu können. Dabei spielt die Zeitspanne, während der jemand einer Über- bzw. Unterforderung ausgesetzt ist, genauso eine Rolle, wie die individuelle Verfassung. So können kurzfristige Über- bzw. Unterforderungen ohne besondere Auswirkungen überstanden werden, wenn bekannt ist, wie lange man sich in dieser besonderen Situation befinden wird. Man weiß, dass dieser Zustand zeitlich begrenzt ist und kann sich darauf einstellen. Hier können bspw. die eben beschriebenen Strategien der Handlungskontrolle herangezogen werden.

Beim „Biermodell" gehe ich nun davon aus, dass sowohl der Anreiz als auch die Aussicht bei einer Aufgabe, Erfolg oder Misserfolg zu haben, in der Hauptsache von der wahrgenommenen Schwierigkeit dieser Tätigkeit abhängig ist. Wie die Schwierigkeit einer Aufgabe subjektiv empfunden wird, hängt in erster Linie vom Leistungsniveau der ausführenden Person ab. Natürlich spielen weitere, personen- und situationsbezogene Parameter ebenfalls eine Rolle.

Gerade weil der Anreiz für eine bestimmte Aufgabe höher wird, je schwieriger sich diese darstellt und empfunden wird (und umgekehrt), gehe ich beim Biermodell davon aus, dass es selbst im Bereich des mittleren Schwierigkeitsgrads, also jenem Bereich, in dem Aufgabenschwierigkeit und Leistungsmöglichkeit übereinstimmen, noch sinnvoll ist, Aufgaben in ihrer Herausforderung zu unterscheiden. Ebenso muss berücksichtigt werden, dass der Wert einer Aufgabe umso geringer wird, je höher sich die Erfolgswahrscheinlichkeit darstellt. Den Dingen, die man schon sicher „in der Tasche" hat, wird üblicherweise kein hoher Wert beigemessen. Je unwahrscheinlicher sich allerdings ein Erfolg darstellt, desto höher ist der Wert, der der Aufgabe beigemessen wird. Es muss schon etwas ganz Besonderes sein, das man nur schwer oder gar nicht erreichen kann.

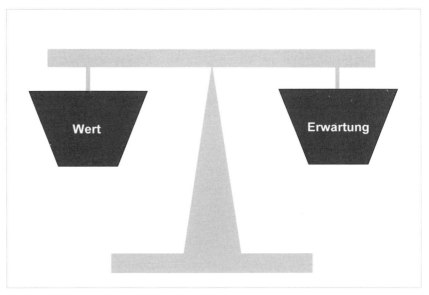

Abbildung 14

Dementsprechend teile ich den Raum, den ein Mitarbeiter aufgabenbezogen im mittleren Schwierigkeitssegment abdecken soll, in drei verschiedene Bereiche. So entstehen drei Aufgaben- und Zielebenen, die sich durch ihre Erfolgswahrscheinlichkeit und ihren Wert unterscheiden. Durch diese drei Ebenen bin ich auch auf den Namen dieses Motivationsansatzes gekommen. Als ich eines Tages vor einem Glas Bier saß, erinnerte mich der Anblick der Schaumkrone, des goldenen Saftes und des Satzes am Boden an mein Modell.

Differenzierung der Aufgaben im Biermodell

Auch in meinem Motivationsansatz gibt es Satz-, Bier- und Schaumaufgaben. Die klassischen „Flow"-Aufgaben entsprechen den Bieraufgaben.

„Bieraufgaben"

Sie liegen tatsächlich in einem mittleren Schwierigkeitsbereich und können bei entsprechendem Einsatz umgesetzt werden. Wert und Erwartung halten sich in etwa die Waage. Entscheidend dabei ist, dass der Mitarbeiter diese Herausforderungen selbstständig erfüllen kann und nicht auf Hilfe angewiesen ist. Die Mehrheit des gesamten Arbeitsprogramms in einer Funktion sollte dementsprechend aus Bieraufgaben bestehen. Mit Aufgaben dieser Schwierigkeitsstufe allein ist es aber nicht getan. Wo würde Lernen, wo Entwicklung stattfinden? Deshalb gibt es in meinem Modell auch die Schaumaufgaben.

„Schaumaufgaben"

Das sind jene Tätigkeiten, deren Erfolgswahrscheinlichkeit zunächst eher gering ist. Sie besitzen einen hohen Wert, weil es sich entweder um neue Tätigkeiten handelt, die der Mitarbeiter bislang noch nicht ausgeführt hat, oder um bekannte Aufgaben, die allerdings mit einer neuen Methodik bzw. einem neuen Verfahren realisiert werden sollen. In der Auseinandersetzung mit Schaumaufgaben, die an der obersten Schwierigkeitsgrenze und nahe an einer subjektiv empfundenen Überforderung liegen, findet Lernen in einer Organisation statt. Schaumaufgaben beinhalten also immer in irgendeiner Weise neue Aspekte, die der Mitarbeiter noch nicht kennt. Aber auch bei diesen Aufgaben muss man davon ausgehen können, dass sie mit entsprechendem Einsatz und mit Unterstützung – von Experten oder von der Führungskraft – realisiert werden können.

Die Auswirkungen von Schaumaufgaben auf die Umsetzungsqualität von herkömmlichen Tätigkeiten – das sind in meinem Modell die Bier- und Satzaufgaben – und auf grundsätzliche Verhaltensänderungen ist in einem anderen Zusammenhang mittlerweile wissenschaftlich untersucht worden. Heiko Ernst, Chefredakteur der Zeitschrift „Psychologie Heute", beschreibt in der Januar-Ausgabe 2010 ein wissenschaftliches Programm zur Gewichtsreduzierung, bei dem die Teilnehmer in zwei Gruppen eingeteilt wurden.

Ein Wissenschaftliches Experiment zur Ernährungsumstellung

Beide Teams erhielten Übungen zur körperlichen Fitness und Anweisungen zur Ernährungsumstellung, die für alle verbindlich waren. Darüber hinaus erhielt eine Gruppe den zusätzlichen Auftrag, täglich etwas neu und anders zu machen als gewöhnlich, etwa auf einem neuen Weg in die Arbeit zu fahren, einen anderen Radiosender zu hören, in einem anderen Geschäft die Lebensmittel zu kaufen. Diese Versuchsteilnehmer waren also damit konfrontiert, regelmäßig etwas Neues auszuprobieren bzw. gewohnte Tätigkeiten auf eine andere Art und Weise zu realisieren. Genau dies entspricht den Eigenschaften der Schaumaufgaben im Biermodell. Im wissenschaftlichen Versuch waren nun genau diese Teilnehmer wesentlich erfolgreicher beim Abnehmen und vor allem, sie behielten die neu erlernten Ess- und Bewegungsgewohnheiten bei.

Von besonderer Bedeutung für das „Biermodell" ist die Erklärung der Wissenschaftler für dieses Ergebnis. Sie vermuten, dass die tägliche Aufgabe mit Neuigkeitswert zu *„gesteigerter"* und vor allem zu *„generalisierter"* Wachheit und Aufmerksamkeit führt. Wenn einem die Achtsamkeit zur Gewohnheit wird, fällt man nicht so leicht in alte Verhaltensmuster zurück, so die Experten weiter.

Ich denke, dass die Schaumaufgaben einen positiven Effekt im Nervensystem bewirken. Sie versorgen es mit neuen Reizen und bilden so einen Ausgleich zu den immer wiederkehrenden Informationen, denen der Organismus im Alltag oft ausgesetzt ist und die das Gehirn auf Dauer belasten können.

Eine weitere Form von Schaumaufgaben besteht in der Individualisierung von Tätigkeiten. Da sind Aufgaben, die einem bestimmten Mitarbeiter „gehören" und nur von diesem ausgeführt werden.

„Satzaufgaben"

Die dritte Kategorie bilden schließlich die Satzaufgaben. Das sind jene, bei deren Umsetzung der Mitarbeiter möglicherweise sogar eine Art der Regeneration bzw. der Erholung empfinden kann. Zu den Satzaufgaben zählen einfache Standardtätigkeiten und Routinen, die an der unteren Schwierigkeitsgrenze nahe an der subjektiv empfundenen Unterforderung liegen und deren Erfolgswahrscheinlichkeit als sehr hoch eingestuft werden kann. Als dementsprechend niedrig wird ihr Wert empfunden, was sich in vielen Arbeitsteams darin zeigt, dass nur wenige diese Jobs übernehmen möchten. Oft sind das Dinge, die eben auch getan werden müssen.

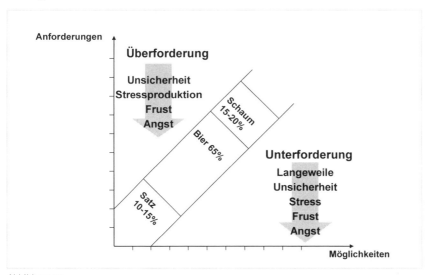

Abbildung 15

Im Rahmen des „Biermodells" erhebe ich nun zwei wesentliche Forderungen: Die erste liegt in der zeitlichen Rotation von Satz-, Bier- und Schaumaufgaben. Mitarbeiter sollten – über einen mittleren bis längeren Zeitraum gesehen – mit Aufgaben aus allen drei Kategorien konfrontiert werden. Dabei sollte sich das gesamte Arbeitsprogramm in etwa aus 65% Bieraufgaben, in etwa 15 bis 20% Schaumaufgaben und ca. 10 bis 15% Satzaufgaben zusammensetzen. Damit kann eine Abwechslung in der Aufgabenschwierigkeit innerhalb des bewältigbaren Jobspektrums sichergestellt werden. Dies wiederum wirkt sich günstig auf die Motivation und die psychische Stabilität der Mitarbeiter aus.

Die zweite Forderung besteht darin, die Mitarbeiter in die Aufgabenverteilung einzubinden und sie aufzufordern, ihr Aufgaben-Menü im Rahmen des eben beschriebenen Rotationsgedankens selbst zu wählen. Dadurch könnten Stärken und individuelle Vorlieben im Arbeitsalltag berücksichtigt werden. In der Regel steigen dadurch die Identifikation mit den Aufgaben sowie die Qualität in deren Umsetzung. Aufgabenschwierigkeit und Leistungsmöglichkeit variieren innerhalb des Flow-Bereiches und die Mitarbeiter werden immer wieder neu aktiviert und verlieren sich nicht in einer uninteressanten Routine.

Die praktische Umsetzung in Arbeitsteams

Für die praktische Umsetzung in Arbeitsteams sind vier Schritte zu berücksichtigen:

1. Schritt: Information
Die Mitarbeiter werden über die wesentlichen Grundsätze und Hintergründe des Biermodells sowie über den Ablauf des Projektes informiert. Offene Fragen werden beantwortet, eine Diskussion über Arbeit und Aufgabenverteilung ist willkommen.

2. Schritt: Team – Workshop:
Ziel ist es, alle Tätigkeiten zu Papier zu bringen, die im Team durchgeführt werden. Jeder Mitarbeiter schreibt pro Tätigkeit ein Moderationskärtchen. Dabei sollte so konkret wie möglich vorgegangen werden. Jobs, die aus einzelnen Teilaufgaben bestehen, werden unterteilt. Die einzelnen Aufgaben werden gegliedert in:

- **Bieraufgaben:**
  Das sind jene Aufgaben, die selbstständig und erfolgreich umgesetzt werden können, wenn sich die Mitarbeiter entsprechend vor-

bereiten und einsetzen (die Kernaufgaben). Wert und Erwartung halten sich die Waage.

- **Schaumaufgaben:**
  Aufgaben mit erheblichem Neuigkeitswert (inhaltlich oder methodisch), die alleine nicht erfolgreich umgesetzt werden können, bei denen Mitarbeiter Anleitung und Hilfe brauchen. Diese Aufgaben besitzen einen hohen Wert, dafür eine geringere Erwartung.
- **Satzaufgaben:**
  Einfache Aufgaben, die eher Regenerationscharakter aufweisen und ohne viel Aufwand und ohne größere Anstrengung gelöst werden können. Diese Aufgaben besitzen einen geringeren Wert, dafür aber eine hohe Erwartung.

Wenn die Mitarbeiter ihr aktuelles Arbeitspensum definiert und zu Papier gebracht haben (dies kann natürlich auch auf einem Flipchart-Blatt erfolgen), beginnt im Team der wichtige Kommunikationsprozess: der Austausch über die Sichtweisen der Einzelnen. Wenn ich mit Teams arbeite, bitte ich die Beteiligten, die Kärtchen, auf denen sie ihre Jobs notiert haben, vor sich auf den Boden zu legen. Dies schaut meist nicht nur beeindruckend aus, sondern erzeugt Neugier und steigert die Aufmerksamkeit. Jeder Mitarbeiter erhält dann die Gelegenheit, über sein „Arbeitsmenü" zu sprechen. Folgende Fragen können dabei berücksichtigt werden und hilfreich sein:

- Wie beurteile ich mein Menü insgesamt?
- Besitze ich Aufgaben, die Entwicklung bedeuten, etwas Neues bieten, also Schaumaufgaben darstellen?
- Besitze ich Aufgaben, die „mir gehören"?
- Besitze ich Aufgaben, die mich wenig fordern und Regeneration zulassen, also Satzaufgaben sind?
- Besteht der größte Teil meines Arbeitsspektrums aus Tätigkeiten, die ich selbstständig bewältigen kann, also Bieraufgaben darstellen?
- Wie verteilen sich die verschiedenen Aufgabenkategorien der Quantität nach?
- Welche Aufgaben erfülle ich sehr gerne, welche weniger gerne?
- Gibt es Aufgaben, die ich gerne neu übernehmen möchte?

- Gibt es Aufgaben, die ich gerne abgeben würde?
- Wie müsste mein Arbeitsmenü verändert werden, um meine Motivation und meinen körperlichen und geistigen Zustand zu verbessern?

Die Herausforderungen an den Vorgesetzten einer Arbeitsgruppe in diesem Teamgespräch sind vielfältig: So sollte er bedenken, dass ein und dieselbe Aufgabe für eine Person eine Schaum-, für eine andere aber eine Bieraufgabe sein kann (ich nenne sie „Chamäleon-Aufgaben"). Ebenso muss er berücksichtigen, dass nicht alle seine Beschäftigten gleich viel oder gleich lange und schon gar nicht an den gleichen Aufgaben arbeiten müssen. Vielmehr sollte jeder Mitarbeiter die von ihm verlangten, individuellen Tätigkeiten und Ziele erfolgreich realisieren können. Die Führungskraft muss in diesem Prozess klarstellen, dass es nicht darum geht, ob, sondern wie die Aufgaben des Teams in Zukunft verteilt und erledigt werden. Also, wer in welchem Ausmaß mit welchen Kompetenzen in Zukunft welchen Job übernimmt. Im Zweifelsfall bleibt dem Manager nichts anderes übrig, als sich auf einen niedrigen Beteiligungsgrad zurückzuziehen und die Verteilung der Aufgaben anzuordnen.

3. Schritt: Adaptieren der Organisation
Nachdem jeder Mitarbeiter seine Sichtweise dargelegt und möglicherweise neue Jobs erhalten bzw. alte abgegeben hat, muss geprüft werden, ob die Veränderungen eine Adaption der Aufbau- und Ablauforganisation notwendig machen. Es muss geprüft sein, wie sich die Gruppe organisieren muss, um das Biermodell umzusetzen. Dabei müssen andere Abteilungen bzw. Instanzen, zu denen Nahtstellen bestehen, informiert werden.

4. Schritt: Evaluation
In der Umsetzungsphase sollte die Führungskraft ihre Leute gut beobachten, um feststellen zu können, wie die neue Jobverteilung funktioniert und ob die gewünschten Auswirkungen eintreten. Dabei stehen viele Gespräche auf der Tagesordnung, um die Sichtweisen der Betroffenen zu erfahren. Nach frühestens sechs, spätestens neun Monaten sollte der Veränderungsprozess in einem Meeting evaluiert werden.

Darin sollte erhoben werden, wie zufrieden die Mitarbeiter mit dem neuen System sind und wie es um ihre Motivation und ihre Befindlichkeit bestellt ist. Ebenso muss festgehalten werden, was korrigiert und verändert werden muss.

Wenn das „Biermodell" in dieser Struktur umgesetzt wird, werden alle drei Motivationssysteme berücksichtigt. Somit trägt es wesentlich zur Balance in Unternehmen bei. Die Wahlmöglichkeit des Arbeitsmenüs berücksichtigt u.a. das Bedürfnis nach Gestaltung und Wirkung aus der Machtmotivation. Die inhaltliche Differenzierung in drei verschiedene Aufgabenschwierigkeiten befriedigt die Neugier und bspw. das Motiv nach fachlicher Entwicklung aus der Leistungsmotivation. Die Besprechung im Team schließlich orientiert sich etwa am Bedürfnis nach Austausch und Zugehörigkeit zur Gruppe aus der Bindungs- und Anschlussmotivation. Gerade vor dem Hintergrund der Zustände, die in vielen Organisationen zurzeit herrschen und die ich in den ersten Kapiteln beschrieben habe, erhält das „Biermodell" eine besondere Bedeutung.

Momentan gibt es eine enorm große Gruppe Arbeitender, denen zu viele Schaumaufgaben vorgesetzt werden. Das Tempo, mit dem sich Aufgaben und Anforderungen verändern, wird immer höher. Das System lässt Satzaufgaben nicht zu. Unternehmen müssen sich so organisieren, dass sich der größte Teil der Arbeit als Bieraufgaben beschreiben lässt. Sie verleihen Stabilität und Sicherheit. Satzaufgaben bieten eine Art Erholungsfaktor, Schaumaufgaben hingegen jenes Risiko, das Spannung entstehen lässt und aufrecht erhält. Diese Kombination könnte die Voraussetzung für zufriedene, motivierte und gesunde Menschen am Arbeitsplatz sein.

Evaluation von Projekten mit dem umgesetzten „Biermodell"

Das bestätigen die Evaluierungen jener Projekte, in denen ich die Einführung des Biermodells in verschiedenen Teams begleitet habe. So hat diese Motivationsmethode in jedem Projekt zu einer höheren Arbeitszufriedenheit und stärkeren Motivation der Beteiligten geführt. In manchen Fällen waren diese Steigerungen sehr deutlich. Vor allem hat sich bei vielen Menschen, die an derartigen Projekten beteiligt waren, der psychische Gesundheitszustand verbessert. Dies belegen Aussagen wie

> *„Ich fühle mich wohler, weil der Druck weg ist",*
>
> *„Mein Frust ist nicht mehr da und ich bin ausgeglichener geworden",*
>
> *„Ich empfinde wieder Freude beim Arbeiten" oder*
>
> *„Ich gehe jetzt wieder mit einer positiven Stimmung in die Arbeit!"*

- **Optimistisch und offen sein**

In vielen Organisationen wird davon ausgegangen, dass erfolgreiches Handeln in erster Linie von den vorhandenen Fähigkeiten und der vorherrschenden Motivation abhängt. Manchmal werden auch situative Einflussgrößen berücksichtigt. Dementsprechend werden auch Misserfolge auf die gleichen Faktoren zurückgeführt. Der amerikanische Psychologe Martin Seligman, Mitbegründer der Positiven Psychologie, führt jedoch einen weiteren Faktor für das Scheitern an: fehlenden Optimismus. In seinem Bestseller „Pessimisten küsst man nicht" beschreibt er eindrucksvoll und schlüssig, dass sich sowohl Optimismus als auch Pessimismus direkt auf die menschliche Gesundheit auswirken. Gesundheit und Erfolg, das sind zwei wichtige Gründe, warum Manager und Führungskräfte eher optimistisch veranlagt sein sollen. Natürlich gibt es im Leben wie in Unternehmen immer wieder Situationen, in denen auch Pessimismus nötig und hilfreich ist – nämlich dann, wenn der Preis des Scheiterns an existenzielle Grenzen stößt. In Veranstaltungen werde ich immer wieder gefragt, ob denn Manager auch jammern dürfen. Ich denke 20 Minuten im Monat sollten dafür ausreichend sein, das sind fünf Minuten pro Woche. In der verbleibenden Zeit sollte der Optimismus jedoch die Oberhand behalten, denn grundsätzlich gilt: Optimisten sind erfolgreicher, glücklicher und leben möglicherweise länger.

Optimisten schützen ihr Selbstwertgefühl

Optimismus ist mehr als „Positives Denken", geht darüber hinaus. Der amerikanische Berater und Autor Alex Pattakos, der sich mit der Lehre Viktor Frankls auseinandergesetzt hat, nennt drei Faktoren, die „echten Optimismus" auszeichnen:

> *Anleitung für „echten" Optimismus nach Alex Pattakos*
> 1. Wir wählen eine positive Einstellung zur gegebenen Situation.
> 2. Wir wählen eine Einstellung, die eine kreative Visualisierung von Möglichkeiten unterstützt.
> 3. Wir wählen eine Einstellung, die uns so viel Energie gibt, dass wir Möglichkeiten Wirklichkeit werden lassen können.

Ob eine Person optimistisch ist, sieht man nicht daran, dass sie weniger Niederlagen einstecken muss wie ein Pessimist. Optimisten erleben genau so viele Misserfolge, aber sie stehen danach wieder auf und beginnen von vorne, sie handeln nach dem „Stehaufmännchen-Prinzip". Dies ist ihnen möglich, weil sie wissen, worauf es ankommt, was man sich selbst sagt, wenn man scheitert bzw. wenn man erfolgreich ist. Sie erklären ihre Handlungen nach einem von Seligman beschriebenen Muster in einer Weise, wie es Pessimisten nicht tun. Optimistische Menschen führen ihre Misserfolge auf zeitweilige (im Gegensatz zu dauerhaften) und spezifische (im Gegensatz zu allgemeinen) Ursachen zurück. Zusätzlich schützen sie ihr Selbstwertgefühl dadurch, dass sie mögliche Gründe für ihr Scheitern eher außerhalb ihres persönlichen Wirkungsbereiches sehen (externale Faktoren). Optimisten machen sich selbst nicht kleiner, als sie sind. So erklärt ein optimistischer Chef ein misslungenes Projekt etwa, indem er eine gerade aktuelle Erschöpfung seiner Mitarbeiter (zeitweilig) anführt, und bemerkt, dass speziell in der Projektthematik noch zu wenig Erfahrung vorhanden war (spezifisch) und dass äußerst unglückliche Umstände ein weiteres zum Scheitern beigetragen haben (external).

Wenn Optimisten erfolgreich sind, drehen sie ihr Erklärungsprinzip einfach um. Dann führen sie dauerhafte, allgemeine und internale

Faktoren ins Treffen. Ein erfolgreiches Projekt könnte von einem Manager demnach folgendermaßen erklärt werden:

„Wir sind einfach gut drauf und beherrschen unser Fach bestens. Außerdem bringen meine Leute viele weitere individuelle Fähigkeiten ein, die uns wirklich großartig machen!"

Erklärungsmuster, die in der frühen Kindheit geprägt und entscheidend beeinflusst werden, spielen im Alltag eine große Rolle und werden oft unterschätzt. So können ungünstige, pessimistische Ansätze, als psychisch belastend empfunden werden und sogar Depressionen hervorrufen. Optimistische und günstige Darstellungen hingegen wirken positiv auf das Selbstwertgefühl und können eine persönliche Stabilität verleihen, die auch in schwierigen Lebensphasen anhält. Genau dies sollten Führungskräfte im Stande sein zu vermitteln: Dass es trotz auftretender Probleme und Schwierigkeiten nicht nötig ist, die Balance zu verlieren und dass es möglich ist, die Herausforderungen zu meistern. In den letzten Jahren wurden viele wissenschaftliche Erkenntnisse publiziert, die bestätigen, dass Optimismus einen seriösen Einflussfaktor auf die Gesundheit darstellt. So wirkt er sich bspw. positiv auf das Immunsystem aus.

Raum für Spaß und Lachen

Optimismus zeigt sich für mich aber nicht nur in den Erklärungsmodellen nach Erfolg bzw. Misserfolg. Ein weiterer wesentlicher Faktor sind Spielen und Lachen. In meinen Seminaren beginne ich jeden Tag mit einem sogenannten „warming-up". In der Früh ist es an jedem Seminartag das gleiche Ritual. Seit vielen, vielen Jahren. Aus den Lautsprechern ertönt „Sexbomb" von Tom Jones, wir stehen im Kreis und ich beginne mich im Rhythmus zu bewegen und fordere die Teilnehmer auf mitzumachen. Dann schaue ich den Menschen ins Gesicht. Manche machen gleich mit und lächeln, einige sind unschlüssig und warten einen Augenblick, ehe sie sich zu bewegen beginnen, und wiederum andere zeigen durch ihre Mimik und Gestik sehr deutlich, dass ihnen das zu kindisch ist. Die verbale Übersetzung könnte in etwa lauten:

> *"Ich bin Chef von zig Menschen, trage enorm viel Verantwortung, treffe jeden Tag wichtige Entscheidungen. Ich tanze am Morgen nicht zu ‚Sexbomb'."*

So viel Spaß es den einen macht, so vehement verweigern einzelne. Für mich ist die Beobachtung des Verhaltens, während Tom Jones vier Minuten singt, ein äußerst verlässliches Instrument, um viel über Optimismus und Pessimismus bei den Teilnehmern zu erfahren. Die Verlässlichkeit der Beobachtungen ist mit Sicherheit höher, als jene von diversen Selbsteinschätzungstests.

Die Welt wird nicht weniger ernst, wenn wir uns Spielen und Lachen erhalten, auch in der Arbeit. Sie wird dadurch aber um ein vielfaches schöner, wärmer und annehmbarer. Und: sie bewegt sich beim Lachen und Spielen ein wenig langsamer.

Spielen und Lachen wirken sich sowohl physisch als auch psychisch äußerst positiv auf den menschlichen Organismus aus. Nicht umsonst sagt der Volksmund: *„Lachen ist die beste Medizin"*.

Optimismus ist auch Voraussetzung für eine weitere Eigenschaft, die ich in diesem Zusammenhang für wichtig erachte: Offen zu sein für neue Erfahrungen und Sichtweisen. Dieses Persönlichkeitsmerkmal ist ein weiteres aus den „Big Five". Führungskräfte mit hohen Offenheitswerten haben den Vorteil, über viel Phantasie und Kreativität zu verfügen und ihre eigenen Gefühle klar wahrzunehmen; positive wie negative. Sie sind eher bereit, bestehende Normen kritisch zu hinterfragen und sich auf neue Wertvorstellungen einzulassen. Offenheit hat eine weitere Dimension, die mir Vera F. Birkenbihl vermittelt hat.

So bestehen soziale Interaktionen aus Sicht einer Person ja immer aus zumindest einer zweiten Person und einem Inhalt. Nun ist dieser oft an die emotionale Bewertung der zweiten Person gekoppelt. Mag man jemanden, bewertet man dessen Aussagen ebenfalls eher positiv. Mag man hingegen einen Kollegen nicht, ist man auch den Inhalten seiner Aussagen gegenüber eher kritisch eingestellt. Diese beiden Beschreibungen haben mit Offenheit in diesem Sinne, nichts zu tun. Vielmehr bedeutet Offenheit zum einen, den Inhalt, den uns eine emotional positiv besetzte Person vermittelt, auch kritisch zu sehen, und zum anderen, einer Person, die man nicht mag, inhaltlich Recht geben zu können.

> *Fragen, die sich eine Führungskraft im Sinne einer Reflexion stellen könnte:*
> - Wodurch zeige ich optimistische Verhaltensweisen?
> - Wie erkläre ich bzw. erklären wir Erfolge und Misserfolge?
> - Kann ich in meiner Funktion auch spielerische Ansätze zeigen?
> - Können wir in unserem Team gemeinsam lachen?
> - Kann ich über mich selbst lachen?
> - Was tue ich, damit sich der Optimismus in meinem Verantwortungsbereich auch in schwierigen Phasen durchsetzt?
> - Wie offen stehe ich meinen Mitarbeitern und ihren Ideen gegenüber?

• Verlässlich und konsequent sein

Müssen Führungskräfte und Manager Vorbild sein? Diese Frage wird häufig an mich gestellt und ich kann mir gut vorstellen, dass sich auch Vorgesetzte hin und wieder mit diesem Gedankengang beschäftigen. Zunächst muss festgehalten werden, dass die Fragestellung an sich ungenau formuliert ist. Diese impliziert ja, dass Vorgesetzte eine Wahlmöglichkeit hätten. Das ist in der Realität aber nicht der Fall. Manager und Führungskräfte können sich nicht aussuchen, ob sie das sein wollen oder ob es ihnen passt, sie sind es, indem sie ihren Job annehmen.

Sie sind es im Sinne jenes konkreten Modells, das sie durch ihr beobachtbares Verhalten jeden Tag ihren Mitarbeitern zeigen. Vorgesetzte können ihre Untergebenen nicht nicht beeinflussen – ebenso wenig wie ihr Unternehmen. Alles was sie tun oder nicht tun, was sie sagen oder nicht sagen, hat Auswirkungen auf die Menschen in ihrer Umgebung. Die theoretische Grundlage dazu liefert das Beobachtungslernen, besser bekannt als „Lernen am Modell", eine der klassischen

Formen des menschlichen Lernens. Entwickelt wurde dieser Ansatz in den sechziger Jahren des vorigen Jahrhunderts von einem der führenden Psychologen unserer Zeit, von dem Amerikaner Albert Bandura.

Führungskräfte haben Vorbildfunktion

Dabei werden die Lernvorgänge durch Beobachten von Vorbildern (Modellen) initiiert. Ob die Person, die als Modell dient, tatsächlich anwesend ist, spielt dabei nur eine untergeordnete Rolle. Mitarbeiter beobachten genau, wie sich ihre Vorgesetzten verhalten. Zum Teil erfolgt dieser Prozess bewusst, zu einem überwiegenden Teil aber unbewusst. Umso mehr müssen Menschen in Führungspositionen darauf achten, was sie bspw. ankündigen und versprechen und was sie dann tatsächlich umsetzen und einhalten. Es ist hilfreich sich zu überlegen, ob man die nötige Kompetenz besitzt, eine bestimmte Zusage zu machen, oder ob man nicht vielmehr von anderen Faktoren und Personen – wie dem eigenen Chef – abhängig ist.

Manager und Vorgesetzte müssen ein hohes Maß an Verlässlichkeit zeigen. Das ist eine Grundvoraussetzung für erfolgreiches Führen. Dies berücksichtigt die Persönlichkeitspsychologie auch bei der Beschreibung der „Big Five", denn Gewissenhaftigkeit ist eines der allgemein gültigen Persönlichkeitsmerkmale. Personen mit hoher Gewissenhaftigkeit werden als gut organisiert und sorgfältig planend, als verantwortlich und überlegt und als äußerst zuverlässig beschrieben. Dadurch vermitteln sie in ihrem sozialen Umfeld ein hohes Maß an Stabilität und Sicherheit. Diese Verantwortlichkeit, die mit einer hohen Verlässlichkeit einhergeht, sollte auf alle drei Motivationsebenen gerichtet sein und nicht nur auf Geldgeber, Eigentümer und Aktionäre. Um dies umzusetzen benötigen Führungskräfte zwei weitere, wesentliche Eigenschaften: Konsequenz und Selbstdisziplin. Die erstgenannte Fähigkeit beschreibt das Dranbleiben an und das langfristige Verfolgen von Vorhaben und Zielen. Eine gute Portion Optimismus – das „Daran glauben", gerade wenn es schwierig wird – ist Voraussetzung für konsequentes Handeln. Die zweitgenannte hingegen meint, andere, ablenkende und störende Handlungen zu unterlassen. Diese Thematik wurde bereits unter dem Begriff „Handlungskontrolle" besprochen.

Durchhaltevermögen führt zum Erfolg

Der britische Mathematiker John Wiles arbeitete sieben Jahre lang daran, das Theorem, das der Mathematiker Pierre de Fermat im 17. Jahrhundert formuliert hatte, zu beweisen. Alle bisherigen Versuche diverser Gelehrter waren gescheitert. In dieser Zeit zog sich Wiles weitgehend aus der mathematischen Öffentlichkeit zurück und arbeitete im Geheimen. 1993 schließlich wollte er den Beweis antreten. Im Isaac Newton Institute in Cambridge stellte er seine Arbeit vor, die sich aber als lückenhaft erwies. Wieder zog sich der Mathematiker zurück und konnte mit Hilfe einiger Studenten 1998 tatsächlich den Beweis liefern. Als Anerkennung für seine Verdienste wurden dem Wissenschaftler zahlreiche Auszeichnungen verliehen. Im Jahr 2000 wurde er zum Ritter geschlagen. Obwohl Sir John Wiles zu den talentiertesten Mathematikern unserer Zeit gehört, schrieb er seinen Erfolg jedoch nicht seiner Begabung, sondern vielmehr seinem Durchhaltevermögen zu:

"Ich habe nicht im Traum daran gedacht, aufzugeben. Für mich ging es darum, nicht aufzugeben und durchzuhalten".

Studien an der University of Pennsylvania haben gezeigt, das hartnäckige Menschen mit größerer Wahrscheinlichkeit in vielen Gebieten erfolgreicher sein werden, als Hochtalentierte, die weniger ausdauernd sind. Ein Beispiel aus dem österreichischen Sport untermauert diese Erkenntnisse. Von Mitte der achtziger bis Mitte der neunziger Jahre kämpften zwei Tennisspieler um die Vormachtstellung. Dem einen sprachen diverse Experten höchstes Talent zu, es mangelte jedoch an der Selbstdisziplin und an der Konsequenz. Der andere, mit weniger Talent ausgestattete, zeichnete sich jedoch durch einen eisernen Willen, höchste Selbstdisziplin und ein enormes Durchhaltevermögen aus. Der eine war, der im Juni 2008 verstorbene Horst Skoff, der es in seiner besten Zeit auf Rang 18 der Weltrangliste geschafft hatte, bei dem anderen handelt es sich um Thomas Muster, der insgesamt 44 Turniere, darunter die French Open 1995, gewann und einige Zeit die Tennis-Weltrangliste anführte. Er ist bis heute der erfolgreichste Tennisspieler Österreichs.

Wissenschaftlich ist noch nicht eindeutig geklärt, in welchem Ausmaß Konsequenz erlernbar ist. Fest steht jedoch, dass diese Eigenschaft gefördert werden kann. Dabei spielen Faktoren eine besondere Rolle, über die wir bereits gesprochen haben. So kann ein Chef seinen Mitarbeitern helfen, ihre Konsequenz zu steigern, indem er sie – je nach Beurteilung der Situation – in Prozesse einbindet und ihnen mit dem „Biermodell" die Möglichkeit gibt, die individuellen Präferenzen herauszufinden und zu verfolgen. Die wahrscheinlich größte Einflussmöglichkeit besteht jedoch darin, selbst konsequent zu sein, ein hohes Durchhaltevermögen zu entwickeln und als Vorbild zur Verfügung zu stehen. In Zeiten, in denen die Zyklen immer kürzer und „kurzsichtiger" werden, bedeutet das eine große Herausforderung an eine Führungskraft.

Fragen, die sich eine Führungskraft im Sinne einer Reflexion stellen könnte:

- Bin ich mir meiner Vorbildwirkung bewusst?
- Ist mein Verhalten im Großen und Ganzen dafür geeignet, ein positiv besetztes Vorzeichen (ein „+") als Modell zu erhalten?
- Wie hoch ist die Quote von eingelösten Versprechungen und Zusagen gegenüber meinen Mitarbeitern?
- Wie verlässlich erleben mich meine Mitarbeiter?
- Wie diszipliniert erleben mich meine Mitarbeiter?
- Wodurch könnte ich meine Verlässlichkeit und meine Konsequenz steigern?

• Überzeugend sein und sich durchsetzen können

Auch in einem neuen Verständnis von Führung, das sich durch eine ausgeglichene Berücksichtigung der drei grundlegenden Motivationssysteme auszeichnet, wird es eine wesentliche Aufgabe bleiben, bei einzelnen Mitarbeitern in bestimmten Situationen Meinungsänderungen herbeizuführen. Etwa dann, wenn deren Verhaltensweisen oder Leistungen nicht mit zuvor vereinbarten oder vorgeschriebenen übereinstimmen. Dann müssen Vorgesetzte intervenieren und punktuell machtmotivierte Handlungen setzen. Tun sie es nicht, würde durch Minderleistung oder Fehlverhalten Einzelner auch eine Disbalance entstehen und sich unter Umständen negativ auf die gesamte Organisationseinheit auswirken. Bei diesen Interventionen sollten Chefs zuerst versuchen, die betroffenen Mitarbeiter von Verhaltensänderungen zu überzeugen. Gelingt das nicht, müssen Führungskräfte in der Lage sein sich durchzusetzen.

Um jemanden tatsächlich zu überzeugen und nicht nur zu überreden, sind zumindest drei Voraussetzungen zu berücksichtigen:

Erstens sollten die individuellen Erwartungen, Bedürfnisse und Absichten jener Mitarbeiter bekannt sein, die man überzeugen möchte. Dadurch kann es gelingen, an deren Vorstellungen „anzuknüpfen".

Zweitens braucht es rationale, gut darstellbare und möglichst nachvollziehbare Argumente. Damit soll veranschaulicht werden, dass das Verhalten des Untergebenen nicht den Vereinbarungen entspricht und eine Realisierung der gestellten „Kontext-Ziele" behindert. In einem derartigen Fall ist eine klare und direkte Sprache notwendig; „Ich-Botschaften" eignen sich dafür besonders. Das erwünschte Verhalten muss deutlich als konkretes Ziel dargestellt und vom Mitarbeiter wahrgenommen werden. Wird von den Mitarbeitern nicht erkannt, worin der Vorteil der Sichtweise des Chefs liegt, wird seine Intervention im günstigen Fall als gutgemeinter Überredungsversuch, im weniger günstigen Fall als Manipulation aufgefasst. In der Psychologie spricht man in derartigen Fällen von „suggestiver Kommunikation".

Überzeugen statt überreden – ein feiner Unterschied

Damit eine Führungskraft überzeugend sein kann, muss sie sich allerdings über die Überzeugungen, die hinter den eigenen Handlungen stehen, im Klaren sein. Das ist die dritte Voraussetzung. Überzeugend kann jemand nur dann sein, wenn hinter seinen Worten tatsächlich Überzeugungen stehen. Daraus entwickelt sich jene Leidenschaft, die für eine stabile und dauerhafte Motivation notwendig ist. Die unmittelbaren Mitarbeiter sollten über die wichtigsten Überzeugungen informiert sein, damit sie Verhaltensweisen ihres Vorgesetzten und bestimmte Zusammenhänge besser verstehen können. Dies kann eine

Führungskraft davor schützen, sich in Entscheidungssituationen zu sehr von Wünschen und Zwängen von außen leiten zu lassen. Selbst ein ausbalancierter Chef kann es nicht allen seinen Leuten recht machen. Das wird er nie schaffen und das sollte nicht sein Vorsatz sein. Irgendjemand weiß immer etwas dagegen zu sagen und man kann es immer ein wenig anders sehen.

Entscheidet ein Vorgesetzter aber aufgrund seiner Überzeugungen, denen ein positives Wertesystem und eine humanistische Ethik zugrunde liegen, dann verleiht das die Standfestigkeit und Sicherheit, die nötig sind, um auch unangenehme Prozesse in Gang zu bringen bzw. einzufordern.

Das Prinzip der Authentizität

Zu seinen Überzeugungen zu stehen, verlangt mitunter viel Mut. Speziell dann, wenn sich in einer Organisation Vorfälle ereignen, die mit den eigenen Sichtweisen und Meinungen nicht in Einklang zu bringen sind. Viele Führungskräfte schauen in derartigen Situationen weg oder suchen sich weniger wichtige und weniger dringende Probleme, um sich abzulenken oder sie werden krank. Trotzdem verbleiben viele in ihren Unternehmen und Positionen, weil sie die Bequemlichkeit und Sicherheit der Geradlinigkeit und Konfrontation vorziehen. Viele haben Angst, der Hierarchie zu widersprechen oder unangenehme Informationen nach oben zu transportieren, weil sie mögliche Konsequenzen befürchten.

Dabei vergessen diese Manager, dass ihre Mitarbeiter genau mitbekommen, ob sie authentisch handeln oder nicht. Authentizität ist ein besonderes persönliches Merkmal und kann als Echtheit beschrieben werden. Es meint die Übereinstimmung von Gefühlsäußerungen mit dem inneren Erleben des Betroffenen und wird über das Zusammenwirken von Körpersprache und gesprochenem Wort gut beobachtbar. Diese Verbindung wiederum ist ein wichtiges Kriterium dafür, ob jemand überzeugend wirkt oder nicht, beeinflusst sie doch unmittelbar die Ausstrahlung einer Person.

Die Wirkung einer Führungskraft auf ihre Mitarbeiter entscheidet mit, ob sie sich im Zweifelsfall durchsetzen kann oder nicht. Wie wir beim Thema „Einbindung in Führungsprozesse" gesehen haben, ist es manchmal notwendig, autoritäre Verhaltensweisen zu zeigen. Eine Führungskraft muss in Einzelfällen auch „hart" sein können. Es gibt Situationen, in denen Beschäftigte aufgefordert werden müssen, die Diskussionen einzustellen, an die Arbeit zu gehen und diese genau so auszuführen, wie es angeordnet und vorgesehen ist. Wenn sich eine Führungskraft entschieden hat, diesen Schritt zu setzen, dann sollten die betroffenen Mitarbeiter spüren, dass ihr Chef entschlossen gemäß seiner Grundsätze handelt und dass weitere Versuche, ihn doch noch umzustimmen, sinnlos sind.

> *Fragen, die sich eine Führungskraft im Sinne einer Reflexion stellen könnte:*
> - Überzeuge ich durch rationale und nachvollziehbare Argumente?
> - Kennen meine Mitarbeiter meine für die Arbeit relevanten Überzeugungen?
> - Stimmen in wichtigen Situationen meine Mimik und Gestik mit meinen verbalen Äußerungen überein?
> - Setze ich mich bei meinen Leuten durch, weil ich klare und konkrete Aussagen treffe?
> - Spüren meine Leute, wann ich mich nicht mehr umstimmen lasse?
> - Liegt meinen Überzeugungen ein positives Wertesystem und eine humanistische Ethik zugrunde?

- **Prozesse und sich selbst reflektieren können**

Komplexe Systeme sind mächtig. Das Besondere an ihnen ist, dass sich ihre Eigenschaften nicht nur aus jenen der einzelnen Komponenten des Systems erklären lassen, sondern dass sie durch darüber hinausgehende Faktoren beeinflusst werden können. Ein populärer Ansatz, der in Wissenschaftskreisen heftig debattiert wird, ist jener des 1998 verstorbenen deutschen Soziologen und Philosophen Niklas Luhmann, der als einer der Begründer der „soziologischen Systemtheorie" gilt. An komplexen Systemen lassen sich verschiedene Phänomene beobachten, die im weitesten Sinne für ein „Eigenleben" des Systems sorgen. Auch die Gruppendynamik beschreibt mehrere derartige Prozesse, die sowohl in Interaktions- und Organisationssystemen als auch in Gesellschaftssystemen zu beobachten sind. Dabei spielt es keine Rolle, ob es sich um ein Unternehmen, eine Partei, eine Interessenvertretung, eine kleine Dorfgemeinschaft oder das System „Wallstreet" handelt. Systeme können so stark werden, dass sie die einzelnen Personen in ihnen mit Leichtigkeit beeinflussen, verändern und manchmal sogar vollkommen beherrschen. Je länger jemand Teil eines Systems ist, desto weniger nimmt er diese Vorgänge wahr, bis er sie schließlich gar nicht mehr erkennt und möglicherweise im System voll aufgeht. Man passt sich sukzessive an, auch an jene Systeme, die sich durch grobe Disbalancen auszeichnen und in denen einiges „schief" läuft.

> **Beispiel für die Macht des Systems „Militär"**
>
> Als ich in den achtziger Jahren des letzten Jahrhunderts mehrere Jahre als Offizier des Österreichischen Bundesheeres tätig war, war ich von diesem Prozess selbst betroffen. Im Laufe der Zeit passte ich mich immer besser an, verteidigte Geschehnisse, die ich zu Beginn meiner Laufbahn kritisch gesehen hatte, und wurde in meinem Denken zusehends eingeschränkter. Verstärkt wurde dies dadurch, dass ich – wie alle anderen auch – zeigen musste, dass ich dazu gehörte. Am besten durch unkritische Zustimmung zu Aussagen, die von ranghöheren Offizieren kamen, widersprachen sie auch noch so meinen Überzeugungen. Gab es vereinzelt Kritiker – die in der Hauptsache außerhalb des Systems zu finden waren –, mussten diese als „Systemfeinde" betrachtet werden. Diese typischen Vorgänge innerhalb autoritärer Systeme beeinflussten also mein Verhalten und schmälerten mein Denken und damit auch mein Reflexionsvermögen. Meine Gedankenwelt wurde nach und nach genauso einseitig olivgrün, wie die Uniform, die ich trug. Ich hatte aber Glück. In meinem sozialen Umfeld bemerkten einige Menschen, die mir wohlgesonnen waren, die Veränderungen in meinem Verhalten und gaben mir Feedback. Zu Beginn konnte ich diese Rückmeldungen nicht annehmen, waren sie doch allesamt kritisch und gegen das System gerichtet, von dem ich Teil war und das ich verteidigen musste. Erst nach und nach wurde mir die Situation, in der ich mich befand, in ihrer Tragweite bewusst. Danach legte ich verstärkt wert auf Reflexion und kritische Überlegungen. Gespräche mit Menschen, die nicht Teil des

> Systems waren, öffneten meine Denkweise Schritt für Schritt. Ich erkannte, dass diese Welt nicht meine Welt sein kann. Diese Erfahrungen verarbeitete ich in meiner Diplomarbeit „Das Bundesheer im Fadenkreuz".

In meiner Arbeit als Trainer und Berater werde ich oft mit Aussagen und Fragen konfrontiert, die sich auf die unflexible Starrheit und auf die vom Einzelnen kaum zu beeinflussende Macht von Systemen beziehen. Speziell Führungskräfte der mittleren und unteren hierarchischen Ebene erzählen, unter welch schwierigen und zum Teil einschränkenden Bedingungen sie in ihren Systemen ihrer Arbeit nachgehen müssen. Oftmals drücken sie damit ihre persönliche Ohnmacht aus. Und oftmals fällt mir dazu nicht mehr ein, als eine Metapher, die ich aus dem Fußballsport ableite.

Den eigenen Spielraum nutzen

Ein Fußballspiel findet im Rahmen eines definierten Systems statt. Zwei Mannschaften mit jeweils elf Spielern versuchen den Ball so oft wie möglich im gegnerischen Tor unterzubringen. Dabei müssen die Sportler die Regeln des Spieles berücksichtigen, die von mehreren Schiedsrichtern überwacht werden. Verstöße werden geahndet. Ein weiterer Teil des Systems besteht darin, mit welcher Taktik – offensiv oder defensiv – und mit welchen konkreten Aufgaben der Trainer seine Mannschaft bzw. die einzelnen Spieler auf das Feld schickt. Des weiteren sind die unterschiedlichen Positionen der Spieler zu berücksichtigen. Ein Tormann unterliegt anderen spezifischen Regeln als ein Mittelfeldspieler. Ein Verteidiger hat andere Aufgaben, als ein Stürmer. Den örtlichen Rahmen dieses Systems bildet das Spielfeld, das durch verschiedene Markierungen, wie den Strafraum oder die Mittellinie, wiederum regelwirksame Subsysteme bildet.

Während ich das erzähle, zeichne ich ein Fußballfeld auf ein Flipchartblatt. Dabei markiere ich die unterschiedlichen Positionen, die von den Spielern eingenommen werden, wie auch die Coachingzone, in der sich der Trainer aufhält und während des Spieles versucht, Einfluss zu nehmen. So visualisiere ich ein System, das deutlich vorgibt, was der Einzelne zu tun und zu lassen hat.

Den Menschen in meinen Veranstaltungen erzähle ich dann, dass jedem einzelnen Spieler in einer Mannschaft Raum bleibt, seine Aufgabe nach eigenen Vorstellungen umzusetzen. Unabhängig von der Taktik, die der Trainer ausgegeben hat; losgelöst von den örtlichen Besonderheiten im Stadion; unabhängig vom Gegner und den Fans usw. Jeder einzelne Spieler hat selbst in einem System, das ein enges Korsett auferlegt, die Möglichkeit, einen eigenen Handlungsspielraum auszuschöpfen. Dabei zeichne ich um die einzelnen Positionen auf dem Spielfeld Kreise, die dies verdeutlichen. Jeder Spieler hat die Freiheit selbst entscheiden, wie er sich in seinem Spielraum verhält.

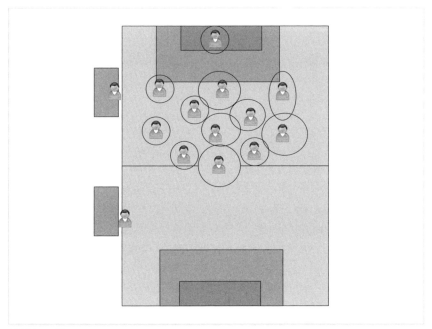

Abbildung 16

Manchmal entstehen durch mehrere Kreise gemeinsame Segmente. Diese Flächen bilden symbolisch ein neues Subsystem. Das sind die Chancen, die entstehen, wenn sich mehrere Spieler verbünden und ihre Handlungsspielräume nutzen. Analog dazu schlage ich den Seminarteilnehmern vor, zuerst die eigenen Möglichkeiten zu bedenken und sich auf deren Umsetzung zu konzentrieren. Dafür ist die Fähigkeit der Reflexion notwendig.

Selbstreflexion

In der Psychologie versteht man unter Reflexion das vergleichende und prüfende Denken im Sinne einer Vertiefung der Gedankengänge, die sich auf das subjektive Erleben konzentrieren. Bei der Selbstreflexion richtet sich die Aufmerksamkeit auf das eigene Ich, um Handlungsmuster und Motive herauszufinden. Schon Aristoteles beschreibt in seiner „Nikomachischen Ethik", der bedeutendsten unter seinem Namen überlieferten Schrift, das „Denken des Denkens". Dieses Thema wurde in der Folge von vielen nachfolgenden Denkern und Philosophen aufgegriffen, geht es doch darum, die eigene Persönlichkeit zu ergründen und zu verstehen.

Bei der Selbstreflexion stößt man immer wieder und schnell an jene Grenzen, die dadurch entstehen, das viele menschliche Motive eher implizit zu verstehen und dem eigenen Betrachten nur schwer zugänglich sind. So weiß ich selbst oft nicht, was mich leitet, streite Dinge ab, sehe andere nicht, und verleugne Realitäten. So geht es auch engagierten Managern. Manche reagieren, in dem sie sich einigeln und allein und einsam agieren. So können sie das System, von dem sie ein Teil sind, nur noch schwer beurteilen und „durchschauen". Und die Spitzen der Systeme, das oberste Management, haben in vielen Fällen auch kein Interesse, Änderungen zuzulassen, sind sie es doch, die in erster Linie profitieren; auf Kosten der anderen im System befindlichen Menschen. So ist etwa erklärbar, warum im dargestellten Beispiel des Mobilfunkkonzerns T-Mobile auf die Aussage der Konzernsprecherin, dass mittlerweile schon über 50% der Mitarbeiter Blackberries besäßen und auch in ihrer Freizeit dienstliche Aufträge erfüllen könnten, keiner der Geschäftsführer einschreitet und diesen Irrweg stoppt.

„Denkpausen" für Top-Manager und ihre Mitarbeiter

Zwei Gedankengänge könnten hilfreich sein, Reflexion in den Führungsebenen zu forcieren. Zum einen sollten Top-Manager Unterstützung von außen, d.h. von Experten beanspruchen, die nicht Teil des Systems sind. Wenn man auf die Wachstumszahlen der Beraterbranche blickt, könnte man meinen, dies sei ohnehin schon der Fall. Dies täuscht aber. In den obersten hierarchischen Ebenen werden nämlich in erster Linie Berater engagiert, die genau das propagieren, was gehört und umgesetzt werden will. Informationen, die im Sinne des Wortes nicht „vorgesehen" sind, haben wenig Chancen, vom System aufgenommen zu werden. Hinzu kommt, dass größere Beratungsagenturen ihrerseits als System funktionieren, das sich mit jenem des Unternehmens möglichst schnell verbinden möchte. Dabei versucht es, sich unentbehrlich zu machen, eine Abhängigkeit zu erzeugen. Es entsteht eine Symbiose, deren Nutzen eher einseitig verteilt ist. In diesem Sinne wäre es hilfreich, wenn Reflexion in verschiedene gedankliche Richtungen gefordert wäre. Manchmal kann es äußerst hilfreich sein, wenn der Coach, der von außen kommt, vom Fach wenig bis nichts versteht, solange er Experte im kritischen Denken bleibt.

Der zweite Gedankengang betrifft vor allem mittlere und untere hierarchische Führungsebenen. Dort ist Reflexion aufgrund des enormen Tempos, das in vielen Firmen herrscht, kaum möglich. Insofern sollte der Begriff „Arbeit" neu definiert werden. Ich erlebe in meinem Alltag immer wieder, dass Nachdenken nicht als Arbeit gesehen wird, da in vielen Fällen kein konkreter Output zu sehen ist; „es wurde nur geredet". Ähnlich verhält es sich beim Besprechen von diversen Angelegenheiten. Es wird ein klares Ergebnis erwartet, das sich in einem Protokoll wiederfinden muss, ganz nach dem Motto: Was keinen Output bringt, ist nichts wert.

In manchen Organisationen ist es den Führungskräften nicht mehr möglich, ihre Mitarbeiter zu regelmäßig stattfindenden Besprechungen zu versammeln. Viele engagierte Chefs scheitern am Arbeitszeitgesetz oder an internen Verordnungen der jeweiligen Firmen. Monatliche Besprechungen sollten ebenso Standard sein wie Teamworkshops, die jährlich, zumindest aber alle zwei Jahre stattfinden und in denen eine kritische Auseinandersetzung mit dem eigenen Tun und Handeln geführt wird.

Vielleicht findet Reflexion im Management deshalb selten oder gar nicht statt, weil die betroffenen Führungskräfte in ihrem emotionalen Empfinden spüren, dass das System, in dem sie tätig sind, von ihnen „nur" verlangt, sich anzupassen und zu funktionieren, ohne viel nachzudenken. Freilich werden diese Gefühlsempfindungen nicht in kognitive Überlegungen übersetzt.

Wenn Nachdenken im Sinne einer kritischen Auseinandersetzung mit dem Tun und Handeln in Unternehmen und Organisationen – dem eigenen wie jenem der Mitarbeiter – sowie das Besprechen dieser Gedanken nicht mehr zum Alltag gehören, dann stumpfen die Menschen ab und verlieren die Lust und die Motivation für eigenverantwortliches und selbstständiges Handeln. Aber vielleicht kommt genau das den Spitzen der Systeme, jener Minderheit, die den Profit einstreicht, sehr entgegen, können sie dann doch tun und lassen, was sie wollen.

Welchen Stellenwert eine kritische Reflexion in Führung und Management besitzt, möchte ich mit einem Zitat aus Robert Menasses lesenswertem Buch „Permanente Revolution der Begriffe" verdeutlichen:

> *„Es gibt keine soziologische Gruppe, die wider alle Erfahrungen so kurzsichtig ist wie die Unternehmer, (...), und ihre Trabanten wie Aufsichtsräte, Konzernmanager, Industriellenvereinigungsfunktionäre und nicht zuletzt die Medienmacher (...). Denn: lässt man den Interessen dieser Menschen freie Bahn, können wir in kürzester Zeit die Zerstörung aller Errungenschaften mit ansehen, die das bürgerliche Zeitalter mit sich gebracht hat. Demokratie, Sozialstaat, Chancengleichheit und nicht zuletzt freie Märkte, die nicht nur abstrakt ideologisch frei sind, sondern tatsächlich über so starke Kaufkraft verfügen, dass es den Menschen möglich ist, frei ihr Leben zu gestalten."*

Fragen, die sich eine Führungskraft im Sinne einer Reflexion stellen könnte:

- Wie definiere ich den Begriff „Arbeit"?
- Wer oder was hilft mir, meinen Verantwortungsbereich regelmäßig, konstruktiv und kritisch zu reflektieren?
- Ermutige ich meine Mitarbeiter, nachzudenken und zu reflektieren?
- Gestatte ich meinen Mitarbeitern Denkpausen?
- Welchen Stellenwert hat Reflexion in unseren Besprechungen?
- Schaffe ich es, zumindest alle zwei Jahre mit meinem Team aus dem Alltagsgeschehen auszusteigen und unser Tun und Handeln zu reflektieren?

4. Gute Führung

Seit vielen Jahren arbeite ich mit einem Ansatz zum Thema „Führen", den ich Mitte der neunziger Jahre formuliert habe. Er beschreibt eine humanistische Grundüberzeugung und berücksichtigt die Balance der Motivsysteme.

Demnach bedeutet „Führen":

1. **Mitarbeiter dorthin zu bringen, wo sie alleine nicht hingelangen.**

   Dieser Aspekt stellt die Leistung des Führenden in den Vordergrund. Durch das Verhalten ihrer Vorgesetzten sollen Mitarbeiter sich so entwickeln, wie sie es alleine nicht geschafft hätten. Dieser erste Faktor beschreibt das steuernde, eingreifende und unter Umständen korrigierende Verhalten des Vorgesetzten. Es repräsentiert machtmotivierte Handlungen.

2. **Sich dabei mit jedem Einzelnen individuell auseinander zu setzen.**

   Diese Forderung stellt die Wertschätzung, die ein Chef seinen Beschäftigten entgegenbringt, in den Mittelpunkt. Dabei gilt es, jeden als einzigartiges Individuum wahrzunehmen und herauszufinden, worin der bestmögliche Umgang miteinander und der optimale Einsatz im Arbeitsbereich bestehen. Dadurch werden bindungsmotivierte Verhaltensweisen repräsentiert.

3. **Erfolgserlebnisse zu ermöglichen und zu vermitteln.**

   Dieser dritte Aspekt beschreibt meine Überzeugung, dass Menschen durch positive Verstärkung gut lernen und sich entwickeln können. Ich halte es für bedenklich, nach dem Motto „das Gelingen setze ich voraus, über das Misslungene reden wir gleich" zu agieren. So macht man Menschen kaputt. Ich rufe hier ausdrücklich nicht dazu auf, kritisches Verhalten zu übersehen oder nicht anzusprechen. Die Leistung besteht darin, die vielen positiven Verhaltensweisen anzuerkennen, die in der Hektik des Alltags oft untergehen. Hinter diesem dritten Element von Führung stehen leistungsmotivierte Verhaltensweisen.

Auf Grundlage des Balancegedankens habe ich vor etlichen Jahren ein Mitarbeitergesprächs-System entwickelt, das die drei grundlegenden Motiv-Systeme explizit berücksichtigt. Dieses wird von verschiedenen Unternehmen in unterschiedlichen Sprachen erfolgreich eingesetzt.

Die Überzeugung, dass Führung in Balance mit den drei grundlegenden Motivationssystemen funktionieren kann, hat mich bewogen, dieses Buch zu schreiben. Zusätzliche Motivation erhielt ich durch eine Beobachtung, die ich speziell in den letzten Jahren in meinen Veranstaltungen gemacht habe.

Sooft es mir gelingt, meine Auftraggeber davon zu überzeugen, finden Seminare und Trainings in einzelnen Modulen statt. Speziell wenn das Thema „Entwicklung" im Vordergrund steht, wie etwa in der Führungskräfteausbildung oder in Team- und Persönlichkeitstrainings. So kann beobachtet werden, welche Erkenntnisse und Werkzeuge die Teilnehmer umsetzen und welche Fortschritte sie machen. Zu diesem Zweck findet am Ende jeder Veranstaltung eine sogenannte „Transfereinheit" statt. Die Teilnehmer erarbeiten mit konkreten Methoden, welche Inhalte für sie wertvoll waren und was daraus sie umsetzen wollen.

Analog dazu startet jede Folgeveranstaltung mit einem „Transfercheck", in dem die Menschen berichten, wie es ihnen in der Zwischenzeit ergangen ist. Diese Methodik deckt nicht nur die Frage nach Umsetzungen ab, sondern auch allgemeine Aspekte. Die Informationen der Teilnehmer schreibe ich mit deren Erlaubnis in Stichworten mit.

Seit Jahren fällt mir dabei auf, dass sich die Situation am Arbeitsmarkt verändert hat; und zwar rasant und massiv. Die Bedingungen, unter denen gearbeitet wird, werden immer mieser. Es ist kein Phänomen einer einzelnen Branche und es ist kein Jammern im herkömmlichen Sinn. Es ist vielmehr die Beschreibung der Realität, in der Arbeit heute stattfindet. Manchmal wundere ich mich, dass es in vielen Firmen und Organisationen trotzdem noch so gut funktioniert. Doch der Preis dafür ist hoch. Ich habe erkannt, dass sich noch immer die Interessen Einzelner gegen jene der überwältigenden Mehrheit durchsetzen. Schon im 17. Jahrhundert schrieb des Philosoph Baruch Spinoza:

> „Ich will nie an Projekten arbeiten, die nur deshalb für einige nützlich sind, weil sie anderen schaden".

Ich habe erkannt, dass sich unser Arbeits- und Wirtschaftssystem in eine ungünstige Richtung entwickelt. Ich habe erkannt, dass selbst aus großen Krisen wenig gelernt wird. Ich habe erkannt, dass dieses Wirtschaften nicht nur ökonomische Auswirkungen hat, sondern sich in jedem nur erdenkbaren Bereich bemerkbar macht.

Die Beobachtung und die Beschäftigung mit diesen Prozessen haben mich also angetrieben, dieses Buch zu schreiben. Ich bin überzeugt, dass diese Krise nicht mit jenen Methoden, Ansätzen und Überzeugungen zu bewältigen ist, die sie verursacht haben. Es braucht neue Ansätze und Ideen sowie den Mut, diese zu verfolgen. Dabei erhält mein Ansatz der Balance der grundlegenden Motivationssysteme Unterstützung von prominenter Seite. Viele Wissenschaftler und Autoren beschreiben die Besonderheiten und Möglichkeiten der „Emotionalen Intelligenz". Diese besondere Art der Klugheit meint eine ausgewogene Verbindung von Fühlen und Denken, also eine ausgeglichene Zusammenschau von Macht-, Leistungs- und Bindungsmotivation innerhalb eines bestimmten Rahmens. Vielleicht liegt darin eine Lösung, emotional intelligenter zu werden.

> „Es gibt wichtigeres im Leben,
>
> als beständig dessen Geschwindigkeit zu erhöhen"
>
> Mahatma Gandhi

Dankeschön...

...an *Hans-Jörg Herber*, einem renommierten Motivationsforscher im deutschsprachigen Raum, der mir vor vielen Jahren das Thema „Motivation" eröffnet hat. Danke für die wichtigen und kritischen Diskussionen über meinen Ansatz der Balance der Motivationssysteme. Deine Aussage *„das ist ein Weg aus der Krise"*, die Du ohne großes Aufsehen zwischen zwei Bemerkungen von Dir gabst, ist für mich eine besondere Wertschätzung und Auszeichnung.

...meinen Freunden *Robert Daghofer* und *Josef Schieder*, die sich als Testleser zur Verfügung gestellt haben. Durch eure kritische Betrachtung, eure wohlwollenden Hinweise und eure Geduld hat das Buch sukzessive seine jetzige Form erhalten.

...meinem Bruder *Klaus Zeyringer*. In oft mühevoller Arbeit hast Du meine Texte und Entwürfe korrigiert und mich mit wertvollen Tipps und Ratschlägen unterstützt. Du hast mich über den gesamten Prozess kritisch begleitet und mir Mut zugesprochen, wenn meine Motivation und Zuversicht gewankt haben.

...an *Huber Moser*, meinem Schwiegervater. Im Laufe der Jahre schafftest Du es immer wieder, funktionierende Seminarutensilien aus Holz zu fertigen – wie etwa das beschriebene Balance-Dreieck –, obwohl meine Angaben eher vage und ungenau waren.

...an meine Gattin *Riki*. Dafür, dass Du mir für viele Stunden, in denen ich dieses Buch geschrieben habe „den Rücken freihieltest", dass Du mich mit Ideen, aber auch mit kritischen Feedbacks unterstützt hast und dafür, dass Du an dieses Buch geglaubt hast.

...an *Nora*, *Paul*, *Linda* und *Jonathan*. Dafür, dass ihr mir immer wieder vor Augen führt, wie wichtig Ausgeglichenheit ist und mich daran erinnern, was Balance bedeutet!

... an *Elvira Plitt*, Produktmanagerin, und *Sabine Marx*, Lektorin, für die ausgezeichnete Zusammenarbeit im Haufe-Verlag, die ich professionell, engagiert und sehr wertschätzend erlebt habe.

Jörg Zeyringer, Seekirchen Ende Dezember 2009

Anhang

(1) Der Mann, dem ich in meiner Geschichte mit Frank Right einen anderen Namen gab, lebte tatsächlich in San Francisco. Dies ist ebenso belegt wie sein Selbstmord durch einen Sprung von der Golden Gate Bridge und die zitierte Information auf dem kleinen Post-it.

(2) Bei der Beschreibung einiger psychischer Krankheiten und Belastungen orientiere ich mich in der Hauptsache an einem der wesentlichen Werke im deutschen Sprachraum: „Psychosoziale Gesundheit im Beruf", herausgegeben von Andreas Weber und Georg Hörmann unter Mitarbeit von Yvonne Ferreira.

(3) Mein Modell der Balance der Motivsysteme habe ich mit der „Themenzentrierten Interaktion" von Ruth Cohn in Verbindung gesetzt. Darin beschreiben das „Es" die Sach-, das „Ich" und das „Wir" die Beziehungsebene

(4) Beim Zusammenhang von Sozialisation und Motiventwicklung stütze ich mich in der Hauptsache auf das bemerkenswerte Buch „Implizite Motive" von David Scheffer.

(5) Der Ausdruck „Effekt" bezeichnet eine durch eine bestimmte Ursache hervorgerufene Wirkung

(6) Der Begriff „Syndrom" beschreibt in der Medizin und Psychologie das gleichzeitige Vorliegen verschiedener Symptome, deren Zusammenhang und Entstehung bzw. Entwicklung mehr oder weniger bekannt sind oder vermutet werden

(7) Die Details dieser Geschichte sind authentisch und liegen mir schriftlich – genehmigt von Ehepaar Wilfinger – vor (Eingaben, Aktenvermerke und Protokolle nach Akteneinsicht des Rechtsbeistandes). Die Namen sind jedoch geändert

(8) Eine Kopie dieser Beschwerde wurde mit der ausdrücklichen Genehmigung zur Veröffentlichung zur Verfügung gestellt

(9) Eine Arbeitsleistung von 15 Stunden pro Tag entspricht nicht dem Balanceprinzip. Sind solche Arbeitsspitzen bezüglich ihrer Dauer absehbar und (relativ) kurz, sind sie trotzdem positiv zu bewerten. Man

kann sich stolz, zufrieden, erfolgreich und müde fühlen. Nach Zeiten extremer Belastung muss jedoch wieder Normalität am Arbeitsplatz einkehren.

(10) In der Hauptsache stütze ich mich auf das hervorragende Buch von Joachim Bauer: „Prinzip Menschlichkeit. Warum wir von Natur aus kooperieren".

(11) Im Rahmen meiner Dissertation untersuchte ich mögliche Auswirkungen verschiedener Parameter auf die Motivation an österreichischen Arbeitsplätzen. Dabei wurden 960 Beschäftigte mit unterschiedlichen soziodemographischen Merkmalen befragt.

(12) Das Arbeiten mit Ergebnis- und Aktivitätszielen habe ich in meinem Buch „Der neue Treppenläufer. Wie man sich und andere motiviert" ausführlich beschrieben.

(13) Das „Biermodell" habe ich im Rahmen meiner Dissertation entwickelt. Die wichtigsten theoretischen Grundlagen sind das Flow-Modell von Mihaly Csikszentmihalyi, das Risiko-Wahl-Modell von John William Atkinson und die Attributionstheorie von Fritz Heider.

(14) Mihaly Csikszentmihalyi beschreibt den „Flow-Zustand" als „eine Verschmelzung von Handlung und Bewusstsein. Ein Mensch im Flow-Zustand ist sich zwar seiner Handlungen bewusst, nicht aber seiner selbst".

Verwendete und zu empfehlende Literatur

Bauer, Joachim: Prinzip Menschlichkeit. Warum wir von Natur aus kooperieren. Hoffman und Campe. Hamburg 2006.

Bierhoff, Hans-Werner/Frey, Dieter: Handbuch der Sozialpsychologie und Kommunikationspsychologie. Hogrefe Verlag. Göttingen 2006.

Birkenbihl, Vera F.: Humor: An Ihrem Lachen soll man Sie erkennen. mvg Verlag. Frankfurt am Main 2003.

Brandstätter, Veronika/Otto, Jürgen H.: Handbuch der Allgemeinen Psychologie – Motivation und Emotion. Hogrefe Verlag. Göttingen 2009.

Camus, Albert: Der Mythos von Sisyphos. Ein Versuch über das Absurde. Rowohlt Verlag. 1969.

Coelho, Paulo: Der Sieger bleibt allein. Diogenes Verlag. Zürich 2009.

Covey, Stephen R.: Die sieben Wege zur Effektivität. Ein Konzept zur Meisterung Ihres beruflichen und privaten Lebens. Campus Verlag. Frankfurt/Main 1994.

Csikszentmihalyi, Mihaly: Das Flow-Erlebnis. Klett-Cotta Verlag. Stuttgart 1993.

Freemantle, David: 140 neue Tipps für tolle Chefs ... und solche, die es werden wollen. Verlag moderne industrie. Landsberg/Lech 1998.

Goleman, Daniel/Kaufman, Paul/Ray Michael: Kreativität entdecken. Deutscher Taschenbuchverlag. München 1999.

Gladwell, Malcolm: Überflieger. Warum manche Menschen erfolgreich sind und andere nicht. Campus Verlag. Frankfurt/New York 2008.

Häusel, Hans-Georg: Think Limbic. Die Macht des Unbewussten verstehen und nutzen für Motivation, Marketing, Management. 2. Auflage. Rudolf Haufe Verlag. Planegg/München 2002.

Hengstschläger, Markus: Die Macht der Gene. Schön wie Monroe, schlau wie Einstein. Ecowin Verlag. Salzburg 2006.

Herber, Hans-Jörg: Motivationsanalyse. Führungsprobleme aus psychologischer Sicht. 2. Auflage. Expert Verlag. Renningen-Malmsheim 1985.

Kehr, Hugo M.: Motivation und Volition. Motivationsforschung. Hogrefe Verlag. Göttingen 2004.

Kuhl, Julius: Motivation und Persönlichkeit. Interaktionen psychischer Systeme. Hogrefe Verlag. Göttingen 2001.

Lauenstein, Wolfgang/Lauenstein Christoph: Balance. Animierter Kurzfilm. Deutschland 1989.

Leyendecker, Hans: Die große Gier. Kooruption, Kartelle, Lustreisen: Warum unsere Wirtschaft eine neue Moral braucht. Rowohlt Verlag. Berlin 2007.

Marmet, Otto: Ich und du und so weiter. Kleine Einführung in die Sozialpsychologie. Piper Verlag. München 1996.

Menasse, Robert: Permanente Revolution der Begriffe. Edition Surkamp. Frankfurt am Main 2009.

Pattakos, Alex: Gefangene unserer Gedanken. Viktor Frankls 7 Prinzipien, die Leben und Arbeit Sinn geben. Linde Verlag. Wien 2005.

Peter, Laurence J./Hull, Raymond: Das Peter-Prinzip oder Die Hierarchie der Unfähigen. Rowohlt Taschenbuch Verlag. Reinbek bei Hamburg 1972.

Pöppel, Ernst: Zum Entscheiden geboren. Hirnforschung für Manager. Hanser Verlag. München 2008.

Rheinberg, Falko: Motivation. Verlag W. Kohlhammer. Stuttgart 1995.

Scheffer, David: Implizite Motive. Motivationsforschung. Hogrefe Verlag. Göttingen2005.

Seligman, Martin: Pessimisten küsst man nicht. Optimismus kann man lernen. Knaur Taschenbuch Verlag. München 2001.

Shiller, Robert J.: Die Subprime Lösung. Wie wir in die Finanzkrise hineingeraten sind – und was wir jetzt tun sollten. Börsenbuchverlag. Kulmbach 2009.

Staehle, Wolfgang H.: Management. Eine verhaltenswissenschaftliche Einführung. 2. Auflage. Verlag Franz Vahlen. München 1985.

Weber, Andreas/Hörmann, Georg: Psychosoziale Gesundheit im Beruf. Mensch – Arbeitswelt – Gesellschaft. Gentner Verlag. Stuttgart 2007.

Weiner, Bernard: Motivationspsychologie. Beltz Verlag. Weinheim 1994.

Weinert, Ansfried B.: Lehrbuch der Organisationspsychologie. 3. Auflage. Psychologie Verlags Union. Weinheim 1992.

Weinstein, Matt: Management by fun. Die ungewöhnliche Form, mehr Motivation, Kreativität und Engagement zu erzeugen. mvg Verlag. Landsberg a. L. 1999.

Welch, Suzy: 10-10-10. Die neue Zauberformel für intelligente Lebensentscheidungen. Goldmann Verlag. München 2009.

Zeyringer, Klaus: Ehrenrunden im Salon. Kultur – Literatur – Betrieb. Essay. Studien Verlag. Innsbruck 2007.

Zeyringer, Jörg: Motivation an österreichischen Arbeitsplätzen. Dissertation an der Universität Salzburg. Salzburg 1999.

Zeyringer, Jörg: Der Treppenläufer. Wie man sich und andere motiviert. Orell Füssli Verlag. Zürich 2003

Zeyringer, Jörg/Adi Hütter: Die 11 Gesetze der Motivation im Spitzenfußball. Orell Füssli Verlag. Zürich 2006.

€ 28,80 [D]
ca. 250 Seiten
ISBN 978-3-648-00569-9
Bestell-Nr. E00249

Mit hohem Selbstwertgefühl auf Erfolgskurs

Motivation beginnt im Kopf. Nur wer wirklich motiviert ist, wird erfolgreich sein – im Beruf, im Sport, aber auch in Beziehungen. Dieses Buch zeigt Ihnen, wie Motivation entsteht und wie jeder für sich selbst ein Höchstmaß an Motivation erreichen kann. Hier erhalten Sie Techniken und praktische Lösungen, um langfristig hoch motiviert zu sein und der Routine zu entkommen.

- Mit dem „Biermodell", einem völlig neuen Motivationsansatz für Beruf und Privatleben
- Mit einfach umsetzbaren Übungen um erfolgreicher und zufriedener zu werden

Jetzt bestellen!
www.haufe.de/bestellung oder in Ihrer Buchhandlung
Tel. 0180-50 50 440; 0,14 €/Min. aus dem deutschen Festnetz;
max. 0,42 €/Min. mobil. Ein Service von dtms.